小程序电商运营宝典

平台电商、社交电商全新变现之道

姜开成　编著

電子工業出版社
Publishing House of Electronics Industry
北京•BEIJING

内容简介

小程序电商领域如今吸引了大量创业者和企业进入，但就笔者所见，其中能够真正玩转小程序电商、把握时代红利的人并不多。本书是难得的一本以实战为中心，高效培训小程序电商运营者的作品。本书让懂小程序电商的人获得提升，让不懂小程序电商的人快速入门并实现弯道超车。

本书共分为9章，分别介绍关于小程序创业机遇、小程序搭建流程、小程序电商视觉设计、小程序电商运营、小程序自带的十二大流量入口、小程序"6+3"导流及营销模型、小程序电商回流体系建设、腾讯社交广告及小程序广告投放、小程序转化系统等读者极为关注的知识点。

本书适合于淘宝、京东、天猫等平台商铺的店长及运营者，以及小程序创业者学习。本书也可作为全国各个高校电子商务、互联网运营相关专业学生的学习教材。

图书在版编目（CIP）数据

小程序电商运营宝典：平台电商、社交电商全新变现之道 / 姜开成编著. —北京：电子工业出版社，2019.4

ISBN 978-7-121-29558-4

Ⅰ. ①小… Ⅱ. ①姜… Ⅲ. ①网络营销 Ⅳ. ①F713.365.2

中国版本图书馆CIP数据核字（2019）第036098号

责任编辑：林瑞和
印　　刷：天津千鹤文化传播有限公司
装　　订：天津千鹤文化传播有限公司
出版发行：电子工业出版社
　　　　　北京市海淀区万寿路173信箱　　邮编：100036
开　　本：787×980　1/16　　印张：16.75　　字数：362千字
版　　次：2019年4月第1版
印　　次：2019年4月第1次印刷
定　　价：69.00元

凡所购买电子工业出版社图书有缺损问题，请向购买书店调换。若书店售缺，请与本社发行部联系，联系及邮购电话：（010）88254888，88258888

质量投诉请发邮件至zlts@phei.com.cn，盗版侵权举报请发邮件至dbqq@phei.com.cn。

本书咨询联系方式：010-51260888-819　faq@phei.com.cn。

推荐序

小程序电商运营不同于微信公众号运营

很荣幸受邀为姜开成老师的新书作序。这是一本可以帮助创业者实现梦想，帮助传统电商抓住新社交电商红利的实战型图书。

姜老师在商业模式设计、电商运营领域拥有丰富的实战经验，很早就享有盛名。小程序诞生后，他很兴奋，开始专注于小程序商业模式与运营玩法，通过大量的研究实战，最终完成了本书。这本书可以让小程序运营人员快速掌握制胜的玩法，少走弯路。

在过去这一年里，我在向姜老师学习的过程中发现，小程序电商运营与过去我们熟悉的微信公众号运营完全不同。

微信公众号本质上是一种媒体，而小程序本质上是一种应用。微信公众号发展到今日，有不少电商卖家、自媒体人利用微信公众号获得巨大成功，例如罗辑思维、papi 酱，他们依赖广告获利，如今其运营模式已经很成熟、很稳定了，很难再有更大的成长空间。

小程序则是微信公众号的有力补充。我们可以在公众号上生产源源不断的内容，利用公众号的推送能力打造影响力，并继续获取有效粉丝，然后利用小程序进行商品销售变现。

微信公众号天然缺乏与粉丝互动、交易的能力，如果运营者想要与用户有更多的互动和交易，就需要开发小程序。将小程序和微信公众号紧密关联，利用公众号的介绍页面、公众号的菜单、公众号图文的卡片等渠道来推广小程序，让小程序出现在公众号的各个角落。最后，要利用小程序的交互能力，实现除了广告以外的第二个、第三个获利点。

另外，我们需要深度理解：小程序不是一个独立的工具，不能依靠它自己产生流量，所以要将传播的工作交给公众号去完成，并让小程序实现“提供内容”之外的功能。

我们以美妆为例来分析小程序带来的新创业机遇。

美妆，需要运用化妆品和工具，采取合乎规则的步骤和技巧，对人的面部、五官及其他部位进行渲染、描画、整理，增强立体印象，调整形容、掩饰缺陷、表现神采，从而达到美容目的。这里面包含着很多技巧和知识。对于一个拥有相当粉丝数量的美妆公众号来说，完全可以使用小程序开设美妆课程或直接售卖化妆品，也可以成为粉丝的美妆顾问，粉丝直接在小程序付钱即可享受优质服务。这些工作仅靠公众号是没办法完成的。

对本书学习得越深入，越能感觉到姜老师的良苦用心，他使用简单方法就解决了我们所遇到的小程序电商运营问题。

姜老师愿意把这么有价值的深度知识与实战经验以图书形式分享出来，是我们读者的幸运。

——中国新零售联盟秘书长　孙世君

前 言

小程序的风口

互联网的进化、技术的进步，让人们的各种需求可以得到满足。很多优秀的公司，例如以最快的速度送达商品的京东（直营电商）、以最便宜的价格购物的拼多多（社交电商）、最懂女性的美柚（经期记录）等，通过满足人们的不同需求，在各自领域获得巨大成功。

人性是互联网发展的基础，因为我们懒得做饭所以有了美团外卖，因为我们爱美所以有了美图秀秀，因为我们贪便宜所以有了淘宝，因为我们爱分享所以有了拼多多。

因为我们怕麻烦，需要一键触达感兴趣的内容，拒绝没完没了的广告骚扰，所以小程序完美诞生。

本书将会深度剖析小程序的商业化路径，助力传统企业、电商卖家、创业者把握小程序的风口。

1. 微信小程序是互联网下半场的核心

互联网的发展经历了门户时代、搜索框时代、APP 时代，如今进入了智能时代和社交时代。当下，以入口、关系、平台、生态链为特征的新商业模式不断涌现，改变了人们的生活。

互联网上半场成就了 BAT 等互联网巨头，而即将开始的下半场则是一次罕见的用户心智入口争夺战。野蛮生长的互联网上半场已经过去，下半场对于进入者来说更加严苛。

互联网下半场最大的特征是从流量经济向粉丝经济过渡，商业逻辑也随之发生变化，催生了粉丝（即用户）经济、网红直播、分享经济、社交众筹、泛娱乐化等新浪潮。过去不被重视的用户个体价值得到了前所未有的重视，资源配置方式开始重组。

我们正站在互联网的十字路口上，不得不抛弃传统的互联网思维，重新审视互联网的发展方向，思考新经济的商业模式。

本书将帮助企业管理者、创业者、电商卖家找到小程序电商的差异化商业模式和独特的价值点、建立用户新认知、开辟新蓝海，进而抓住微信小程序创业商机，使大家赢在互联网下半场的起跑线上。

2. 十年难遇的小程序创业机遇

当下互联网创业的三条路（电商开店、自建品牌、技术产品）走下去都是九死一生。电商开店的流量获取成本居高不下；自建品牌很难得到市场认可；技术产品的迭代成本越来越高。虽然也有做得相对成功的电商品牌，比如韩都衣舍、小狗电器、阿芙精油等，但是它们的成功只是小概率事件。

如今创业的难度远远超出了我们的想象，用户的个性化需求愈加强烈，对体验的要求也日新月异，比如用户已经不愿意在手机上下载一堆占内存的APP或关注过多雷同的微信公众号，就像你不会在手机里同时下载美颜相机、无他相机、潮自拍、美人相机一样，你只会从中选择一个最好的留下，其他的要么不下载，要么直接卸载。所以对于创业者而言，在APP中寻找创业机会已经变得十分困难。

小程序的出现，给创业者解决了上面所说的致命困局，为创业开辟了另外一条走向成功的“高速公路”，可以助力企业快人一步抢占万亿市场红利。

小程序具有速度快、无须适配、易分享、体验好、易获取、低门槛等特点。它可以为用户搭建“无须下载，扫码即用”的体验，与用户心灵的距离更近一步。拼多多正是以小程序为跳板，结合微信社交属性，“拼”出来的帝国。蘑菇街则是兴起于PC互联网时代，衰落于移动互联网时代，如今依靠小程序实现了满血复活。

伴随资本热，小程序已成为创业热区。根据数据，截至2018年上半年，上线的小程序数量就已高达100万个以上。

小程序电商尤其是传统平台电商卖家及互联网创业者的福音，其为卖家提供拥有10亿名全球用户的流量直通车，为创业者提供了一个零基础创业的梦想孵化器，为品牌商提供了一个品牌下沉的最佳通道。

本书将会从选择创业项目、创新品类、掌握电商运营之道等多个维度为小程序创业者、电商卖家展开深度剖析，并以实战案例教你快速落地执行。

3. 决胜小程序电商运营

对于小程序来说，重视运营才是王道。运营小程序就像种树一样，要有耐心，一步一步实施：选种（小程序定位）、测算高度（小程序商业模式选择）、挖坑（小程序开发）、施肥（小程序推广）、浇水（小程序运营）、除虫（扫除小程序运营阻碍）等。只有这样，才能让一粒小种子长成参天大树。

若想借助小程序电商成就一番事业，必须掌握以下四点。

（1）掌握小程序的运营特点。

（2）利用小程序开辟新品类。

（3）设计小程序差异化竞争力的商业模式。

（4）科学地进行小程序系统化运营。

本书将会从小程序电商创业路径、技术搭建、模式设计、流量闭环、运营玩法等多个维度深度分享小程序电商的落地玩法，把方法论、实操流程、经典案例三者无缝衔接，让你零基础即学即用。

4. 鸣谢

首先，感谢朱华杰老师。他一直在默默支持我，为我提供小程序电商视觉方面的指导，并在我困惑的时候提醒我“不忘初心”。

其次，感谢本书编辑林瑞和老师。在本书的出版过程中，他给我提出了很多宝贵建议。本书历经过多次调整和修改，千锤百炼，最终形成如今这个令我满意的版本。

再次，感谢北京真龙公司的各位同仁。他们为我的写作提供了不少素材，让本书的内容更丰富、更直观。

还有，感谢我的家人。我在写作过程中，一心放在写作上，经常通宵达旦，甚至没有周末的概念，感谢他们的理解与包容。

最后，衷心感谢各位读者。感谢你们对本书的认可，你们的阅读体现了本书的价值。

目　录

第1章 小程序创业机遇

创业是一场修行，能否修成正果，除了自身努力之外，更重要的是把握机遇。小程序为你而来，你准备好了吗？

1.1 正确选择小程序创业项目

大学生需要一款课程查询工具，“90后”创业明星余佳文于是借助“超级课程表”获得巨大成功；年轻人更喜欢有个性的服饰，低调的汤大风于是创立“裂帛”淘品牌，从而获得巨大成功；营销需要颠覆式创新，杜子建老师于是利用微博独特的传播力，独创了一套“微博营销模式”，从此走上辉煌之路；原本默默无闻的papi酱，以微信公众号为传播利器，利用自己的演技与创意，将自己打造成了一个超级IP，进而一举成名。

然而并不是所有人都能像这些创业明星一样幸运，大多数创业者最终都被风口“拍死”在沙滩上或者半路上。成功并不容易，除了自身要有一定的能力与资源外，更重要的是学会把控风口，借风远行。

1.1.1 哪些人/企业适合小程序创业

1. 已经在入驻平台电商的企业

对于已经入驻淘宝、天猫的卖家，小程序电商是非常好的新创业机遇，可以将过去积累的经验运用在小程序电商运营中，发挥更大的商业价值。

传统电商可以利用小程序将这些年来辛苦积累的电商会员激活成为小程序活跃用户，发展全新的粉丝经济，与此同时，小程序电商还可以与淘宝、天猫、京东店铺形成互补式发展。

2. 已有独立小众品牌的企业

每个企业都有自己的核心主营商品，但是小众品牌要想让自己的商品具有品牌影响力，就需要找到一个低成本、快运营的“赛道”。

小程序能为已经拥有独立小众品牌的企业提供以下三个创业机遇。

（1）公平竞争的创业环境。

由于小程序电商刚刚兴起，无论你或对手曾经拥有多么丰富的经验或资源，在这里都要重新开始。在这个竞争环境下，经验所产生的运营价值不大，因为小程序运营玩法与传统电商玩法完全不同，你唯一能做的就是依靠努力、勤奋、实战打磨出独特的成功之道。

（2）小众用户的蓝海空间。

大而全的商业运营环境已经过去，而以小程序电商为载体，围绕小众用户的小而美蓝海战略模式是当今的新宠儿。小众品牌可以依靠这个模式塑造自身品牌影响力，快速成为某个细分蓝海市场的第一名。

（3）重塑用户认知。

小程序电商还处于“乱世”时期，正所谓“乱世出英雄”，小众品牌可以借助这个机会成就市场地位，用轻资产运营的形式重塑用户的认知。

3. 拥有自种农特产品的人或企业

国家一直大力扶持三农，对于拥有自种农特产品的人或企业，小程序电商是连接商品与市场的最佳通道，非常适合创业。

可以通过小程序电商搭建自己的小众流量闭环，寻找一批种子用户，为他们提供一键购买、主动分享的平台。

4. 内容创作的自媒体人或机构

再牛的“大咖”，再有价值的内容，也需要最佳的载体。小程序作为微信核心产品的一部分，可以为自媒体人或机构提供一个“大流量 + 高转化 + 强运营 + 易裂变”的内容变现通道。

另外，自媒体人或机构可以利用微信小程序去整合一些能提供优质原创内容的作者，把更多的利益分给他们，这样可以为自己的小程序带来不错的流量，让小程序更有活力，为后期设计其他的赢利模式做好铺垫。

1.1.2 小程序创业者的必备条件

1. 极强差异化竞争意识

小程序如今的发展速度远远超出过去平台电商的成长速度，它的门槛之低也间接拉升了创业门槛。为了提升市场竞争力，企业必须能够提供有别于其他竞争者的个性化产品、服务和品牌，真正为消费者带来独特的价值，而不能陷入同质化的价格战，否则企业将处于有流水无利润的痛苦中。

2. 有一年以上微信运营经验

理论上来讲，小程序电商的创业门槛相对于天猫、淘宝等传统电商模式要低一些，任何人只要有创业的想法都可以尝试，但应该负责任地说，小程序电商创业与其他创业一样，成功都是极其艰难的。

笔者认为，“有一年以上微信运营经验”应该成为小程序电商创业的一个必备条件，如此各位创业者能够利用经验让自己避免一些创业陷阱，可以将小程序电商创业的成功率拉高一些。

3. 具有一定的有效资源

在小程序电商激烈竞争的环境中，时间久了，就有可能陷入低谷，需要有人推你一把，这有可能是亲人的一句“你一定行的，我永远支持你”，也有可能是好友的一笔资金支持，还有可能是贵人引进的人才，这些支持能让你再次燃起斗志。

创业需要一定的有效资源，其能在关键时刻顶你一把，给你精神力量与物质支持。

1.1.3 如何才能开发出一款受欢迎的技术服务型小程序

需要重视七个关键词：用户、定位、需求、时机、匠心、危机、商业。

1. 用户

一切以创造用户价值为依托。要做到这一点，必须从四个角度进行分析。

（1）如何精确定义你的用户？

需要思考你的小程序究竟是服务谁——目标用户是怎样的一群人，他们的喜好是什么，他们在什么场景下使用产品。

（2）你的小程序如何接近用户？

要想真正理解用户，光靠空想是不行的，必须去接近他们。用户访谈、回复发帖、阅读反馈、问卷调研、走进场景、观察用户行为、分析用户数据等，都是我们接近用户的方法。

（3）如何深度了解你的小程序用户？

接近用户是为了更好地了解用户，特别是当你面对海量用户时，需要变换不同身份、角度、环境、场景，以理解各种用户群的使用需求。

（4）把自己变成小程序的种子用户。

把你的思维改变为用户模式，让自己也成为小程序的忠实用户，这是做好小程序的最佳状态。所谓“己所不欲，勿施于人”，正是要以己推人，才可以洞察人心。

2．定位

小程序产品要有与众不同的调性。

如今小程序已如雨后春笋一样出现在各个商业场景中，但它们中的大多数并没有取得良好的成绩，而是默默地在用户场景中消失。出现这种问题正是因为它们没有准确定位，不能让客户在最短时间内知道为何要点击它们。

想要准确定位你的小程序，只需要考虑以下三个问题。

（1）你的企业小程序产品为谁服务？比如一家位于大学附近的书店，其小程序就可以为大学生提供生日鲜花配送服务。

（2）你的企业小程序解决用户什么场景下的什么问题？比如一家会议服务公司，其小程序就可以帮助用户解决扫码进场与在线购票两个问题。

（3）你的企业小程序的产品边界在哪里？比如一家时尚女装淘宝店，可以利用小程序提升老客户的复购率，或者通过微信社交能力拉新。其小程序的功能应有所取舍，比如集中于个性互动、社群运营、在线交易三大块，不做三级分销。

无论是小程序开发者还是小程序运营团队，都容易犯“技术错”，认为竞争对手的小程序有什么功能，我们就也要有什么功能，这样的话很可能会把小程序的使命带偏。

我们应把更多的精力用在企业小程序的视觉优化、产品打磨、优化升级上，这些才能让小程序显现出非凡的商业价值。

3．需求

小程序的开发应以第一需求为突破口。

判断用户的核心需求，是小程序用户体验的基础。

需求决定小程序迭代方向，你可以通过数据、观察、常识列出五个需求，利用不同主题活动的方式测试出五个需求中真正决定用户使用小程序的第一需求点。要以第一需求点作为企业小程序的迭代方向，其他功能则可以作为插件出现在小程序中。

4. 时机

要准确把握小程序的上线时机。

企业小程序上线的时机是非常重要的，那么如何判断企业小程序的上线时机是否成熟呢？要看如下几个维度。

（1）功能要满足企业需求。小程序的形态不同，其要满足的需求也各异，只有满足了企业的需求的小程序，才能考虑上线。

（2）打开速度足够快。好的用户体验可以将用户的留存率提升 30% 以上。对于小程序来说，用户的第一体验就是打开速度。数据证明，如果超过 2s 时间，小程序界面还没有被打开，那么 80% 的用户会选择直接关闭小程序并离开。

小程序的打开速度是由下载和装载小程序代码包的时间决定的，所以小程序代码包最好小于 1MB，这样其在 iOS 系统下的打开时间小于 929ms，在安卓系统下的打开时间小于 1500ms。

（3）页面逻辑合理。小程序页面逻辑要满足以下五点。

① 页面调性足。页面的调性要与其他小程序有差异，通过颜色、文字、视频、语音、图片等因素为用户营造特殊的体验，形成差异化记忆。

② 凸显价值点。在小程序页面上要清晰展示价值点，才能让用户眼前一亮，愿意为之停留，才能给小程序带来更高的转化率。这个价值点，尽可能用一句话表达清楚，比如“一款 15 分钟充满的充电宝”“9.9 元团购大牌电脑”等。

③ 聚焦于爆品。电商类小程序最好聚焦于爆品，利用爆品带来的口碑让小程序形成自传播。爆品应该与其他产品有明显的价格、功能、性价比上的差异，这样才能让用户在琳琅满目的商品中产生视觉停留和点击、购物、分享的欲望。

④ 与用户利益相关。用户喜欢“抢红包”“领优惠券”“免费领礼品”等与其自身利益相关的活动，这也是小程序运营者在小程序页面中要尽量呈现的内容。

⑤ 减少商品陈列。以移动互联网为场景的各种社交、娱乐工具促进了用户时间的碎片化，用户对页面商品呈现的诉求已经从过去的“广而全”升级为“精品化”。小程序页面要以精品

为呈现核心，基于用户的视觉喜好来做商品展示。

5．匠心

坚持不停地打磨企业小程序。

任何一个深入用户内心的产品，都离不开“匠心”二字。

用户对体验的追求会越来越高，企业对小程序的打磨要求也要越来越高。只有这样，才有可能让小程序在众多同类中出类拔萃，鹤立鸡群。

6．危机

小程序在用户心中位置的变化是最大的危机。

小程序能否受到用户持久的青睐，跟用户需求、政策、团队创新能力等多种因素有密不可分的关系，故其面临的危机往往存在于企业或团队看不见的地方。

企业小程序在市场上面临的危机主要有三个：①核心用户需求发生变化，导致小程序无法满足用户需求；②团队自身的创新能力跟不上技术的发展速度；③小程序相关的技术、环境、政策发生剧烈变化。

企业想要小程序在风口之上如鱼得水，就要做到三点：①密切关注企业小程序的主流用户群体的需求变换；②时刻保持高度警惕，跳出舒适区，必要时果断进行自我革命；③对技术、环境、政策等环节的变化保持敏感。

7．商业

商业杠杆推动小程序产品持续优化与迭代。

令很多小程序运营者头痛的是，他们好不容易获取了一批用户，也运营了一段时间，可是却始终找不到满意的商业化路径，结果一直处于亏损状态。

并不是所有小程序都有资本化的好运气，因此作为小程序的运营者或管理者，一开始就要树立正确的运营观，就是要让小程序处于自赢利模式，保证小程序可以健康“活”下去。要通过不断的商业化测试和优化小程序功能，找到第一批付费种子用户，并且与他们深度接触，了解他们的真实诉求与付费理由，给他们一些特权，保持“将心比心”的沟通。

无论你的小程序的赢利能力或商业模式是否明晰，心里都要有一杆秤，只有以商业化为核心，用户体验的升级、功能的迭代才能更持久。

1.2 小程序的三大创业类型

1.2.1 电商转型创业

1. 京东天猫品牌电商转型

在网络普及化的社会里，网购和娱乐是用户的两大刚需。京东、天猫、唯品会、聚美优品等电商平台抓住了网购红利，纷纷成为不同领域的电商巨头；腾讯、今日头条、爱奇艺、抖音、一直播等休闲娱乐平台抓住了用户娱乐需求，相继成为巨头或独角兽。

电商经过十年的飞速发展，如今已经走向了高度同质化的红海。失去了昔日的大好时光，电商卖家、品牌商又该何去何从？

笔者下面以京东、天猫品牌商为例，讲下电商卖家和品牌商的五大突围方向。

（1）发挥 OMO 模式优势。

京东、天猫品牌商拥有品牌影响力与流量获取能力两大核心能力，可以利用小程序尝试落地 OMO 模式，将企业用户资源、产业资源、行业资源发挥到极致。这样做既能很好地提升企业运营能力，也能打破有一定依赖性的流量玩法，升级企业赢利模式。

（2）将品牌进一步下沉。

随着一线市场的饱和与竞争成本的急速上升，三四线城市将成为品牌商的下一个主要阵地，线下入口的争夺变得愈加重要，小程序可以成为实现品牌下沉的最佳武器。

（3）重新定位，在细分领域中重塑行业地位。

互联网让我们的生活充满想象力，所想即所见，所见即所得。然而，不少企业在互联网普及下，反而进入下滑轨道，失去了昔日的品牌影响力与行业地位，问题就出在这些企业产品的定位上。

企业需要重新定位，在细分领域中开创新的产品品类。品牌只是企业营销中直观可见的一方面，而每个强大品牌背后都隐藏着一个独特的品类，这个品类才是支撑品牌的基础。

可以利用小程序背后微信的巨大流量，配上微信社交广告助力，帮助天猫、京东卖家成为某个细分领域第一名。一旦成为某个细分领域的第一名，品牌就有机会在用户心里形成天然的信任优势，赢得用户。

（4）企业多元化和产业化。

在同质化非常严重的今天，企业多元化与产业化无疑是企业突破发展的最佳路径。

电商也不例外，多元化与产业化是电商走出“流量旋涡”的重要途径。

小程序作为微信生态中闪亮的明星，正好成为企业多元化与产业化的最佳“神器”。

（5）调整商业模式，提供效率，降低经营成本。

品牌商可以通过小程序来调整商业模式，提升服务用户的效率，从而降低经营成本。

2．淘系个人创业者

如今电商之战已经从鱼龙混杂的流量争夺战升级到大玩家资本化“PK”的状态，早期进入的淘宝创业者要么转型做天猫，要么选择退出“舞台”，而后期进入的淘宝创业者，则大多数只是过个“老板瘾”而已，要想挣到钱，实在太难了。

小程序却可以让淘系卖家进入另一个生机勃勃的“春天”。对于淘系创业者，小程序有六大核心优势：①流量很便宜；②推广很简单；③转化率很高；④复购率很高；⑤玩法更“性感”；⑥竞争更公平。

1.2.2 技术服务型创业

技术服务型创业也是创业者不错的选择。与电商不同的是，技术服务型小程序创业者的核心竞争力是技术能力与服务能力。

1．为传统企业转型提供小程序开发服务

如果你运营的是技术公司，那么可以为客户提供小程序定制开发服务。

如果你是个人创业，可以为企业开发简易的品牌展示型小程序，也可以在网上购买小程序源代码并进行优化，再给传统企业提供小程序的完善的交易系统服务。

（1）提供服务要注意三个细节。

① 先确定企业需求，才能考虑购买源代码。

② 建议找几位靠谱的朋友组成团队，共同按照企业的需求进行小程序代码的审核、优化。

③ 购买代码时最好与提供商签订代码安全协议，确保其中没有病毒。

（2）提供服务过程中要注意三个风险。

① 客户需求的不断调整带来的代码调整压力。客户需求的变化容易出现代码的断档问题。

② 客户小程序功能的设计、技术开发、后期维护是一揽子工程，容易出现不聚焦的情况。

③ 切勿因为与客户关系好而不签合同。如果不签合同，一旦后期客户要求调整小程序，

就只能无条件答应，否则会伤害友情。

2．为已有小程序开发应用插件和工具

作为创业者，可以为已经有小程序的企业提供开发插件服务，比如以下三种情况。

（1）提供小程序营销插件。

小程序营销插件目前的市场需求量比较大，比如拼团、分销、裂变红包、砍价等类型的插件都很受青睐。小程序运营者需要不断借助新的营销工具来策划用户以前没有玩过的活动，比起高成本、高风险的自主开发，用较低价格购买这样的小插件就非常合算。

（2）提供小程序数据分析插件。

做过淘宝的朋友们应该遇到过消费诈骗，小程序也会存在这样的潜在风险。作为一名技术开发创业者，可以为小程序开发一个数据分析插件，甄别订单是否为消费诈骗行为，必要时向小程序管理人发出警告。

（3）为传统企业提供小程序与硬件连接的技术开发服务。

比如当用户买了冰箱后，扫码点击小程序，就可以让冰箱连接上菜农，可以更方便地获得蔬菜供应信息。

小插件，大市场。作为一名创业者，不要小看小程序平台上的这些小插件，只要用心把它们做好，也能拥有非常大的市场。

3．开发基于场景的小程序工具

创业者还可以开发基于生活、工作、学习等场景的小程序工具，辅助用户更好地生活或工作。

比如，“小打卡”小程序就是一款为用户提供“打卡”功能的工具，让用户通过坚持“打卡”与圈子互动，可以让用户从浮躁的生活中找到感兴趣的圈子。

1.2.3 小众品牌型创业

微信生态的理念是“再小的个体，也有自己的品牌”，微信小程序作为微信生态中流量变现的重要工具，无疑为今天的小众品牌创造了难得的创业新机遇。

1．与线下融合

根据微信官方数据显示，截至2018年上半年，京东、天猫等电商平台的用户达到4.3亿人，而微信用户已超过10亿人，而且在三四五线城市，微信的渗透率在加速攀升，这是小众品牌

微信小程序创业的绝佳机遇。

小众品牌的品牌下沉是避开与大品牌对抗的差异化战略。对于小众品牌来说，无论是纯电商还是实体店铺都很难在当下复杂商业环境中立足，最好的办法就是利用小程序进行线上线下融合，利用线下的体验优势与线上的流量精准为小程序“注”入新的活力。

小程序有基于地理位置的“附近的小程序”“门店小程序”等为线下门店导流的功能，帮助商家形成线上线下相互支撑的发展模式。

2. 向三四五线渗透

移动互联网的普及加速了三四五线城市电商的发展，但三四五线城市的电商形态与京东、天猫等电商有所不同，这些电商巨头是以 SKU 为中心，而三四五线城市的电商更多是采取以社交为中心的“社交电商 + 社群营销”的形式。

对于小众品牌创业者来说，这正是一片蓝海。要以社交为中心，打造基于三四五线城市认知的小程序电商品牌，同时考虑到这些用户对价格的敏感度较高，可以定期策划以价格为中心的创意营销活动，比如“3 人砍价”“5 人团购”“限时抢红包”等。

1.3 小程序创业风险评估原则

创业有风险，选择需谨慎。小程序是把双刃剑，风口背后深藏风险。

1.3.1 小程序创业风险评估的六要素

创业者可以通过以下六个要素评估小程序创业风险，思考有没有把创业风险控制到最小状态。

1. 自身心态

创业是件极其煎熬人的事情，笔者创业至今已经十个年头了，期间很少睡过踏实觉。如果你扛不住这些压力，最好不要去创业。

如果你要坚持做小程序创业，可以找个身边拥有多年创业经验的靠谱朋友，通过他了解一下创业路上的各种困难，想想你遇到这些困难时该怎么办，想想万一小程序创业失败了怎么办。

在小程序创业过程中，最忌讳的心态就是“我是万能的，绝不可能失败”。创业成败的关键是自身心态，只有保持良好的心态才能心平气和地面对突如其来的困难，并能找到最佳解决方案。盲目自大是创业路上的最大杀手，应尽量避免这一心态的出现。

2．竞争环境

如今竞争越来越激烈，在开启你的小程序创业之旅前，很有必要先通过互联网或其他途径找到一份行业分析报告，看看分析报告的结论是否与你之前的分析一致，如果不一致就要用心分析是不是自己的判断失误了，然后继续查阅资料找到原因。

对行业有了充分了解之后再找到一个目标竞争对手，分析它是如何成功的，它的小程序是如何吸引用户的，为什么它的小程序能受到如此多的用户青睐？

在激烈的竞争环境中，只有充分了解行业和对手，制定合理的竞争战略，才能真正立于不败之地。

3．定期迭代

很多小程序运营者认为，一旦小程序搭建完成，只要利用营销工具做好运营即可。其实并非如此，小程序在功能、玩法、装修、视觉上都需要持续不断的迭代，增加新的功能，给用户带去新鲜感，提升运营效率。

因此，小程序的迭代能力差也是一种较大的风险。一旦无法持续迭代，用户就会降低访问频率，用户活跃度便会开始降低，对后续的流量转化造成严重影响。

为了降低该风险，建议小程序运营人员提前设计一个小程序年度迭代计划，根据该计划提前安排好技术人员、营销人员、美工人员、设计人员，在设定好的迭代时间节点上进行任务分工。

4．体验优化

很多创业者一开始热血澎湃，后来却变得对产品漠不关心，结果产生了很多“沉睡小程序”。通过分析，可以看出，“沉睡小程序”的本质是创业者没有做好用户体验优化所致。笔者称之为“体验优化风险”。

如何规避这种风险呢？笔者总结为以下四点。

（1）每周保持与至少10名忠实会员进行零距离交流。

（2）每天晚上查看小程序后台的用户分析数据并找出数据上升或下降的原因。

（3）查看忠实成交用户的二次浏览时间与浏览时长，分析自己什么地方做得比较好，才让他们愿意再次浏览。

（4）搜集用户反馈，制订体验优化计划，同时邀请用户见证计划的落实。

5．赢利能力

小程序创业在没有资本助力的情况下，只有打磨出自己核心的赢利能力，才能活下去。

小程序创业者，有可能过于迷信互联网思维，而轻视自身的赢利能力，这其实是极大的风险。特别是那些靠自己辛苦积攒的血汗钱来创业的小伙伴，如果一开始没有想好如何赢利，一旦血汗钱“烧”完，就会功亏一篑，惨淡收场。

那么如何提升赢利能力，降低失败的风险呢？笔者认为可以从以下三个方面改变。

（1）给自己设定一个合理的赢利预期。

（2）给团队设定一个短期的赢利目标。

（3）提前尝试融资，以预防资金断裂。

6．团队协作

创业是一场马拉松长跑，需要一群人携手共进才能赢得最后的胜利。因此作为一名创业者，是否拥有一支能打胜仗的团队是其创业成败的核心要素。

小程序创业也是一样，创业者要明白需要什么样的人才，制定什么样的团队规则，才能让团队不会因后期的不可回避的矛盾而出现不可调和的局面。只有这样，创业团队才能变成一支能打硬仗的团队，在任何困难面前都能发挥团队的最大力量。

对于团队的成员来说，不仅要有个人能力，还需要有在不同的位置上各尽所能、与其他成员协调合作的能力。

以下三招可以帮你打造一支有战斗力的团队。

（1）从身边熟悉的人中物色你所需要的人才。

（2）在团队成立前就起草好团队管理架构。

（3）一旦发现创始团队中某个人出现异常，要及时沟通，必要的情况下可以采用轮岗的模式。

大多数小程序创业者由于创业心切，都把主要精力集中在运营上，容易忽视团队协作能力的培养与管理细则。这些小失误稍不留意就可能成为日后团队缺乏战斗力的祸根，希望上述讲解能引起大家的重视，提前制定团队管理细则，防患于未然。

1.3.2 小程序创业风险评估

风起之时，借风飞翔；风停之际，平安落地。这是每位小程序创业者都期望的结果。那么，如何在借风飞翔之后平安落地呢？接下来我们分析下小程序创业的风险评估流程以及风控措施。

在过去的一年里，笔者给很多企业提供过小程序商业模式、小程序运营技巧等课程的培训、咨询服务，其中有知名的上市公司唯品会、大型国企中国联通，还有很多小程序创业者。通过这一年的总结，笔者发现对于目前的小程序创业者来说，有以下六个误区需要避免。

（1）因为不想上班，而选择小程序创业。

（2）因为想挣大钱，而选择小程序创业。

（3）因为存在债务，而选择小程序创业。

（4）因为技术高超，而选择小程序创业。

（5）因为商品资源，而选择小程序创业。

（6）因为想要自由，而选择小程序创业。

以上六大误区是小程序创业者应当避免的。进入任何一个误区，都说明还没有做好心理准备，没有想好为什么创业，没有充分思考后面会有哪些困难需要去克服以及如何克服。

为了进一步帮助创业者减少风险，下面笔者罗列了小程序创业风险评估的八个问题。

第一，我为什么要创业？

第二，我有什么独特的能力？

第三，我有什么好的商业模式？

第四，我可以为用户创造什么独特价值？

第五，我的小程序由谁来开发维护？

第六，我的团队有多么靠谱？

第七，我准备了多少创业资金？这个资金能维持多久？

第八，我有什么其他可用的资源？

建议创业者给自己一天时间，找个安静的地方，泡上一壶茶，把手机调为静音，拿上纸笔，把以上八个问题一一详细地回答出来，然后反复推敲、修改，直到最后让自己满意为止。紧接着，拿手机对着这八个问题讲一遍，自己再听一下，看看自己是否满意。这样做既能确认自己是否思考透彻，又能训练出严格的表达逻辑，以回答未来的投资人。

第 2 章 小程序搭建流程

本章开始讲解如何搭建小程序。

一般的流程是，首先依据企业商业模式与品牌调性设计小程序模型，然后按照设计模型进行定向开发。

2.1 申请小程序账户

2.1.1 注册小程序账户

直接在微信公众平台上注册小程序账户即可，其流程与注册微信公众号的流程雷同，具体流程如下。

（1）在微信公众平台上点击右上角“立即注册”，如图 2-1 所示，在“注册的账户类型”中选择“小程序”，如图 2-2 所示。

图 2-1 立即注册

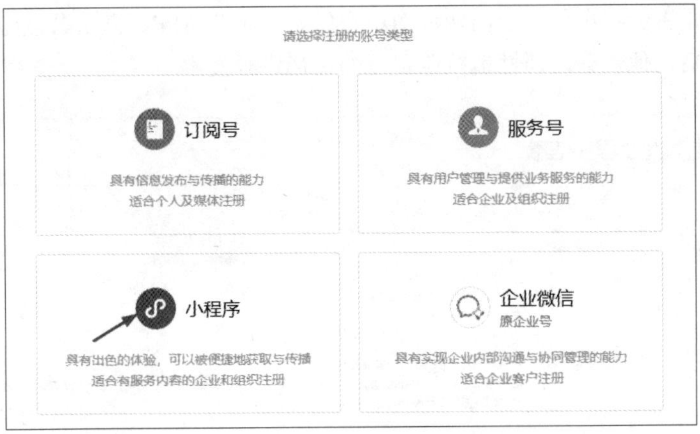

图 2-2 选择小程序

（2）填写邮箱和密码。

填写的邮箱需要未注册过公众平台、开放平台、企业号，也未绑定过个人公众号。邮箱最好使用常用邮箱，笔者建议企业选择企业邮箱，个人创业者选择已经绑定过手机号的 QQ 邮箱。

密码设置方面，以笔者服务过十几家企业的经验来看，以“英文字母+英文特殊符号+数字”组合为佳，既安全也好记。

（3）激活邮箱。可登录邮箱，查收激活邮件，点击激活链接即可。

（4）填写主体信息。根据主体类型，完善主体信息和管理员信息。

在填写管理员信息时需要注意，如果企业没有明确未来哪位员工可长期负责运营或管理小程序，最好从高管团队中选择一人作为管理员进行信息登记。

尽管运营微信小程序的具体工作不太可能让高管亲自操作，但在小程序运营过程中，需要管理员在微信上频繁扫码（二维码有时效），倘若登记为管理员的员工出现离职、调岗等状况，会给运营带来极大不便。

（5）填写小程序名称，如图 2-3 所示。

关于小程序取名，笔者建议如下。

① 字数尽量不超过七个。

② 强调与企业品牌的相关性。

小程序与企业品牌有着密不可分的关系，在小程序电商生态中，用户对品牌的认可度与认知度决定了他们是否会在小程序上消费。当用户已经在企业 APP、微信公众号、微商城上留下一定的“足迹”后，他们会习惯性地按照自己的记忆进行搜索。

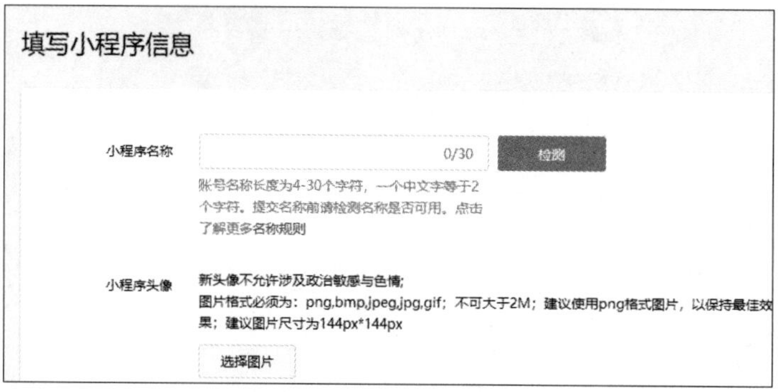

图 2-3　填写小程序基础信息

③ 与企业定位相关联。

企业的每个小程序都需要有不同的定位，这个定位需要告诉用户这个小程序与其他小程序的差异之处，给用户带来何种独特的价值。

④ 便于用户快速记忆。

小程序的名字尽量简单好记，避免使用生僻字或比较艰涩的外语词汇。

⑤ 同一主体的微信小程序与微信公众号可以同名。

如果企业的公众号和小程序在微信公众平台上的名称是唯一的，且属于同一主体下，那么两者可以同名。例如万世成晴公司拥有公众号“万世成晴”，同时也可以申请小程序“万世成晴”，反过来同理。

如果同一主体下有多个重名的微信公众号，小程序也可以使用该名称。如果多个重名的微信公众号属于不同的主体，则小程序不能使用该名称。

可以通过后台修改小程序的名字，新名字需要通过审核，修改成功后原来的名字会被立即释放。

（6）上传小程序头像。

① 小程序的头像图片格式支持 png、bmp、jpeg、jpg、gif 等格式，但建议使用 png 格式，可保持最佳效果。②图片需小于 2MB。③图片分辨率建议为 144px×144px。④图片建议使用企业 LOGO。⑤图片展示原则为视觉清晰、感受美观、文字可见、显示完整。

例如“小茶时光说”和“我爱尚商城”小程序，均是以企业 LOGO 作为头像，图案清晰，看着舒服，效果也很棒，如图 2-4 所示。

图 2-4 “小茶时光说”和“我爱尚商城”小程序

（7）填写小程序功能介绍。

① 字数的限制。小程序功能介绍的字数限制在 120 个字符以内（一个汉字为两个字符）。

② 小程序功能介绍可以修改，一个月内最多可修改 5 次。

③ 服务范围的选择。每个新注册的小程序都可申请 1 ～ 5 个服务范围。服务范围共分两级，每级都不能为空。特殊的行业需提供特殊资质。一个月内最多可修改 3 次。

④ 小程序功能的填写建议。建议用最直接的语言准确说明小程序的定位、功能、价值。可以考虑使用“小程序名称 + 提供的独特价值”的描述方式，最好不要超过 18 个字。

很多运营者都希望在这里尽量写得详细一些，以帮助用户更清晰地了解该小程序，但实际上，用户很少会有耐心看完一大段文字，他们往往只用 2 ～ 3 秒来判断自己是否要打开这个小程序，所以我们要让用户在很短时间里，就能一眼找到打开小程序的理由，因此我们只能用最短的一段话来精准地触动用户。

接下来，笔者举个例子。

案例 2-1：“芝麻新车”小程序的介绍

如图 2-5 所示，“芝麻新车”小程序的介绍只有一句话：“芝麻新车，提供汽车预约报名工具。”这简短的一句话告诉用户该小程序是提供“汽车预约报名工具”的，而这个小程序的终极目标是触达有购买汽车需求的用户。假如看到小程序的用户正准备买汽车，其就有可能打开小程序看看。

图 2-5 “芝麻新车”小程序

2.1.2 通过已经认证过的微信公众号快速注册

可以通过已经认证过的微信公众号快速注册并认证小程序。通过复用微信公众号的资质注册并认证小程序，无须重新提交主体材料、无须对公打款、无须支付 300 元认证费用。

1. 注册规则

（1）通过复用微信公众号的资质注册的小程序，默认与该微信公众号关联。

（2）通过复用微信公众号的资质注册的小程序，不受公众号单月新增关联小程序的数量限制。

（3）一个微信公众号若存在“待完成注册”的小程序，则不可复用资质发起创建小程序。

（4）一个微信公众号在一个月内最多可通过复用资质的方式成功注册 5 个小程序。如果注册不成功则不占数额。

（5）通过复用微信公众号的资质注册小程序，则该公众号的主体成为新注册小程序的开发者，可把公众号的运营者设置为该小程序的管理员。

（6）通过复用微信公众号的资质注册的小程序，完成注册后便是“已认证”状态。

2．注册流程

（1）登录微信公众号后台，进入“小程序管理”，在“添加小程序”中选择“快速注册并认证小程序”，如图 2-6 所示。

图 2-6　快速注册并认证小程序

（2）浏览并同意“快速创建小程序说明”，如图 2-7 所示。

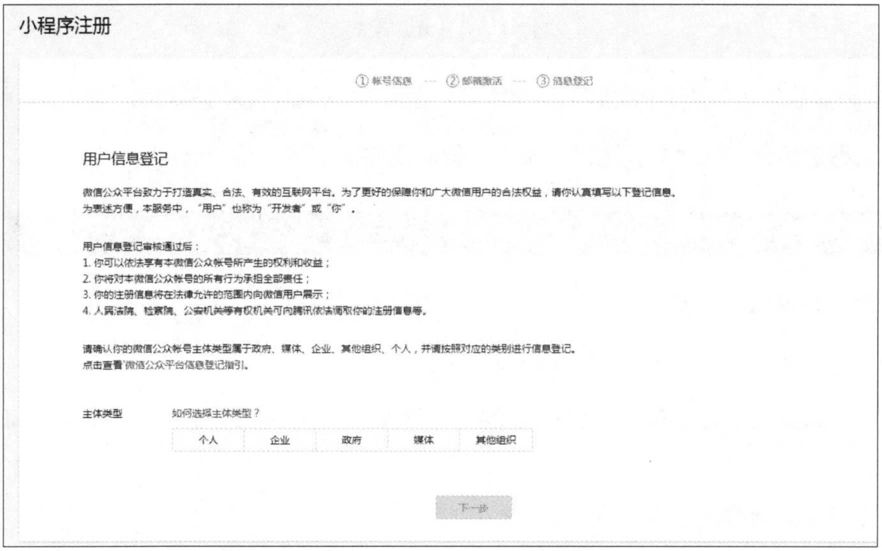

图 2-7　浏览并同意相关说明

（3）微信公众号的管理员扫码验证。

（4）在“快速创建小程序”中选择复用的资质，如图 2-8 所示，然后填写小程序账号信息，注意，此处需要有一个未绑定个人微信或其他公众平台的邮箱。

图 2-8　勾选对应的资质

（5）登录邮箱，在邮件中激活小程序账号，激活完成后即可使用邮箱账号密码登录小程序。

（6）绑定小程序管理员。这样，小程序便注册完成。

2.1.3　小程序的微信认证

1．为什么要认证小程序

（1）已认证的小程序账号可以申请微信支付功能。

（2）已认证的小程序最多可以绑定 20 个开发者，而未认证的小程序最多只能绑定 10 个开发者。

2．小程序的微信认证方法

（1）第一种方法，在“设置”的“基本信息”中进行微信认证，如图 2-9 所示。

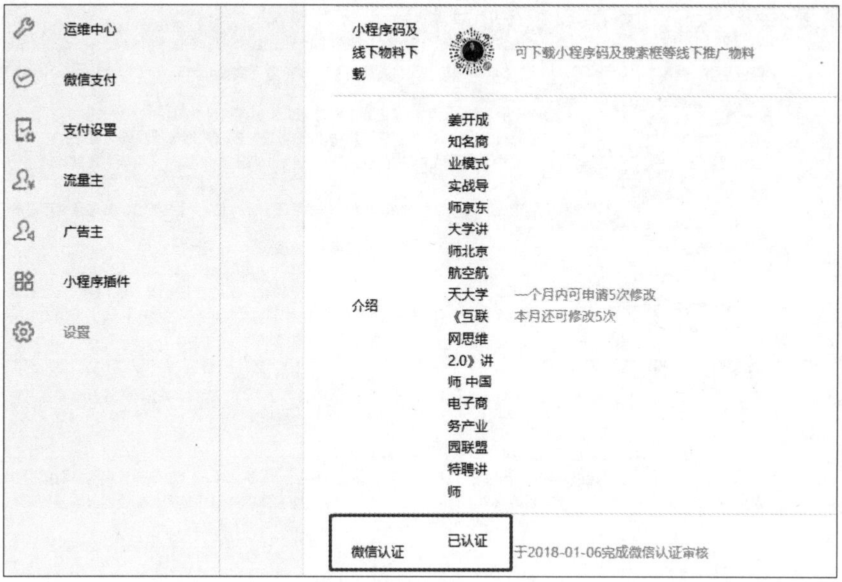

图 2-9 小程序微信认证

（2）第二种方法，在“小程序发布流程”页面里进行微信认证，如图 2-10 所示。

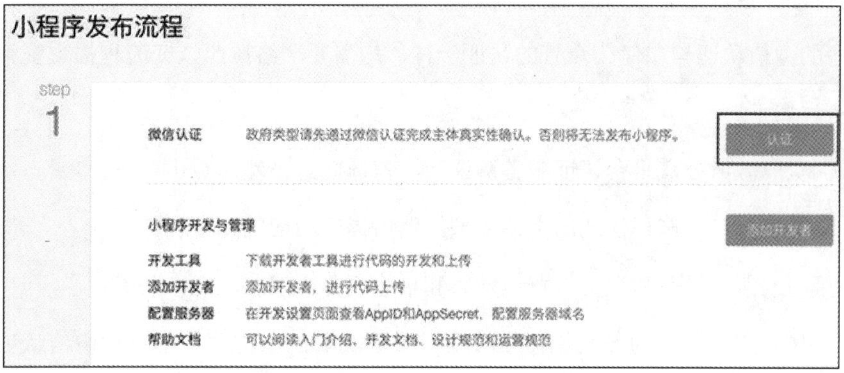

图 2-10 在“小程序发布流程”页面里进行微信认证

3．认证小程序需要的资料

小程序进行微信认证所需要的资料如图 2-11 所示。有意进行注册的企业、商家、个人，需要认真了解，以免走弯路。

注册选择类型	组织机构类型
企业类型	《组织机构代码证》；《企业工商营业执照》
媒体类型	《组织机构代码证》；《企业工商营业执照》或《事业单位法人证书》； 广播电视应上传：《广播电视播出机构许可证》或《广播电视频道许可证》； 报纸需上传：《中华人民共和国报纸出版许可证》；期刊杂志需有《中华人民共和国期刊出版许可证》； 网络媒体需要提供：《互联网新闻信息服务许可证》或《信息网络传播视听节目许可证》
政府单位/事业单位	《组织机构代码证》
其他组织-免费(基金会,外国政府机构驻华办事处)	《组织机构代码证》；相关登记证书、批文或证明等：基金会请上传《基金会法人登记证书》，外地常设机构请上传其驻在地政府主管部门的批文，外国驻华机构请上传国家有关主管部门的批文或证明
社会团体	《组织机构代码证》；《社会团体登记证证书》；如果是宗教团体还需要提供宗教事务管理部门的批文或证明
民办非企业	《组织机构代码证》；《民办非企业登记证书》；非事业单位的培训教育机构，需要提交其自身所有权的《办学许可证》。非事业单位的医疗机构包括美容，需要提交其自身所有权的《医疗机构执业许可证》等
其他组织-免费(基金会,外国政府机构驻华办事处)	《组织机构代码证》；相关登记证书、批文或证明等

图 2-11　小程序认证所需要的资料

4．小程序微信认证的申请流程

小程序的微信认证与微信公众号的认证一样，均需要严格按照认证流程提交资料。

具体流程如下。

（1）浏览《微信公众平台认证服务协议》，勾选同意，然后点击“下一步”。

（2）填写资料，先选择认证的主体类型，然后提交相应的认证材料。

（3）填写发票。目前腾讯支持普通发票和增值税专用发票。

（4）支付费用。不是通过复用微信公众号资质注册的小程序，在进行微信认证时，需支付 300 元认证费用。

（5）等待审核。通常在支付认证费用后的 1 ～ 3 个工作日内出认证结果。

5．小程序复用公众号资质快速认证

已创建成功但尚未通过微信认证的小程序，如果已经跟公众号关联，则可以复用公众号的微信认证资质进行快速认证。

快速认证不需要重新提交认证资质，也不需要支付 300 元认证费用，即时可生效。通过这种方式认证的小程序的认证截止日期与公众号的认证截止日期一致，到期后，请开发者重新做年审或再次复用资质认证。

小程序适用快速认证的条件：①企业、媒体、政府和其他组织类型的小程序；②小程序与微信公众号相关联，且二者主体相同；③微信公众号必须已完成微信认证。

必须同时满足以上三个条件，才能申请小程序复用公众号资质快速认证。

2.1.4　开通小程序的微信支付

小程序作为公众平台的一种新账号类型，申请微信支付的门槛和其他类型公众号一致，只要完成了微信认证，即可申请微信支付，并且不再收取认证费用。

开通流程：登录小程序后台，选择“微信支付”，然后点击“开通”，之后会有资质审核、账户验证环节，最后签署协议即可开通。

2.1.5　绑定技术开发者

可以为小程序绑定技术开发者，如图 2-12 所示。

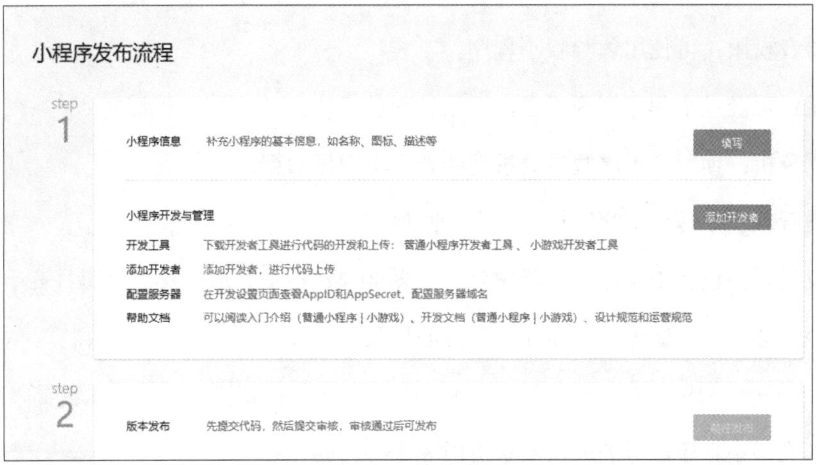

图 2-12　绑定技术开发者

管理设置开发者权限非常必要，管理员可在小程序后台统一管理项目成员（包括开发者、体验者及其他成员）、设置项目成员的权限（包括开发者 / 体验者的登录小程序管理后台、开发管理、查看小程序数据分析等权限）。

可以进入小程序管理后台，选择“用户身份”，编辑“成员管理”，如图 2-13 所示，即可对小程序的项目成员进行管理。

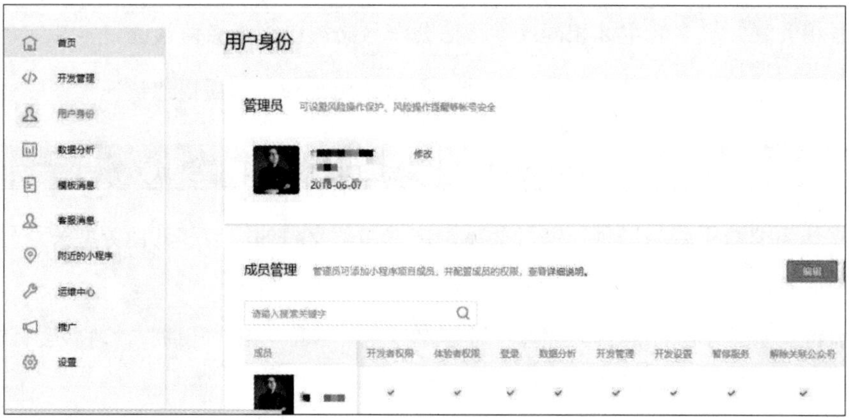

图 2-13　小程序成员管理入口

小程序项目成员的权限有以下几种。

① 开发者权限：可使用小程序开发者工具和开发版小程序进行开发。

② 体验者权限：可使用体验版小程序。

③ 登录：可登录小程序管理后台，无须管理员确认。

④ 数据分析：使用小程序数据分析功能查看小程序数据。

⑤ 开发管理：小程序提交审核、发布、回退。

⑥ 开发设置：设置小程序服务器域名、消息推送及扫描普通链接二维码打开小程序。

⑦ 暂停服务设置：暂停小程序线上服务的权限。

每个小程序账号均可添加一定数量的项目成员，不区分成员身份，具体数量限制如下。

① 个人类型小程序账号的成员数量上限为 15 人。

② 未认证、未发布组织类型小程序账号的成员数量上限为 30 人。

③ 已经认证未发布、未认证已发布组织类型小程序账号的成员数量上限为 60 人。

④ 已认证且已发布组织类型小程序账号的成员数量上限为 90 人。

2.1.6 下载和安装开发工具

下载和安装开发工具的流程如下。

（1）登录微信公众平台（https://mp.weixin.qq.com），扫码进入小程序。

（2）进入“小程序发布流程”界面，如图 2-14 所示。在“小程序开发与管理”板块中点击“普通小程序开发者工具”。

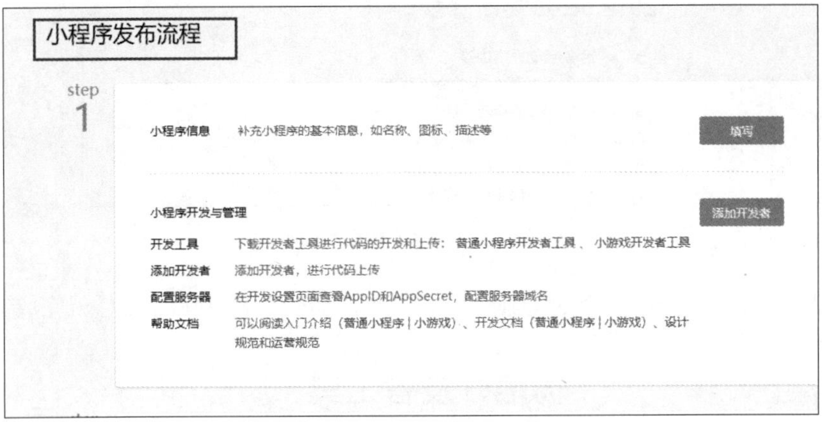

图 2-14　小程序发布流程界面

（3）在“概览”界面中，点击“微信开发者工具”，如图 2-15 所示。

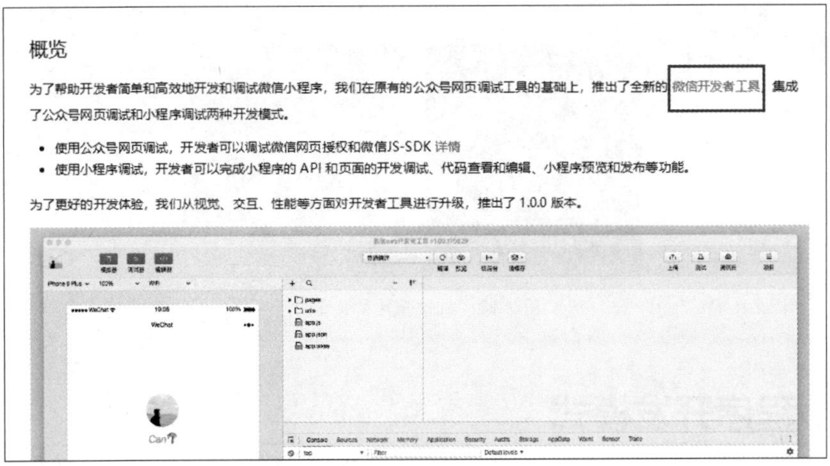

图 2-15　点击“微信开发者工具”

（4）从“最新版本下载地址”栏中找到自己的电脑所对应的版本，进行下载，如图 2-16 所示。

图 2-16　最新版本下载地址

（5）下载完成后，将其安装到电脑中，呈现界面如图 2-17 所示。这样就完成了安装。

图 2-17　微信开发工具首页

2.2　小程序开发模式

搭建小程序技术架构有两种思路，一种是自主组建团队开发，另一种是邀请第三方企业或平台开发。自主组建团队的风险与成本较高，所以笔者建议大家以借助第三方开发力量为主。下面笔者以第三方开发模式为中心详细讲解。

小程序的玩法通常重运营而轻技术，对于大多数中小企业或创业者而言，尽量使用第三方小程序开发商搭建企业小程序。第三方小程序开发商往往有大量的开发经验，他们会提供商品展示、在线交易、营销工具、数据分析等一整套健全的小程序电商系统或其他行业版本，商家用户只需要把心思与精力花在运营上即可。

小程序的搭建影响着后期的运营模式，因此笔者建议商家先投入一定的精力与人力在首款小程序运营上，验证下这款小程序能否实现它在商家战略中的使命，后期如果有需要，还可以再进行部分新功能的定制开发。

首款小程序对于企业商业模式创新设计、智能商业升级起着至关重要的作用，同时它的开发及搭建门槛相对较低，接下来笔者以第三方小程序搭建为例，教大家如何快速搭建一款赚钱的小程序。

2.2.1 整理功能清单

明确企业小程序功能需求是搭建一款赚钱小程序的首要条件。

1. 定位小程序在企业战略中所扮演的角色

小程序在企业战略中所扮演的角色跟行业有一定的关系，例如婚庆行业可能更需要小程序的品牌展示能力，百货行业可能更注重小程序便捷的用户管理能力，电商行业可能更注重小程序的流量等。

目前小程序在企业战略中所扮演的角色主要有以下五种。

（1）定位为品牌曝光的推手。

如果企业把“小程序”定位为品牌传播的工具，那么企业就应该更多重视企业小程序的“品牌视觉”设计，给用户塑造一种“高大上”的品牌形象。商家要在小程序搭建过程中，更加注重小程序页面的展示能力与页面自定义的延展性。

（2）定位于获取新客户的最佳“入口”。

如果企业的需求是获取新的客户，那么就要重点关注小程序的“营销能力”。其与“品牌视觉”不同，更强调小程序的“触达能力”，需要小程序在不同的场景下能更快更准地触达用户。这个“触达能力”就是小程序营销能力的基础。对于小程序来说，可通过“扫二维码”“识别图中二维码”“附近小程序”“微信聊天顶部”“微信公众号文章植入”“新人红包”“首次免单”等功能或玩法成为企业的优质流量入口。

（3）定位于企业唤醒老客户的“复活器”。

有些企业经历了十几年，甚至几十年的发展，品牌已经有一定的影响力和知名度，有一定的会员基数，同时还有很多线下门店和线上的旗舰店、自营店。这类企业显然已经把“品牌展示”与“用户触达”做得很不错了，就会将小程序定位成唤醒老客户的“复活器”。

如果将小程序定位为“复活器”，企业就要更加注重小程序的“互动能力”。当小程序触达用户后，通过“交互”能力为用户提供“舒适”的感觉，让用户愿意在小程序上停留更长时间，并且深度浏览小程序。小程序应发挥“无须下载，无须登录，无须注册”的优势，使用“限时特卖”“会员专享”“今日五折”等方式，潜移默化地塑造用户的“购买驱动力”。对于有一定数量老客户的企业来说，小程序的“强复活”能力，不失能为企业唤醒老客户，还能提升复购率、获取小程序的种子用户。

（4）定位于企业资源整合的“连接器”。

当前很多企业都在进行快速多元化和产业化，往往进入比较陌生的行业。对于已经出现天花板的企业来说，这是短时间内进行突破的好办法，然而企业很可能对新进入的行业了解不足，对自身团队运营能力、自身资源的储备、市场前景过于乐观，结果可能遇到资金链断裂的危险。

遇到这种危险，一个好办法就是将企业现有的几个产业、商品、团队进行“组合”和“连接”，这就需要寻找一个能承载这一使命的“连接器”，而小程序具有“新势力”“新赋能”“新体验”等特点，是完成这一任务的最佳选择。

小程序的连接能力体现在三个方面：①一个小程序可以同时销售多种商品；②可以将小程序定位为内部创业或全员推广的平台；③可以利用线下门店或线上电商店铺联合推广小程序。

小程序的“连接器”特性主要表现在多品类商品展示、与微信公众号关联、与线下门店互通等能力上。如果将小程序定位为企业内部资源的“连接器”，那么建议重视小程序的“数据变现”能力，尝试将企业原有的公众号粉丝通过小程序转化成“订单”和“现金流”。

（5）定位于企业拓展产业的“新平台”。

还有企业想要开辟一个新的领域或进入一个全新的行业，需要找到一个能帮助其跨界的工具，而具有流量与社交属性的小程序，正好可以成为企业进入新领域的“新平台”与“纽带”。

举个例子，比如某个销售女装的天猫卖家，因为天猫上的竞争很激烈，想利用手中积累的客户资源提供鲜花预订服务。这个想法很好，但问题是天猫可能不允许跨品类交易，那就只能通过其他方式来实现，目前最好的方法就是借助小程序这个新平台，其可以为企业打开一个新的领域。

如果将小程序定位为企业拓展产业的“新平台”，建议重视小程序的“满赠”“拼团”“会员特权”等玩法。

2．根据小程序的角色定位勾画小程序功能维度图

确定小程序在企业战略中的角色定位后，我们就要开始依据定位勾画小程序的功能维度图。维度主要体现在三个方面：①首页的布局及后期延展能力；②营销工具及对应迭代能力；③数据分析与连通能力。如图2-18所示。

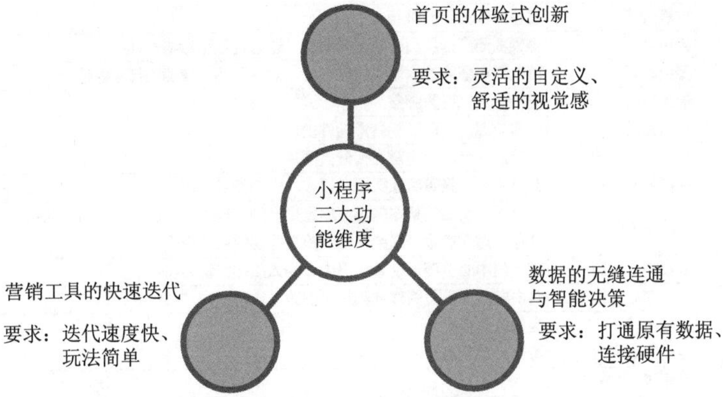

图2-18　小程序三大功能维度

目前在小程序开发服务市场上，小程序的商品基本信息、自定义参数、规格、会员折扣、积分抵扣、是否需要关注公众号、对应的会员及会员组权限等基础能力比较容易实现，而“首页的体验式创新”“营销工具的快速迭代”“数据的无缝连通与智能决策”三大块则可能不易实现。

以“营销工具的快速迭代”为例，以拼多多为代表的“小程序拼团”、以蘑菇街为代表的“小程序直播”、以花点时间为代表的“小程序按月订花”等玩法作为小程序创新玩法而特别流行，取得非常不错的成绩，成为经典案例。

然而，任何玩法都是有生命周期的，再火爆的玩法，也会在一段时间以后被其他流行玩法取代，所以在“营销工具的快速迭代”这块，需要企业投入更多的精力去实现。

综上所述，笔者建议在勾画小程序功能维度过程中重点聚焦在以上提到的三个关键点上，也把它们作为选择未来合作的小程序开发商的衡量标准。

有了对小程序的战略定位和小程序功能维度图，再进行功能补充与细化就相对简单一些。

3. 企业的小程序电商平台应具备的功能

考虑到可能大多数读者对小程序还不够了解，也不太清楚小程序的未来运营时所需要的准确功能需求，接下来笔者为大家简单描述一下企业首款小程序应具备的功能，如图 2-19 所示。

小程序电商功能清单（供读者参考）		
模块	功能	功能描述
默认首页	幻灯片	添加幻灯片
	导航设置	添加分类导航
	商品推荐	设置商品推荐
	排版设置	设置默认首页的排版
	自定义	当模板无法满足页面布局需求时，进行自我组合与设计
	颜色选择	可以对小程序的格调进行微设计，对不同的模块能进行颜色选择
配送方式	配送方式	支持分区域设置邮费
评价管理	评价管理	可修改评价、可在后台添加评价
商品管理	商品分类管理	支持添加商品分类及上传分类图片
	商品列表	支持添加、删除商品数量，修改、查询商品信息
	添加商品	支持设置商品的基本信息、自定义参数、规格、会员折扣、积分抵扣、是否需要关注公众号、对应的会员及会员组浏览及购买商品的权限
会员中心	会员中心入口	在会员中心主页，配置会员中心的入口和回复会员中心消息
	会员中心设置	会员中心主页页面样式和排版设置，自定义样式和排版
	消费排行榜	会员按消费排名
	会员中心列表	可进行会员管理
营销工具	优惠券	
	卡券	卡券名称、卡券图片、卡券描述
	充值	在线充值、充值活动设置
	拼团	拼团设置、拼团管理等
	裂变红包	红包设置、红包规则、红包记录等
	整点秒杀	秒杀时间设置、秒杀规则
订单管理	订单管理	管理订单及退款申请，支持微信自动退款
财务	充值记录	查看用户充值记录
	提现申请	查看用户提现申请
	下载账单	下载对账单
	积分明细	查看用户积分明细
	余额明细	查看用户余额明细
数据	销售统计	按年、月、日统计商城交易额、交易量
	销售指标	查看销售指标
	订单统计	按时间查询订单数和订单金额
	销售明细	查询商品销售量和销售额明细
	销售排行	查询商品销售量和销售额，默认排序为销售额从高到低
	销售转化率	查询商品浏览量及购买转化率，默认排序为转化率从高到低

图 2-19 小程序电商平台功能清单（供参考）

设置	商城基础设置	设置商城的基本信息
	关注及分享	设置关注及分享引导
	商城状态	设置商城的开启状态
	全网通设置	设置是否开启WAP页面
	交易设置	设置交易参数
	支付方式	配置支付参数
	短息消息	配置短息发送参数
小票打印机	打印机管理	添加打印机
	打印机模板库	设置打印模板
	打印设置	配置打印机
商品助手	淘宝助手	快速采集淘宝网的商品信息
	京东助手	快速采集京东商城的商品信息
快递打印	打印机设置	设置打印机
	商品简称设置	设置商品简称
	模板管理	设置快递单模板
店铺装修	新建页面	首页装修
商城前端页面	个人中心	我的订单（待发货、已发货、已签收、所有订单）
		我的收货地址
		我的收藏
	退款/退货	申请退款/退货
		查看退款/退货处理情况
	购物车	添加商品到购物车
		管理购物车中的商品
	商品详情页	商品信息显示
		商品大图多图轮换
		商品支持多种商品属性
		商品图文详情介绍
		商品参数
		用户评价
		同店推荐
		选择商品类型
		购买
		加入我的购物车
		加入收藏
	商品列表	商品的列表，可以按照销量、价格、新品进行排序

图 2-19 小程序电商平台功能清单（供参考）（续）

以上小程序功能清单仅供大家参考，希望能帮助小程序开发者或创业者 / 企业选择服务商。

2.2.2 设计页面架构

小程序页面架构是技术开发与搭建的最重要的依据，设计时要先把首页要表达的要素用文档、表格、设计图等多种形式表现出来，看看初步效果。

小程序页面架构设计有两大类型，一是品牌型，二是交易型。

案例 2-2：“爱尚商城”小程序的页面架构设计图

“爱尚商城”小程序是品牌型页面架构设计，以品牌为核心，其页面架构设计图如图 2-20 所示。

爱咖啡品牌/加盟海报/爱咖啡愿景轮播		
爱咖啡企业文化/简介		
公司介绍		品牌定位
公司使命		公司愿景
公司价值观		创始团队
招商加盟		
招商要求		支持政策
费用说明		成功案例
招商流程		招商FAQ
爱咖啡+私董会		
私董会简介		私董会申请
私董会使命		私董会权益
爱尚商城		
洗护系列		自养猪肉
散养鸡蛋		经典茶叶
联系我们		
总部地址		
招商咨询	电话：	
	邮箱：	
商城咨询	电话：	
	邮箱：	

图 2-20 “爱尚商城”小程序的页面架构设计图

案例 2-3：“爱鲜蜂闪送超市”小程序的页面架构设计图

“爱鲜蜂闪送超市”小程序是交易型的页面架构设计，以商品销售为核心，其首页页面架构设计图如图 2-21 所示。

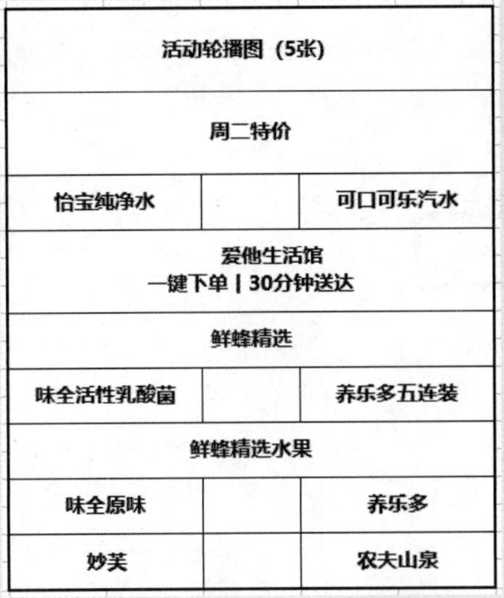

图 2-21 爱鲜蜂闪送超市首页架构图

下面笔者以详情页为例讲一下小程序的页面结构设计要点。

详情页是电商展示商品卖点及细节的最佳阵地，在小程序中也是如此。当用户通过主图对商品产生兴趣后，就会进入详情页查看商品细节。小程序详情页的架构与过去电商店铺展示略有不同，主要体现在以下三个方面。

（1）商品参数自定义功能。

小程序的商品参数自定义功能与京东、天猫店铺有明显不同。京东、天猫的大多数卖家都是经营单一品类，而小程序因为在企业战略中承载一部分资源整合的功能，所以越来越多的企业会在小程序上销售多元化商品，这就需要小程序电商平台在参数上可以满足多个品类的不同展示需求。例如服装类，其核心参数是“尺码”“颜色”“价格”等；红酒类，其核心参数是“产地”“度数”“保质期”等。因此建议使用“商品自定义功能”，让不同的品类设置不同的参数，如图 2-22 所示。

（2）线下核销功能。

线下核销是指用户在小程序上下单，然后凭借消费码到线下门店取货。对于有实体店的商户，线下核销模式可以把线上用户吸引到线下体验，从而把门店的价值进一步发挥出来。

目前小程序常见的核销模式有三种：①按订单核销，不管用户购买多少，一次核销完成；②按次核销，一个消费码可以使用多次（依据购买的数量而定）；③按消费码核销，用户可以有多个消费码，一次只核销一个。线下核销参数如图 2-23 所示。

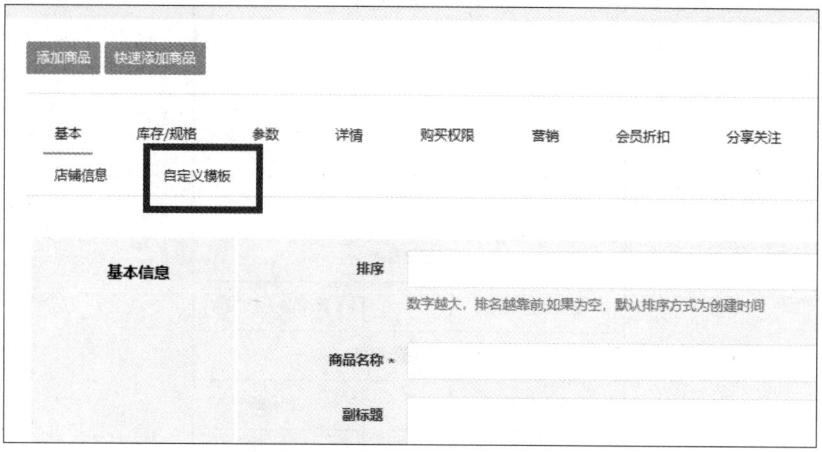

图 2-22　商品参数自定义入口展示图

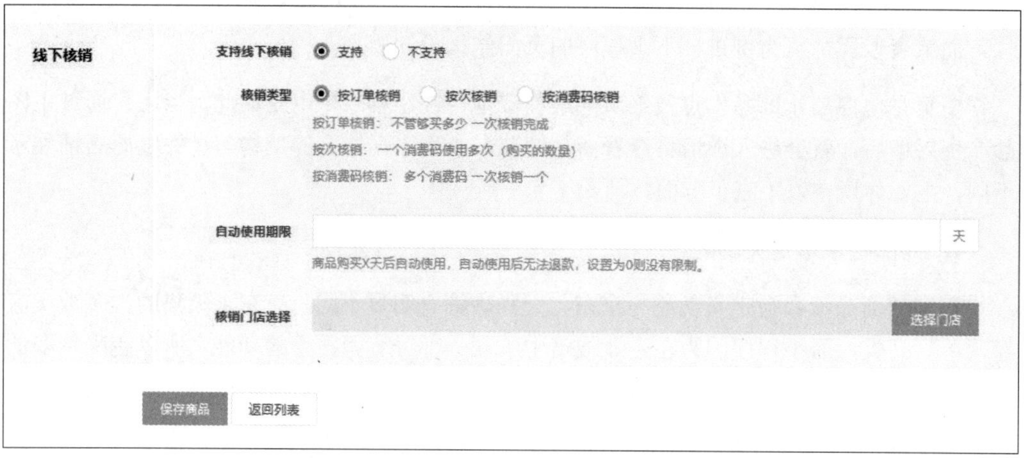

图 2-23　小程序线下核销的参数

（3）具有表单自定义功能。

表单自定义功能有可能会逐渐成为小程序的一种标配，它可以为商家打造个性化的表单，如图 2-24 所示，便于商家更精准地获取用户信息，也可以更好地提高工作效率。

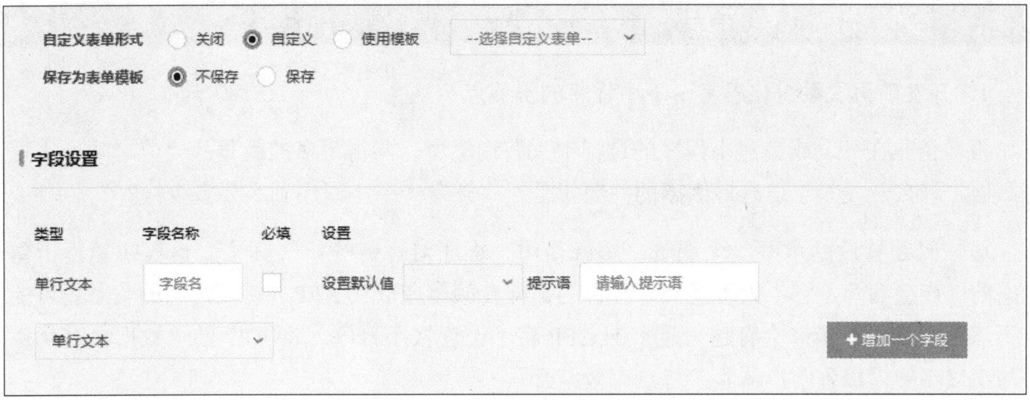

图 2-24　小程序自定义表单

案例 2-4：“中教培训”小程序的自定义表单

“中教培训”小程序希望用户在购入课程时填写“姓名”“电话”“邮箱”“地址”等详细信息，但是默认的表单无法实现，后来利用“自定义表单”就很好地实现了，如图 2-25 所示。

图 2-25　“中教培训”小程序的自定义表单

2.2.3 按照功能清单开发

1．开发前再次系统化思考一下小程序的价值点

很多企业在开发或搭建小程序的过程中来咨询笔者，问得最多的就是："姜老师，小程序怎么做，怎么开发？"还有最困惑的问题就是："开发一个小程序到底要多少钱？"

这些问题背后隐藏着一个误解，那就是用小程序对标APP。实际上，小程序是基于微信生态的"连接器"，它不太可能如外界说的那样会颠覆或取代APP，它们之间的关系更可能的是"深度融合"。未来会有越来越多的APP将一键连接小程序，将APP的"数据私有化"能力与小程序的"极致用户体验"特点有效结合。

2．按照已经设计好的功能清单进行开发和搭建。

小程序有点类似于手机产品，具有较强的迭代属性。

我们在开发的时候，先按照功能清单完成小程序1.0版本的开发和搭建，然后以最快的速度上线并测试。在开发和搭建过程中，尽量避免一看到同行和对手有新的功能或玩法，就马上调整或完全颠覆原来设计的功能开发清单。

如果在小程序1.0版本的开发和搭建过程中，确实发现前期设计的功能清单存在一定的优化空间，可以将之作为小程序2.0版本的调整内容。

3．引入第三方小程序开发商

小程序开发市场中鱼龙混杂，建议企业尽量多维度了解将要合作的第三方公司，找到一家靠谱的第三方小程序开发商或平台商，少走弯路。

2.2.4 小程序与第三方技术对接流程

我们在微信里看到的可以直接购物的"小程序"，背后通常是由"小程序账户""第三方平台/自主开发""微信支付""微信公众号"各板块融合而成，那么它们是如何融合和对接的呢？

1．整理好需要对接的参数

小程序相关的参数包括原始ID、AppID（小程序ID）、AppSecret（小程序密钥）等。

微信支付相关的参数包括微信支付商户号、API密钥、下载安全控件等。注意，下载安全控件时，建议使用谷歌浏览器或IE浏览器。

微信公众号相关的参数包括原始ID、开发者ID（AppID）等。

第三方平台相关的参数包括 URL（服务器地址）、Token（令牌）、EncodingAESKey（消息加解密密钥）等。

2. 第三方小程序平台参数配置流程

（1）首先登录小程序账户，从“设置”页面复制小程序 ID 及密钥，如图 2-26 所示。因保密需要，图上部分信息做了模糊化处理，敬请理解。后文部分图片亦如此，不再赘述。

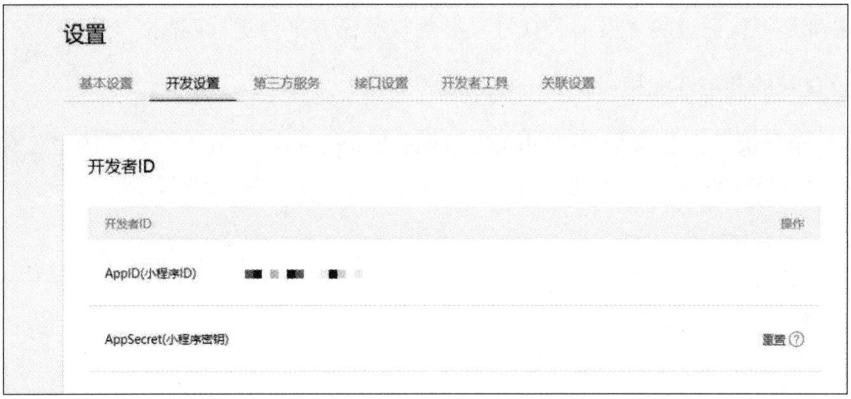

图 2-26　复制小程序参数

（2）登录第三方小程序技术后台，粘贴小程序 ID 及密钥并保存，如图 2-27 所示。

图 2-27　粘贴小程序参数

注意，因为选择合作的第三方平台不同，后台的展示形式会有所不同，笔者以随机选择的一个第三方后台作为案例展示，其他的第三方后台虽然有差异，但是需要的参数、入口、逻辑基本上是一样的。

3．第三方小程序平台与微信公众号参数配置流程

微信公众号对于小程序的运营来说有很重要的价值，大多数第三方开发的小程序平台都是“双平台模式”，也就是“微信公众号＋小程序”。在小程序参数与第三方平台参数匹配完成后，接下来就是将认证过的“微信公众号”参数与第三方平台进行匹配、对接。

微信公众号的参数匹配稍微复杂一些，流程如下。

（1）首先登录微信公众平台（https://mp.weixin.qq.com），从“设置”的“公众号设置”界面中获取“微信号”（如图 2-28 所示）与“原始 ID”（如图 2-29 所示）。

图 2-28　获取微信号

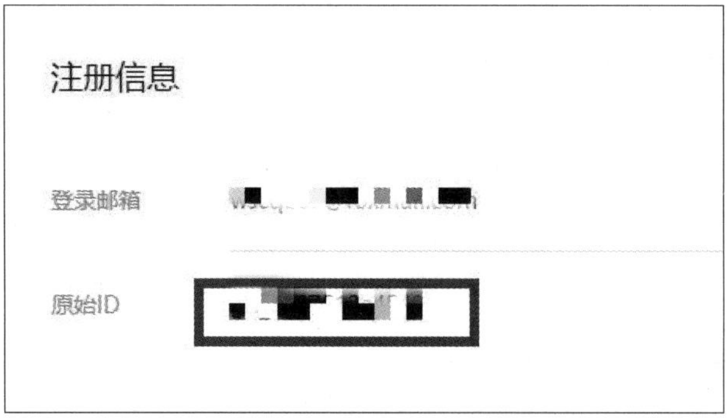

图 2-29　获取原始 ID

（2）从“开发”的“基本配置”的“公众号开发信息”界面中获取“开发者 ID”和“开

发者密码”，如图 2-30 所示。

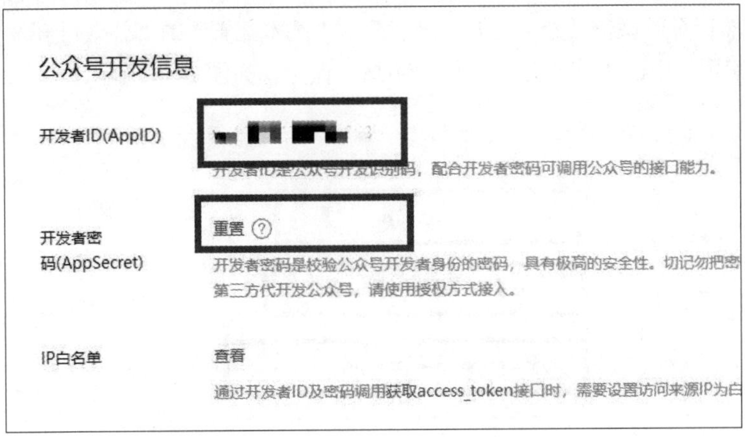

图 2-30　获取“开发者 ID”和“开发者密码”

（3）将获取的参数粘贴到第三方小程序平台上，如图 2-31 所示。

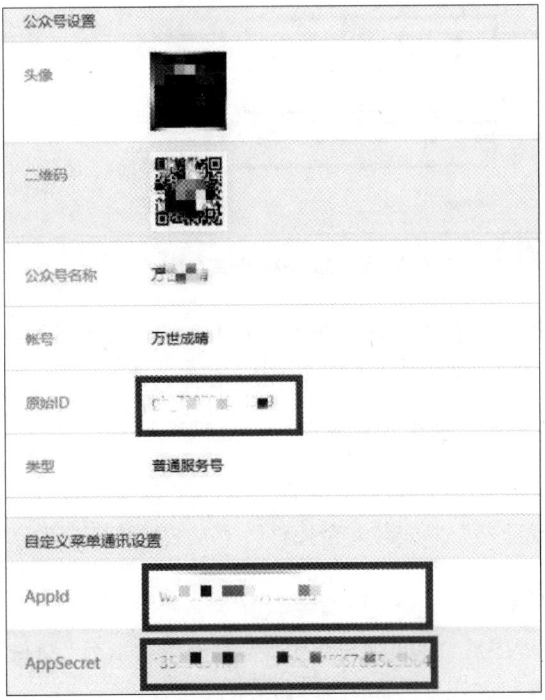

图 2-31　粘贴小程序参数

（4）将第三方小程序后台的服务器地址等参数设置到微信公众号上。从第三方小程序平台依次复制 URL（服务器地址）、Token（令牌）、EncodingAESKey（消息加解密密钥），如图 2-32 所示，然后登录微信公众号，从“开发”的“基本配置”的“公众号开发信息”界面下，点击“服务器配置”中的“修改配置”依次粘贴并保存，如图 2-33 所示。

图 2-32　复制相关参数

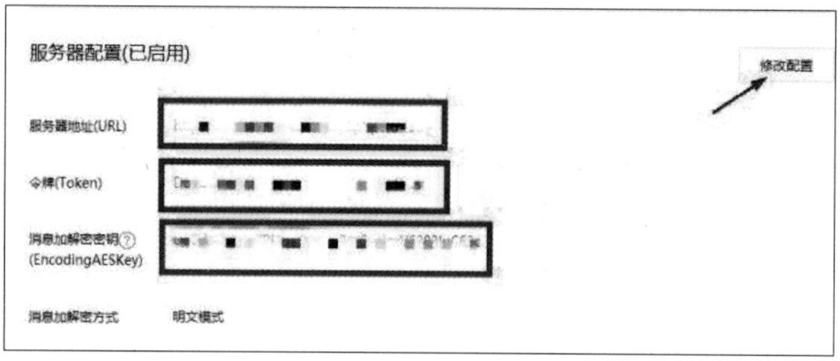

图 2-33　粘贴相关参数

注意，在参数匹配过程中有些信息（非参数）由我们自行填写即可，因此在本书中，有些基础信息没有完全截图展示，请大家按照流程相应处理。

4．第三方小程序平台支付参数配置流程

（1）使用谷歌浏览器或 IE 浏览器登录微信支付平台（https://pay.weixin.qq.com），依次点击“API 安全”“下载证书”“安装安全控件”“安装操作证书”，完成控件安装。

（2）设置“API 密钥”。

（3）按照第三方小程序后台的“微信支付”参数框依次填写“身份标识”“身份密钥”“微信支付商户号”“微信支付密钥”，如图 2-34 所示。

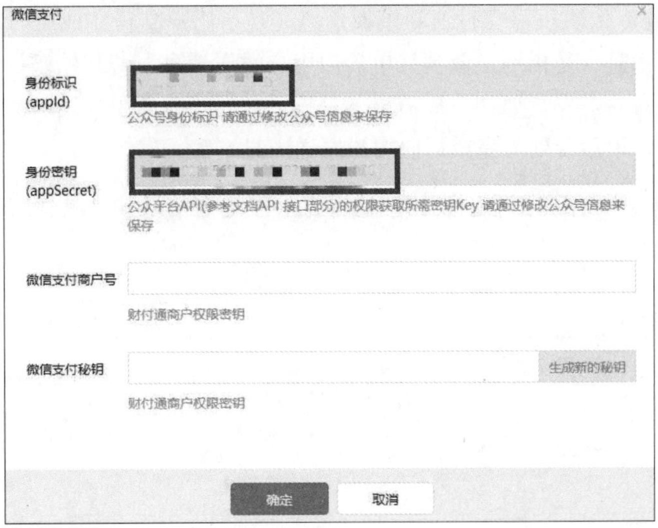

图 2-34　微信支付参数

注意，图上内容与展示流程可能因第三方小程序后台的填写规则或顺序不同而与本文所撰写的有点差异，请大家不用担心，规则都是大同小异的，我们最终要以确认合作的第三方公司的规则为准。

5．对接参数备份

无论是小程序官方还是第三方开发公司都有可能出台新的规则，这样就有可能需要依据新规进行参数的修改或删减，常常需要用到最初的参数。

从安全及效率角度考虑，笔者建议大家把小程序、微信支付、微信公众平台、第三方等账户信息及所有参数都进行及时备份。

2.3　后台管理、首页装修及产品上传

一个好的小程序应该是有创意、有标准、有亮点的，这一节将会从用户体验的角度讲解如何有效地管理后台信息、装修首页、上传产品等。

2.3.1　小程序电商后台管理

可根据具体情况填写小程序电商的后台管理信息。

（1）商城基本信息。包括客服电话、地址、领券方式、支付方式等。

（2）模板信息。依次填写支付通知模板消息（是指用户支付完成后向用户发送消息）、订单取消通知模板消息（是指用户取消订单后向用户发送消息，若订单已付款则在后台审核通过后向用户发送消息）、发货通知模板消息（是指后台发货后向用户发送消息）、退款通知模板消息（是指退款订单后台处理完成后向用户发送消息）等。

（3）短信通知。在用户下单时，给指定手机号发送短信通知。具体应该填写哪些信息，如图 2-35 所示。

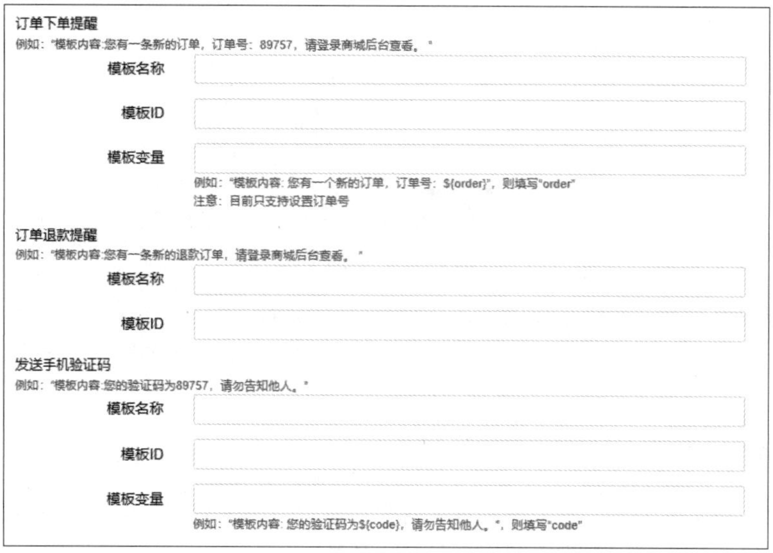

图 2-35　短信提醒所应填写的信息

（4）邮件通知。给留有 QQ 邮箱的用户发送邮件提醒，根据具体第三方平台而定，有些平台不提供该功能就不用填写，如图 2-36 所示。

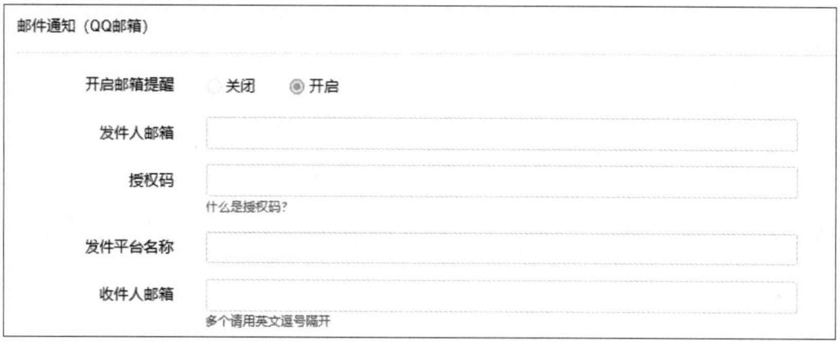

图 2-36　填写邮件通知

（5）运费规则。如图 2-37 所示，根据具体情况设置。

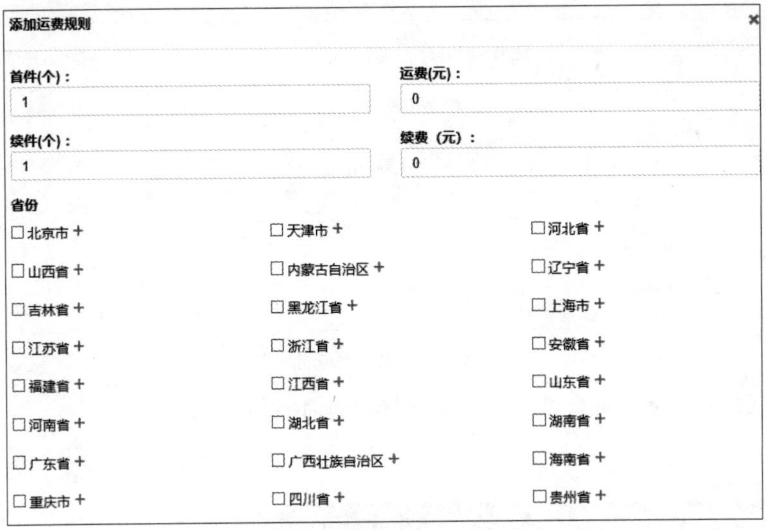

图 2-37　运费规则

（6）快递单打印。如图 2-38 所示，根据具体情况设置。

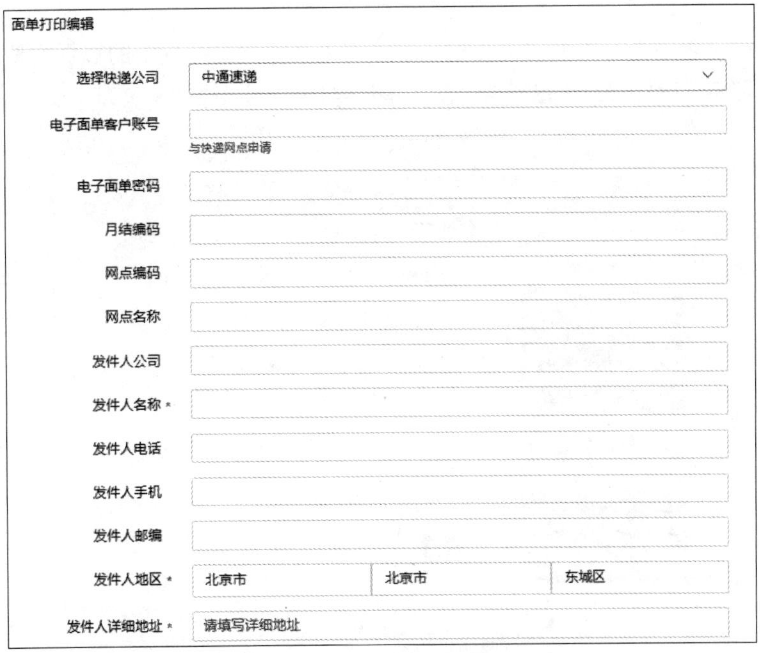

图 2-38　快递单打印设置

（7）小票打印。如图 2-39 所示，根据具体情况设置打印机。

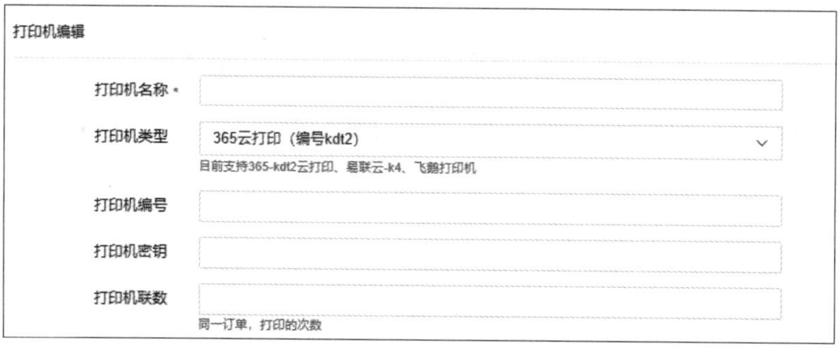

图 2-39　打印机设置

（8）区域购买限制。如图 2-40 所示，根据具体情况设置。

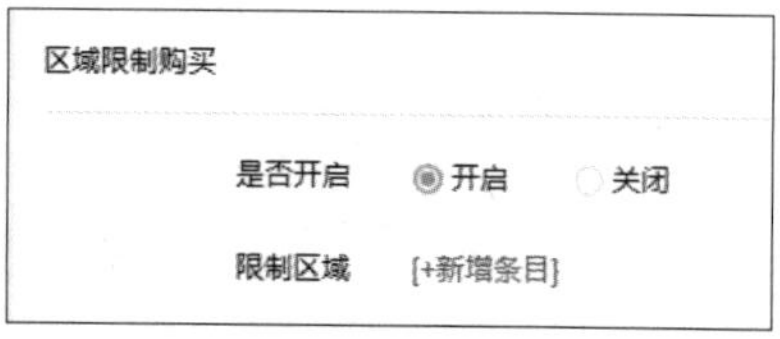

图 2-40　区域购买限制

2.3.2　小程序电商首页装修

登录第三方平台，进入“小程序”的“商城管理”，在“小程序设置”的“首页设置”界面下可以调整小程序的首页。

前文曾讲过小程序电商首页架构图设计，接下来就根据已经确定的首页框架图，结合第三方平台的自定义模块确定最终的装修格局，如图 2-41 所示。

图 2-41　首页自定义模块

对于有自主开发能力的商家也可以自行开发以实现完全自定义功能模块。

2.3.3 产品上传

1. 产品上传流程

（1）登录第三方平台，进入“小程序”的“商城管理”，在“小程序设置”的“商品管理”下进行商品管理，如图 2-42 所示。

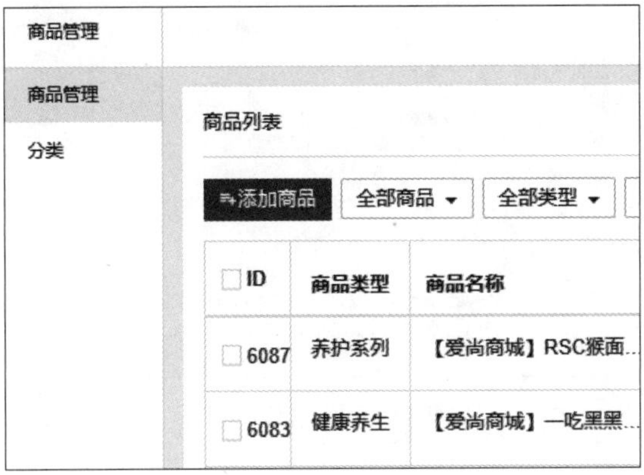

图 2-42 商品管理

（2）查看商品类表，如图 2-43 所示。

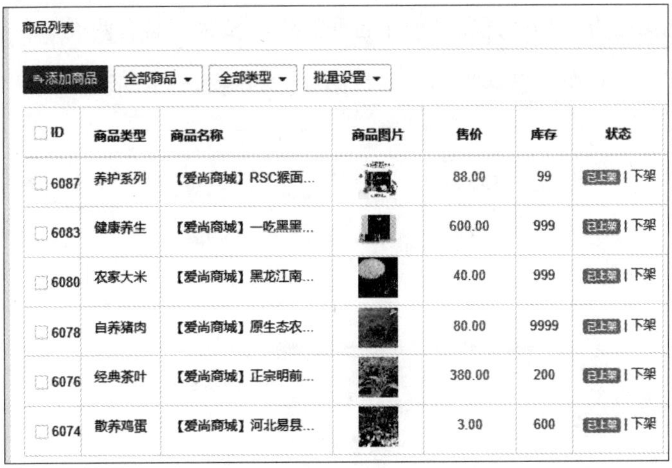

图 2-43 商品分类

（3）添加商品，并填写商品信息，如图 2-44 所示。

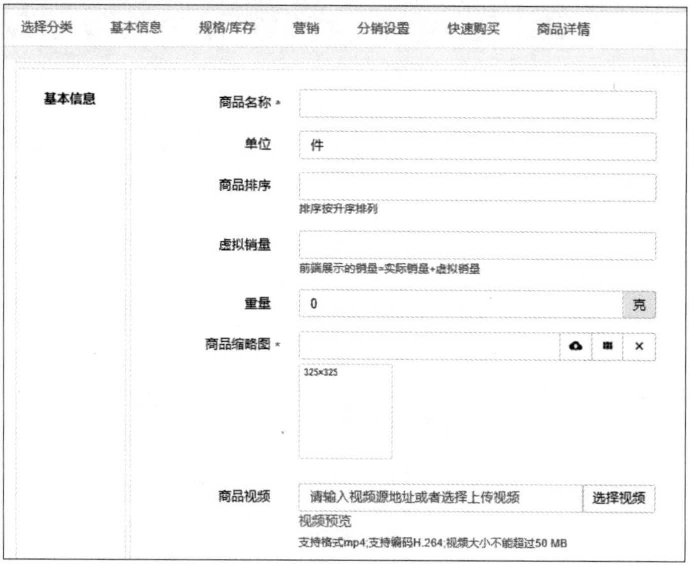

图 2-44　填写商品信息

2. 一键搬家插件

大多数第三方平台提供了主流电商平台的搬家工具，支持将京东、天猫、淘宝店铺商品搬家至小程序，这就减少了电商卖家在小程序上上传产品的工作量。

目前市面上的第三方小程序开发商或平台商提供的搬家工具有两类。

第一类是使用“一键复制链接”模式进行搬家，如图 2-45 所示。

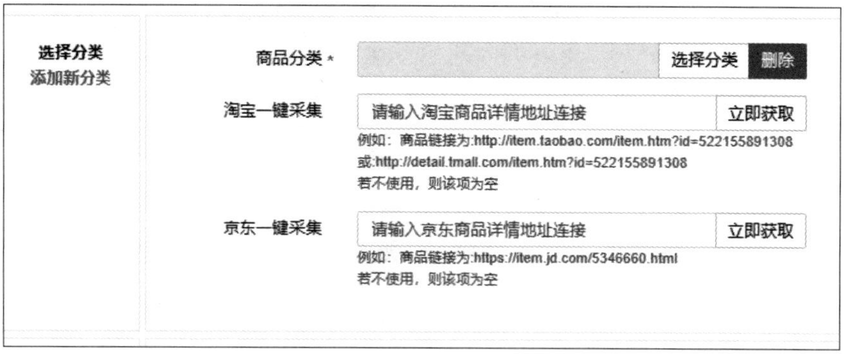

图 2-45　“一键复制链接”模式搬家工具

第二类是利用 CSV 文件进行搬家，如图 2-46 所示。

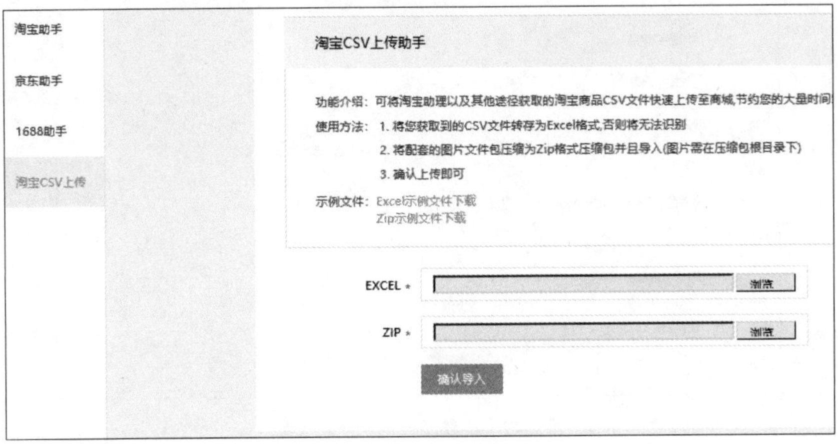

图 2-46　利用 CSV 文件进行搬家

在商品一键搬家的过程中，可能会出现搬到小程序上的商品信息不全，不用担心，可以在“商品管理”中找到信息不全的那个商品，点击“修改”，补全信息后保存即可。

2.4　代码下载与上传

在小程序的参数设置、首页装修、商品上传等操作完成后就进入到了代码下载与上传环节了。

2.4.1　从第三方小程序技术后台下载代码

因为不同的第三方小程序技术平台的规则不同，下载代码的路径也有所差异。

目前市场上第三方小程序的代码下载有两种路径。

1. 传统的代码下载包模式

登录第三方小程序后台，在“基本设置”中点击“下载小程序”，如图 2-47 所示。

2．扫码一键完成代码包的下载与上传

登录第三方小程序后台，在“小程序设置”中选择“扫码上传”，然后填写版本信息，到微信提交审核。

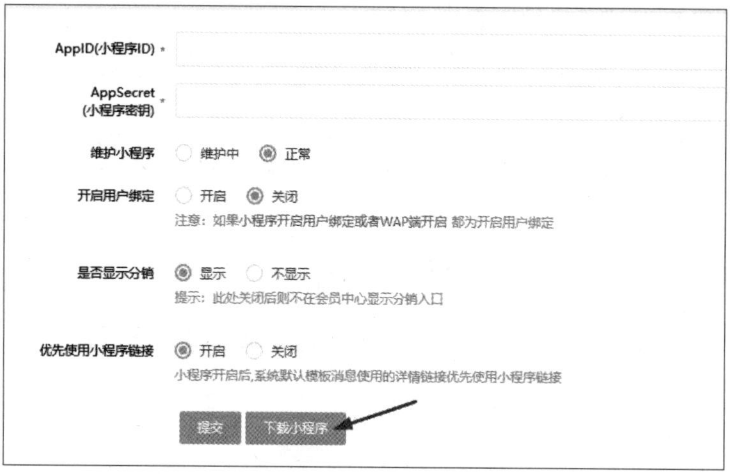

图 2-47　小程序代码包下载位置

2.4.2 将下载的代码通过微信开发工具上传

可以按照如下流程上传代码包。

（1）解压代码包。

（2）登录开发工具，创建小程序项目，在“管理项目”中点击“+”，如图 2-48 所示。

图 2-48　创建小程序项目

（3）在“小程序项目管理”中填写小程序参数，如图 2-49 所示。

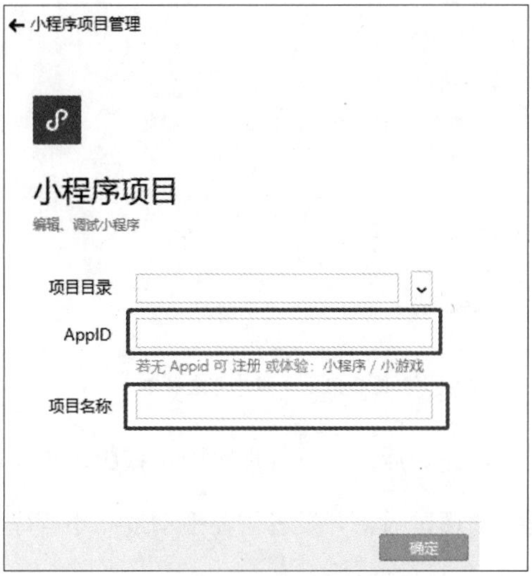

图 2-49　填写小程序参数

（4）选中解压后的代码包，提交预览，确认无误后提交审核。

2.4.3　代码审核与发布

用“微信开发工具”将小程序代码包提交后，要登录小程序后台提交小程序代码审核。

（1）提交审核。登录微信公众平台，进入小程序的开发管理，开发版本中会展示已上传的代码，如图 2-50 所示。管理员可提交审核或是删除代码，如图 2-51 所示。

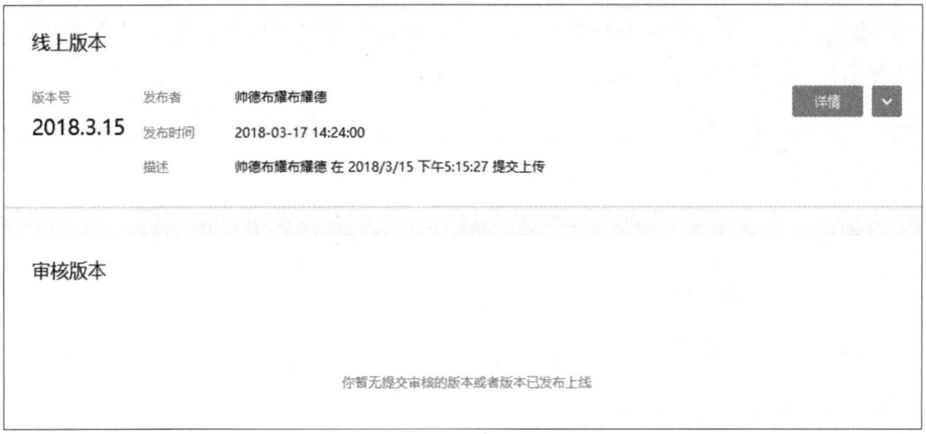

图 2-50　小程序版本

图 2-51 小程序开发版本

（2）完成提交。提交审核完成后，开发管理页中审核版本模块展示审核进度。

（3）代码发布。代码审核通过后，开发者需要手动发布小程序到线上提供服务。

代码正式发布后，小程序就能完美地展示出来了

2.4.4 打通小程序客服功能

在小程序上线后，为丰富小程序的服务能力，提高服务质量，微信为小程序提供客服消息功能，以便用户方便地与小程序服务提供方进行沟通。

1. 小程序客服消息功能介绍

用户可使用小程序客服消息功能，与小程序的客服人员进行沟通。

目前小程序客服消息会话入口有两个。

（1）小程序内。开发者在小程序内添加“客服消息按钮组件”，用户可在小程序内打开客服会话页面，给小程序后台发消息。

（2）已使用过的小程序客服消息会聚合显示在微信会话“小程序客服消息”内，用户可以在小程序外查看历史客服消息，并给小程序客服发消息。

对于小程序开发者来说，可通过以下两种方式给小程序用户发客服消息。

（1）调用发送客服消息接口。

（2）公众平台网页版的客服工具。

目前允许 48 小时内发 5 条信息。

如果将小程序的客服消息权限集授权给第三方平台，则所有的客服消息将被推送到第三方平台的服务器，不再推送到开发者的服务器或推送到网页版客服工具。

2. 填写消息推送设置

登录小程序，可以在“设置”的“开发设置”板块的“消息推送”中启用消息推送功能，如图2-52所示，并完成相关信息设置（包括服务器地址、Token、消息加密方式等），如图2-53所示。之后，用户发送的消息以及开发者需要的事件推送，都将被微信转发至开发者服务器地址中。

3. 网页版客服工具

小程序网页客服工具网址为https://mpkf.weixin.qq.com，可以直接使用网页版客服工具对客服消息回复。

如果小程序没有启用消息推送，则用户发送的消息将会被转发至网页版客服工具，客服人员可在网页版客服工具中看到消息并回复用户。

图2-52　启动推送信息

特别注意，“用户通过客服消息按钮进入会话”事件将不会被转发至网页版客服工具。

图 2-53　服务参数设置

4. 绑定客服人员

小程序管理员需在小程序后台完成客服人员的绑定，如图 2-54 所示。目前小程序支持绑定不多于 100 个客服人员。

图 2-54　绑定客服人员

5. 小程序客服工具使用方法

（1）登录并接入。已被绑定的小程序客服人员可扫码登录“微信公众平台网页版客服工具”，并选择对应的小程序账号，登录后即可看到与小程序对话的用户，可选择接入对话。

（2）切换客服状态。点击“在线状态”，可以选择在线状态、离开状态或退出登录。

（3）接收消息。客服人员上线后，点击“待接入”，即可在“待接入”列表中，手动或自动接入待回复的对话，如图 2-55 所示。

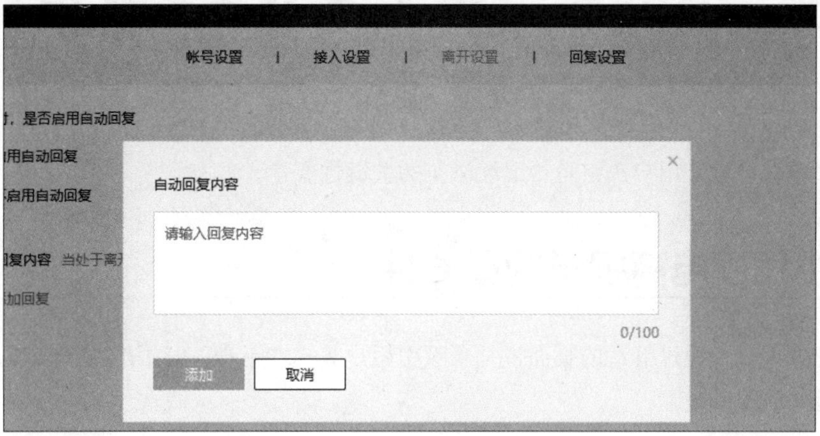

图 2-55　客服信息接收

（4）发送消息。对已经接入的会话，客服人员可以在 48 小时内和用户进行对话，如图 2-56 所示。

图 2-56　信息发送状态

第 3 章 小程序电商视觉设计

小程序电商视觉是用户决定是否继续浏览的关键性要素！

3.1 小程序电商视觉的重要性

对于商家来说，通过舒适的页面视觉来吸引用户其实并不难；对于消费者来说，也更愿意停留在吸引眼球的页面上。

视觉能够帮助企业在用户的心智中塑造独特的品牌形象。小程序电商与传统电商一样，也处于动态竞争之中。每个人打开手机微信，都能在“微信头部”及“附近的小程序”等入口发现太多的小程序，要想让用户记住你的小程序，就要想办法从视觉角度打造差异化，在用户心智中塑造独特的品牌形象。

视觉还能间接告诉用户，该品牌的商品品质更值得信赖。当用户打开一个小程序，如果第一眼就发现 LOGO 上的文字看不清、图片大小不一、颜色五花八门、排版凌乱不堪、字体也无任何规则，那么用户会是什么心情？如何相信其所看到的商品有品质保障？显然，用户会很失望，即使页面上出现再多的“零风险承诺”，用户也不会相信这些商品的品质。只有独特的视觉形象、统一的视觉标准才能让商品受到用户青睐与信赖。

小程序电商平台需要好的视觉来快速提升转化率，进而提升销售额。

3.2 差异化与统一

小程序电商视觉有两个核心关键词，即为差异化与统一。这两个词从表面上看好像是矛盾的，但实际上他们不仅不矛盾，反而是相互借力与深度融合的，即对外的差异化和对内的统一，如下图 3-1 所示。

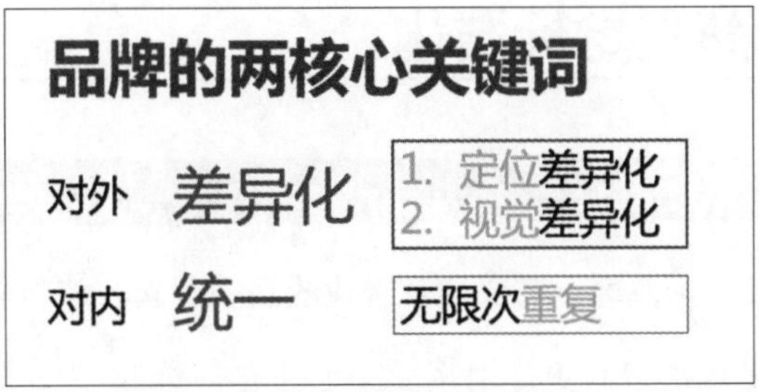

图 3-1　品牌视觉核心关键词

3.2.1　差异化

小程序运营者一定要找到自己和竞争对手之间的差异点。如果找不到差异点，双方就会进入同质化竞争，结果就是打价格战。

对外的差异化表现在两个方面：定位差异化与视觉差异化。

1．定位差异化

定位差异化，其实就是要找到一个细分品类，坚持做到该领域第一名。

以一个众所周知的国产品牌汽车——长城为例，看它是如何在逆境中通过“差异化定位”崛起的。

2007 年，以皮卡起家的长城汽车杀入拥有更大市场规模的轿车市场，推出首款轿车产品，但市场反响却很冷淡，企业的销售收入、利润双双下滑。2008 年，长城汽车通过反思以及对未来发展态势的研究，最终决定定位于“SUV”这个细分领域，推出“哈弗”品牌 SUV 汽车。这个定位很快让长城汽车重获竞争力，“哈弗”连连战胜日韩品牌，夺得中国市场 SUV 汽车销量冠军。

2．视觉差异化

视觉差异化也很容易理解。举个例子，顺丰与邮政都做物流，顺丰的车都是黑色的，邮政的车都是绿色的，用户们很容易就能区分它们，这就是视觉差异化。

3.2.2　统一

找到商品的定位差异化与视觉差异化后，接下来要做的就是根据差异化建立“统一”。以服装类小程序为例，如果产品主图的风格不统一、页面杂乱，该小程序的用户体验就会变差，用户对于小程序的印象也会变得模糊不清，这样就会造成客户流失。

3.3 小程序电商视觉标准化

3.3.1 LOGO 的视觉标准化

LOGO 是一个企业的无形资产，需要结合企业的品牌理念、差异化定位进行创意设计。

LOGO 的核心价值是让消费者更好地接受并记住它，所以 LOGO 在使用过程中一定要有统一的标准。

1. 基本要求

LOGO 使用的最基本的要求是要在最小的应用场景中也能够被看清楚，并在这个前提下，在小程序合适的位置上让 LOGO 无限地重复出现，无论是焦点图还是优惠券等都无一例外。

如下图 3-2 所示，小程序中的每个促销图的左上角都有同样的 LOGO。

图 3-2 统一的 LOGO 位置

2. 制定 LOGO 标准

（1）确认形式。LOGO 形式一般分为正方形、长方形两种。

正方形 LOGO 一般用在小程序的头像、搜索列表等位置。长方形 LOGO 应用的位置更多，如首页、详情页、促销图等。

（2）确认颜色。LOGO 的颜色一般不超过两种（反色不算），如图 3-3 所示。

图 3-3　LOGO 颜色效果案例

（3）确认尺寸。确认 LOGO 的尺寸大小、比例。

（4）确认位置。LOGO 在小程序中的应用场景主要有小程序头像、首页、详情页、会员卡、微信卡券、小程序门店、优惠券、促销页面等。

如图 3-4 所示，可上传卡券 LOGO。如图 3-5 所示，可上传会员卡 LOGO。如图 3-6 所示，可上传小程序门店 LOGO。

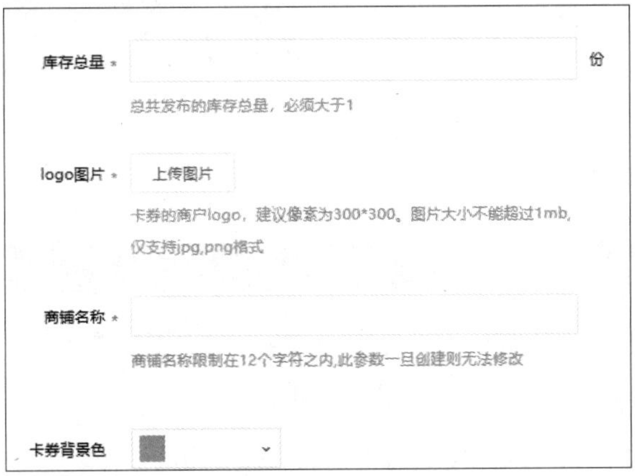

图 3-4　卡券 LOGO 位置

图 3-5　会员卡 LOGO 展示

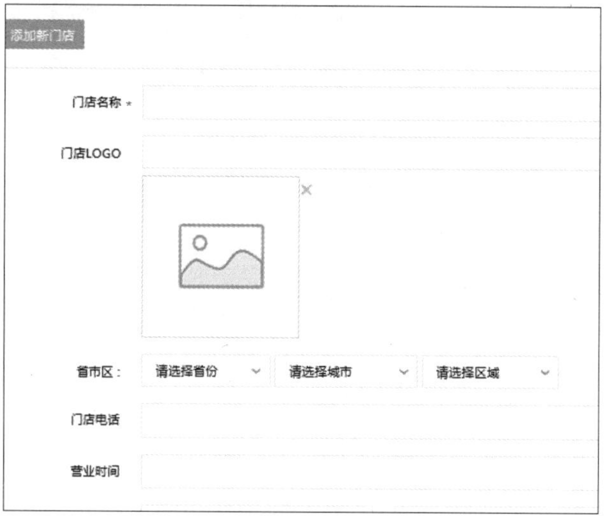

图 3-6　小程序门店 LOGO 位置

3.3.2　SLOGAN 视觉标准化

SLOGAN 就是一个品牌的宣传口号，用来占领消费者的心智！任何一个品牌如果不能用一句话来总结自身的核心差异化特点，都不是好的品牌。

在小程序电商视觉中，SLOGAN 是强化记忆的强有力的武器之一。

小程序没有微信公众号那样的触达用户的能力，需要借助新媒体、线下门店、营销工具等为其输送流量，但能否带来好的转化效果，以及能否让所触达的用户更好地产生后续的复购，SOLOGAN 将起到关键作用。

比如“阿芙就是精油”，这句话虽然很简单，但一下子就能让用户知道阿芙是做什么的，简单、直接、有效。

再比如“今年过节不收礼，收礼只收脑白金”，这句家喻户晓的 SLOGAN 可以准确传播出产品的价值——送礼，让每个用户在面对“送礼”这一场景时，第一时间想到“脑白金”。这句广告词十多年来被无数次重复，让人一辈子都很难忘记，如图 3-7 所示。

图 3-7 一些著名的 SLOGAN

那么如何才能设计出一个好的 SLOGAN 呢？

综上所述，设计 SLOGAN 主要从以下几个要点去思考：①简单、易读、易懂、易记；②与产品有极强的相关性，消费者能从 SLOGAN 中感受到相关的产品；③适于反复传播。

SLOGAN 不是一句简单的口号，一定要从企业文化、小程序的定位、用户需求、商品卖点等角度深度思考，让它一出现，就可以击中消费者的某个核心需求或痛点。

3.3.3 颜色的视觉标准化

颜色是小程序视觉调性中的一个基础元素，它能引发用户情感的反馈并且给用户留下难忘的印象。

不同的颜色会给人不同的感觉，所以不同的行业有不同的色彩特征。比如快消品、时尚行业的小程序倾向于使用温暖、活泼的色彩；高科技、教育类行业的小程序一般倾向于使用冷色、中色系，给人以较严肃权威的感觉。

小程序的主色调应该就像人的穿衣风格一样，需要找到适合自己的风格，然后将这个风格一直坚持下去。如果小程序一直坚持一种主色调，就会不断加深老客户的识别度、亲和感，反之，如果用户每次进入小程序后所看到的页面颜色都是不一样的，那么就很难记住这个小程序的风格，用户的好感度也会降低。

小程序中的色彩一般不应超过三种颜色，分别为主色、辅助色、对比色。主色就是每个页面都会出现的颜色；辅助色可以随着季节、促销的变化而变化；对比色则是在主色与辅助色上都很突出的颜色，用来突显与强调某一信息。例如我们经常看到红色、黄色被用户用作对比色，来突显某个页面中的关键词。

每个企业都应该建立属于自己的颜色库，未经公司商议决策，不要轻易更换，确保小程序的色彩标准。

3.3.4 字体的视觉标准化

个性鲜明的字体与颜色一样，都可以增加用户对小程序的识别度、亲和感。

字体的选择也要与使用小程序的目标人群的审美观、行业特性相吻合。比如，竞技游戏、男性用品等品类的小程序，适合使用具有粗犷、坚硬、强劲有力、拐角分明、力量感、激情等图形特征的男性化字体，如图 3-8 所示。

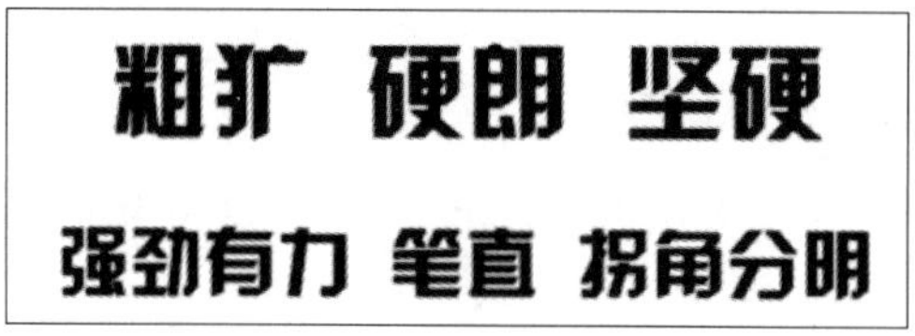

图 3-8　男性化字体

婴幼产品、游乐园、零食、玩具等品类的小程序适合使用具有圆乎乎、可爱、有趣、肉嘟嘟特征的可爱型字体，如图 3-9 所示。

图 3-9　可爱型字体

鲜花、珠宝配饰、女性用品、护肤品、化妆品等品类的小程序适合使用具有纤细、柔软、苗条、富含曲线美等特征的女性化字体，如图 3-10 所示。

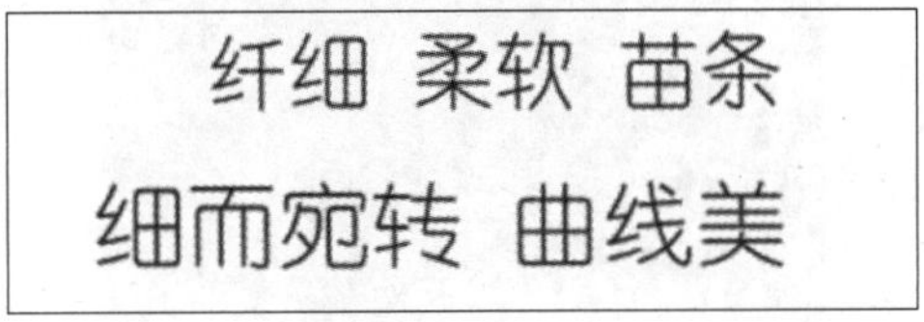

图 3-10 女性化字体

关于小程序字体，笔者还有以下建议。

（1）活动促销字体、海报字体一般采用粗体字，具有视觉冲击力。

（2）常规字体，建议统一使用某一系列字体，且相同类型的文字采用相同的字体。常规字体应用范围包括分类导航、主标题、副标题、详情页等。

（3）价格字体建议使用“Impact”。

（4）禁止使用未获得版权的字体，也不使用与品牌形象不符的字体。

3.3.5 字号的视觉标准化

用户通常是在无线移动端环境下使用小程序，倘若小程序上的字号太小会导致用户阅读困难。

目前大多数第三方小程序平台的图片标准宽度是 640px，要保证用户的良好阅读体验，建议页面上最小的字宽为 18px，海报主标题字宽不得小于 50px，副标题字宽不得小于 30px。

总之，只有遵循了视觉用户体验最基本的规律与标准，小程序的内容才会让用户看起来很舒服，有点击的欲望。

小程序电商视觉离不开品牌背书，而品牌视觉也是小程序电商运营成败的关键要素之一，在此推荐朱华杰老师所写的《品牌视觉》一书，其道出了品牌视觉的魅力。

朱华杰（花名：弥乐）老师是电商视觉标准的创始人，他的电商文案、视觉体系为百万电商老板、运营、美工点明了努力的方向，并且实现了业绩翻倍。他把最宝贵的经验知识和大量客户案例写进了《品牌视觉》里，这本书能让电商运营者少走 10 年的弯路。

我在朱老师的《品牌视觉》中获得了许多营养和灵感，建议大家扫描图 3-11 中的小程序二维码购买，更系统地学习品牌视觉的奥秘，朱老师会赠送配套教学视频。

图 3-11 识别图中二维码

第4章 小程序电商运营

如果说蘑菇街、美丽说、小红书是社交电商的初代形态，那么自2017年以来诞生的一系列基于微信小程序生态的电商项目，则真正开启了小程序电商时代。这一次小程序电商在“人、货、场”的重构里加入了最直接的社交流量——基于微信的10亿个月活用户，这里包含了社交关系里几乎所有的强弱关系链，而每一种关系链又给电商提供了不同的消费场景和流量价值，赋予“社交电商”更大的想象空间。

首先从场景上看，整个购买行为发生在沉淀关系链和内容的社交网络场景。不同于之前的中心化场景逻辑，微信小程序提供了全用户路径的分支场景，使营销、购买等环节的发生场景更加垂直。

其次从人群上看，由强关系链构成的社交人群和弱关系链构成的内容消费人群，让电商获得了更多完成交易、提升效率的抓手。

本章笔者将从小程序电商模式、京东开普勒计划、平台电商卖家小程序布局等角度为大家深度剖析小程序电商运营。

4.1 正确理解小程序电商

在前面几个章节中笔者反复提到了“小程序电商”这个词。

从笔者的经验看，可能大多数企业及电商卖家对“小程序电商”的理解仍然存在着一定误解。那么到底如何正确理解“小程序电商”呢？

由于小程序是微信生态中的一环，它的商业核心仍然是围绕微信10亿个社交用户进行布局，因此从本质上来看，小程序电商是以小程序为载体，以微信为流量池的社交电商。小程序没有下载、安装、注册、关注等烦琐环节，故小程序电商深受用户喜欢，这就加速了小程序电商的发展。

与传统的京东、天猫的流量相比，小程序电商的流量具有更明显的碎片性与时段性。小程序电商的运营者，应该依靠微信朋友圈、微信公众号的信息流合理设置广告投放。

4.2 能够带来流量的五种小程序电商运营策略

任何机会都是有时效性的。腾讯对茁壮成长的小程序呵护有加，无论是流量倾斜、技术支持，还是红利补贴，力度都相当大。当然腾讯也不会无限制地大力支持小程序，因此越早进入小程序电商越好，越早进入，则成功概率越大、流量支持越多。

在当下粉丝荒、流量荒的背景下，小程序电商背靠10亿个活跃用户，十分诱人，企业、创业者一定要想方设法抓住这个难得机遇。

能够为小程序电商带来高质量流量的五种运营策略如下。

4.2.1 找一个知名大品牌合作

知名大品牌在用户心智中有一定的公信力与信任度，因此比较容易吸引用户的关注，更容易获取优质流量。

小程序电商可以选择找知名大品牌合作，还可以通过知名大品牌的合作授权，与腾讯官方沟通，申请成为小程序新功能内测的支持方，优先体验小程序的新功能。由于用户可以提前享受小程序新功能的优先体验，这种“特殊”待遇会逐渐成为用户的一种可以分享的荣耀。随着优先体验频次的提升，这种荣耀感也让用户在朋友圈、微信圈中主动分享小程序，小程序电商就可以获取更多的微信流量。

4.2.2 挖一名行业知名的大咖

小程序电商运营方可以挖一名电商行业知名大咖或者知名自媒体达人，让小程序拥有IP属性，以吸引更多用户的关注。

流量越来越贵，粉丝获取越来越难，通过行业知名大咖营造IP亮点，可以更好地在微信10亿名活跃用户中挖潜，让小程序在少花钱，甚至不花钱的情况下，也能源源不断地获取用户，打造自己的有效流量池。

一般来说，通过微博或微信公众号就能有效地联系到行业知名大咖。

4.2.3 建一个小程序电商矩阵

很多企业在运营微信公众号时，通常注册多个微信公众号，分别以不同的主题作为核心运营方向，以更好地获取微信流量。这种方法对于小程序电商来说也是适用的。

企业可以注册多个小程序，定位彼此不同，比如可以有关于面部保养产品的小程序，也可以有关于身体护肤产品的小程序。这些小程序彼此独立运营，获取不同的微信用户，建立独立的流量体系，一旦有类似“双 11”“618”这样的大型活动，就可以联合起来，共同策划具有爆发性潜力的活动。

因此，建议在企业运营人员力所能及的前提下，搭建企业小程序电商矩阵，让小程序流量无忧。

4.2.4 请一名视觉大咖为顾问

小程序承载了企业文化传播、商品销售、品牌塑造等多个使命。如何才能让这些使命顺利唤起用户对小程序的关注，是一个重要的问题。

解决这个问题的关键是让小程序在视觉上给用户很清爽、很舒适、很惊艳的体验，建议聘请一位视觉大咖作为品牌视觉顾问，让他为小程序策划一个独树一帜的视觉布局。

给用户强有力的视觉冲击，可以让小程序在微信生态中受到更多关注，获取更多优质流量。

4.2.5 谈一家微信支付服务商

当所有小程序电商运营者把精力集中在寻找线上流量的时候，线上流量的成本就会水涨船高，不过还有一个更加优质的流量获得方法，就是找一家微信支付服务商合作。

微信支付服务商拥有大量的线下客户，通过与这些微信支付服务商合作，就能间接地让他们为小程序导流，比如当线下用户在餐厅吃饭付款的时候，用微信支付扫码收款就可以跳转到小程序上。

综上所述，未来小程序电商竞争的核心之一依然是流量获取与成本控制，这里笔者仅列举了五种能够获得高质量的微信社交流量的运营策略，更多的小程序流量获取的方法与技巧，笔者将在后文中更加系统、全面地讲解。

4.3 京东卖家小程序电商运营

4.3.1 京东小程序电商的大动作

1. 微信搜索入口“搜一搜”

在众人期待中，微信小程序带来了利好消息，微信“搜一搜”（如图 4-1 所示）正式出炉，截至 2018 年 11 月，“搜一搜”已经可以实现大部分品类商品的直接搜索与展示，所有商品搜索结果均来自于京东自营，点击需要的单品后，可直接进入京东小程序的商品详情页下单和付款。

图 4-1 “搜一搜”入口

在搜索结果页，用户可以对商品的价格和销量进行排序，也可以自主选择品牌和优惠活动。作为京东卖家，建议时刻关注京东的动向，小程序电商会提供新的宝贵机会。

2. 京东开普勒计划

京东在 2018 年 4 月底正式上线了开普勒小程序平台，为品牌商提供小程序生成平台，同时还为深耕微信市场的品牌商家准备了京东诸多营销产品，包括京东直投、京东饭粒、京粉计划和社交魔方等。

3．京东与美丽联合推出“微选”

京东与美丽联合组建合资企业，推出了小程序电商平台“微选”，从微信发现频道中的“购物”入口即可进入。

“微选”平台向电商商家开放微信生态中的优质流量，聚合微信内各种商家商品信息，一方面通过算法匹配、社交互动、多媒体内容等方式，帮助用户发现丰富、优质的商家商品，另一方面通过独立的商家主页，帮助商家打通微信内各项工具和开放能力，在技术和产品上进一步支持商家自主服务顾客，实现“去中心化”经营。

4．京东拼购

京东拼购是基于小程序载体，融合拼团模式与社交的电商玩法，激励用户多级分享裂变，实现商家低成本引流及用户转化的电商工具。

京东拼购融合了京东生态与微信生态，可以帮助京东商家打通一条小程序电商的新通道。京东拼购目前的规则比较开放，现有的京东商家可以在后台开通拼购服务，直接参与京东拼购，同时可以跨类目经营，实现多元化拼团玩法，覆盖不同类目属性的运营需求。

4.3.2 京东小程序电商布局

京东 POP 商家如何能够发挥优势，更好地生存呢？小程序电商给了一个绝佳的机会。如果你是京东商家或品牌商，可以从以下三个维度去布局小程序电商。

（1）借助“京东拼购”拓展社交电商，实现流量下沉。

如今，电商竞争十分残酷，同质化所造成的价格战愈演愈烈，大多数卖家都是在痛苦地坚持。在这种情况下，“京东拼购”模式可以更好地帮助你把京东店铺向三四线城市发力，以小程序“无须下载”“无须安装”等优势，为你避开无休止的价格战，打开新市场，实现品牌下沉和流量下沉。

（2）以“京东开普勒计划”为依托，实现京东店铺社交化运营。

以“京东开普勒计划”为中心，让现有京东店铺一键生成小程序，有效挖掘微信流量红利。

（3）完全新建自己的小程序电商体系，实现自己独特的玩法。

4.3.3 京东小程序商业模式

对于京东商家或品牌商来说，如何找到一个更容易成功的小程序商业模式呢？

1. 正确理解京东小程序商业模式

这里的“京东小程序商业模式”并不是指京东平台小程序商业模式，而是指已经入驻京东平台的商家的小程序电商的商业模式。

笔者之所以讲京东小程序商业模式，是希望它能帮你更好地看透小程序商业本质，不被外界不真实的媒体声音所迷惑，从而发掘其最大价值。

2. 常见的几种京东小程序商业模式

（1）增强模式，把小程序电商作为京东之外的补充渠道。

用小程序天然的社交玩法优势唤醒京东店铺积淀的会员，增强会员的复购频次。

（2）多边模式，基于用户心智的多元组合。

多边模式的核心是基于用户心智的“多元组合”，把“电商＋工具＋体验”集中在小程序中，给用户惊喜，满足用户对小程序好玩又好用的追求。

案例 4-1：“VEROMODA”小程序

“VEROMODA”小程序（如图 4-2 所示）精心设计的“电商购物＋颜值 PK+ 礼品卡”模式给用户留下很深的印象，下面笔者给大家讲下它的玩法。

① 首页电商视觉的刺激性

“VEROMODA”小程序电商购物首页界面由视频、商品展示、会员码等元素构成，其中短短的一分钟的“视频”给了用户继续浏览商品的刺激性。

② “颜值 PK”的游戏玩法

从“VEROMODA”小程序首页点击“颜值 PK”就能直接进入游戏界面，如图 4-3 所示。首先点击“进入游戏”，然后通过拍照或从手机中选择照片并选择衣服风格生成卡通形象，点击“已挑好”，最后点击“点击购买”或“发起 PK”，就会进入“PK 期”。“PK 期”为 7 天，每战胜一位好友，就可以得到一个魅力红包。魅力红包可以到指定门店使用微信支付进行核销，并且单笔订单核销魅力红包无上限。

图 4-2 “VEROMODA”小程序首页

图 4-3 颜值 PK 游戏

③ 礼品卡的诱惑力

在“VEROMODA”小程序首页上点击“礼品卡”，然后选择面值即可购买，如图 4-4 所示，购买后就可以送人。收到礼品卡的人可以用它进行购物。

对于京东商户来说，这个模式很有创意，可以更好地服务用户。

（3）长尾模式，小程序电商与门店体验相结合。

长尾模式的关键是“物尽其用”，让京东小程序电商有更强的源动力与更大的赋能空间。

比如“ochirly”小程序精心打磨的“场景 + 门店”模式，在小程序上把商品按照逛街约会、度假、派对等场景进行分类，且在小程序上设定“附近门店”，如图 4-5 所示，可以有效地把用户从线上引流到附近门店体验，把小程序电商与门店价值充分结合起来。

图 4-4 “VEROMODA”小程序礼品卡

图 4-5 “ochirly”小程序的附近门店

4.3.4 京东开普勒赋能方案

1. 京东开普勒计划的商业形态

京东开普勒轻商城小程序上线，意味着品牌方从此无须入驻京东平台，可以直接在开普勒轻商城小程序中发布零售产品信息，京东也能为商户提供交易、营销、物流等零售基础设施服务。

当前，商家自行开发APP并推广下载的成本太高，用户服务路径也过长，这是零售商的巨大痛点，他们需要一个接近原生APP体验并具备微信能力的解决方案，京东开普勒计划正好能为用户提供一个拥有类似APP能力又优于APP体验的小程序工具。

京东推出的轻商城小程序，商家可直接与京东商城的商品、库存等信息连通，享受代运营、全域电商等服务。

2. 京东开普勒小程序电商平台的营销优势

（1）品牌曝光：拥有“公众号关联”“附近小程序”等多个入口，拓展品牌的曝光渠道。

（2）社群营销：使用红包、拼团等营销方式促进品牌传播，提高成交量。

（3）体验提升：具有优于H5的使用体验，转化率更高。

（4）场景拓展：让线下线上互通，覆盖更多购物场景

4.3.5 京东小程序流量闭环

1. 第一环，流量为先

京东小程序的天然优势是能与京东无缝融合，可以把京东的老客户引流到小程序上，建立更稳定的流量渠道。

对于京东卖家来说，让小程序获得流量的方法主要有以下四种。

（1）把京东店铺积淀的老客户导流到小程序上。

（2）以腾讯社交广告为工具进行定向付费推广。

（3）积极报名参加京东举办的多种促销活动。

（4）找外部有效资源携手共同推广。

2. 第二环，转化为本

尽力提升转化率，是获取流量的最终目的。

通过第一环建立了京东小程序电商流量通道后，接下来就要想尽办法让小程序实现流量变现，打造最高效的转化模式。

（1）京东小程序与自主开发的小程序的转化模式有两大不同之处。

① 京东小程序电商是微信与京东生态的融合，转化模式受到双重规则制约；自主开发的小程序则仅仅受微信规则制约，转化模式相对可以大胆创新。

② 京东小程序受到京东开普勒营销工具的制约，流量转化工具有限；自主开发的小程序则不受京东的限制，可以基于转化的需求开发创造更多差异化的工具。

（2）京东小程序电商流量转化有两种主要方法。

① 依靠京东开普勒后台的工具。

流量的转化关键是使用工具，可以策划吸引用户转化的营销活动，比如裂变红包、优惠券、卡包等。这种依靠开普勒平台的流量转化方法相对简单，只要多花点精力研究下这些工具，流量转化就没有太大问题。

② 不依靠京东开普勒后台的工具。

如果商家策划的流量转化玩法不想受到京东开普勒平台的限制，建议单独搭建新的小程序电商，这样就可以依靠技术力量，策划市面上没有被玩滥的营销转化模式。比如“积分＋红包”裂变，这种玩法目前市面上还没有人玩过，用户通过抢红包与分享小程序获取积分，积分与红包之间可以自由兑换，用户使用红包可以直接购物，积分可以帮助用户提升会员级别。

这种不依靠京东开普勒平台的小程序电商要想实现较好的流量转化，重点要在技术与营销上进行突破，用技术作为营销门槛，用营销玩法高效地实现流量变现。在技术门槛的保护下，可以在短时间内快速获取较大交易额，让竞争对手根本来不及模仿。

3. 第三环，老铁为上

京东小程序电商不能完全依靠前期所搭建的流量通道生存，需要不断把转化过来的用户培养成为“老铁”（即死忠粉丝）。培养老铁，有两种形式。

（1）以会员制的形式

使用会员制是培养老铁用户的简单而有效的方式。通过设计合理的会员等级，吸引用户通过消费或分享小程序的形式不断升级会员等级，在用户升级的过程中可以提升用户对小程序的信任与依赖性，再在适当时候给会员发点红包、奖品鼓励一下。

通过会员制培养老铁，要注意三个问题：①在激励用户不断升级会员的过程中，要用系统通知的形式给予状态反馈；②在会员不断升级的过程中，要提示他们享受新等级的相关的权益与体验；③会员级别是会员身份与权益的代表，不同级别要给予不同的身份展示。

（2）以新社群的形式

想让用户进化为老铁，仅靠强调身份与利益感的会员制是不够的，还需要情感纽带，这时候可以采用新社群的方式实现用户与用户、用户与小程序的情感交流。

这个社群会以小程序为载体。在小程序促销活动区或商品展示区加一个社群入口，用户通过参与活动、浏览商品进入社群后，开始实现与其他用户的沟通交流。

在社群里应定期根据专业性、活跃度挖掘有价值的用户，然后将其培养为客服，这种客服可以通过服务客户的数量、质量、评分获得一定的酬劳。与此同时，如果客服收到三次以上投诉，则会被列入黑名单，以后不会再有机会享受这种特殊客服的待遇与权益。

京东小程序电商运营到最后，培养老铁比获得流量更重要。老铁所带来的价值，比如自身复购、介绍朋友等都将在未来带来可观的利润。

4．第四环，裂变为快

对于京东小程序电商运营者来说，只要把小程序页面的视觉做好，不断升级营销玩法，就会逐渐赢得用户的心，久而久之就会产生裂变口碑，打造自动成长的驱动力。

流量裂变有以下两条路径。

（1）以利益为裂变的驱动力。

比如分销就是常见的利益驱动的形式。如果用户可以通过小程序电商获利，那么小程序就能很快进入裂变模式。

有舍才有得，只有牺牲一部分利润，让分销商也能获取足够大的利益，他们才有分享的动力，才有可能让小程序进入疯狂裂变的状态。

（2）以情感为裂变的驱动力。

情感是用户关系营销的关键，也会让用户主动向微信好友、微信群、微信朋友圈分享小程序。依靠情感实现流量、用户的裂变，有以下有两种思路。

① 攻心型的裂变

要与用户深度沟通，了解他们的家庭情况，为孩子、老人等特殊群体提供爱心服务。这么做的目的就是让用户把小程序从“商品销售平台”升级为可以依靠的“好朋友”。

② 参与型的裂变

举个例子。每个人心中都有一颗公益心，可以定期带领用户到不同的地方做公益，在做公益的过程中可以真正实现与用户零距离的心灵沟通，引导用户参与进来，通过小程序邀请更多朋友一起做公益，实现他们心里的公益梦想。

5．第五环，合作为道

小程序是我们与用户连接的纽带，有时候可以考虑将小程序的访客升级为合作伙伴，将我们与用户的关系从“买卖关系”升级为更深层的商业合作，从而放大小程序的价值。

每个访问小程序并消费的用户，都有自身的资源库，如果能巧妙地将用户的资源挖掘出来为我们所用，就会让小程序具有巨大的竞争力。

多花点精力研究用户，想方设法挖掘他们背后可用的资源，与他们合作，让小程序实现大家共同的梦想。

4.4 天猫及淘宝卖家小程序运营

小程序电商已经成为淘系卖家“开疆拓土”的最佳途径。小程序也切切实实地为卖家带来流量。例如百果园在有赞小程序上仅仅上线半年，用户数量就突破 180 万人。

4.4.1 天猫、淘宝卖家小程序运营模式

1．淘系卖家与京东卖家在小程序电商的运营模式上有所不同

因为淘系店铺不能直接在微信生态中运营，所以天猫、淘宝卖家的小程序从模式、玩法上都与京东小程序有很大的区别，主要表现在以下三个方面。

（1）小程序电商的搭建方式不同。

淘系店铺没有京东开普勒的一键生成小程序的优势，只能考虑用第三方小程序技术平台（比如有赞）把淘宝、天猫店铺的商品搬过去。

（2）小程序电商的商业模式不同。

首先是连接方式不同。小程序不能直接把淘系店铺、微信公众号、小程序三者进行无缝连接，故建议卖家在商品包装、快递盒子上贴上小程序二维码或通过设置小程序红包领取的方式来逐渐把淘宝、天猫的用户引流到小程序电商平台上。

其次是联动方式不同。比如“618”活动，虽然天猫卖家也在力推，但京东仍是活动中的主要玩家，可以把小程序玩到极致，把所有微信核心的流量入口全都用上，从微信“搜一搜”直达“京东直营商品小程序”，再到“微选”小程序社交，接着是“京东拼购”小程序的“全民得红包”，还有一键生成小程序的“开普勒”。

淘宝、天猫的卖家可以采用以下方法把小程序和淘宝、天猫店连接

第一种，包装连接法。在每件商品的包装上贴上小程序二维码，并用适当的活动（比如免费领礼品、领红包等方式）吸引用户扫码。

第二种，个人微信连接法。把淘宝、天猫后台的订单数据导出来，再利用个人微信批量添加客户微信，最后利用微信群发带有小程序二维码的活动图片，让用户识别图中二维码，进入小程序。

第三种，AI智能话务连接法。AI智能机器人可以自定义真人录音，与人工客服完美结合，然后根据不同用户的性格优化关联问题。店铺上线小程序后就可以设计一场有吸引力的活动，然后配合AI智能话务，定期触达用户。

第四种，订单查询法。可以利用小程序的订单查询功能作为连接的方式，逐步把用户从淘宝、天猫导入微信公众号，再通过微信公众号与小程序的融合，最终实现小程序与用户的有效连接。

（3）小程序电商的运营玩法不同。

淘系店铺不能直接利用小程序电商的流量优势，不过可以利用小程序为淘系店铺开创新的销售渠道。比如可以用抖音创意玩法为淘宝、天猫拉一些外部流量，再配合直通车等付费工具提升淘宝流量。

2．天猫、淘宝卖家小程序电商的六种运营模式

（1）再分流模式，打造淘宝卖家的小程序电商。

纯电商模式的天花板越来越明显，卖家可以考虑利用小程序电商的社交化能力，把过去店

铺积淀的会员与品牌流量分发到生活场景中进行二次变现。

比如知名品牌良品铺子，在休闲零食领域里，从门店到电商都做得很成功，如今则开始利用小程序搭建自己的外卖体系，有“良品铺子外卖”“良品铺子 +”等小程序，让电商平台上辛苦积淀的会员及品牌流量进入小程序，不至于长期处于“沉睡”状态。

（2）会员制模式，让服务更加聚焦在精准会员上。

京东如今实行会员制，推出 PLUS 会员服务。正式 PLUS 会员在京东商城上购买活动范围内的商品，将获得实付款价格一定比例的购物回馈，以京豆形式返还。京豆可直接用于支付京东网站的订单，这样就可以让用户更加忠于京东，提升用户对京东的依赖程度。

同理，笔者建议淘宝、天猫的商家也可以利用小程序电商建立自己的会员制，提升用户的依赖度与忠诚度。笔者有以下三种具体的做法作为参考。

① 加价成会员。

可以和用户约定，首单加 1 元即可成为尊享会员。比如原价 89 元的商品，用户只要再多付 1 元，就可以升级成为会员，而会员在购物时可以享受九折的优惠。这种方法的好处是降低用户的参与难度。

② 消费成会员。

可以和用户约定，消费累计达到一定的额度即可成为尊享会员。比如用户消费满 200 元，可以自动升级为尊享会员。

③ 分享成会员。

可以和用户约定，把小程序二维码或商品页面分享到两个或两个以上的微信群，然后把截图发至指定的微信公众号即可升级成为超级会员。

实现小程序电商的会员制有很多方法，笔者仅列举以上三种供大家参考，最终还是需要大家结合自身实际情况设计合适的会员模式。注意，无论会员制是如何设置的，要想获得成功，一定要用心设计好会员特权及准入门槛。

可以参考下知名的淘品牌御泥坊的小程序电商会员权益设置，如图 4-6 所示。

（3）共建人模式，让会员变成利益共同体。

小程序电商可以把淘宝、天猫的会员巧妙地升级为共建人。所谓“共建”是指共同发起及联合创建某个项目，既参与投资也参与运营，获取利益的方式是通过分红型股权。

这种方式比较适合已经拥有超过 500 位单月购物至少 1 次的忠实用户的店铺。这些忠实用户对商家的产品很青睐、对品牌很信任，也有一定的经济能力，只要能把合作的方式、产品未来的赢利空间、需要承担的义务等信息表达清楚，他们大多数都会愿意做这个尝试。这种做法比传统的分销商更值得尝试，其带来的不仅是利益，还能吸引更多志同道合的人群策群力，让品牌走得更远。

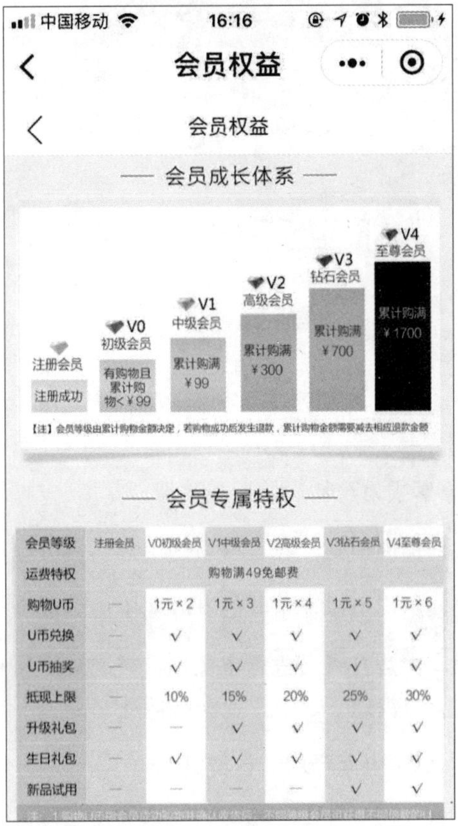

会员等级	注册会员	V0初级会员	V1中级会员	V2高级会员	V3钻石会员	V4至尊会员
运费特权	购物满49免邮费					
购物U币	—	1元×2	1元×3	1元×4	1元×5	1元×6
U币兑换	—	√	√	√	√	√
U币抽奖	—	√	√	√	√	√
抵现上限	—	10%	15%	20%	25%	30%
升级礼包	—	—	√	√	√	√
生日礼包	—	√	√	√	√	√
新品试用	—	—	—	—	√	√

图 4-6　御泥坊会员权益

（4）合作商模式，提供免费商品入驻的空间。

小程序电商还可以给有货源的其他经销商或品牌商提供入驻空间。这些品牌商或有货源的经销商无须再花费金钱和精力自主开发小程序，可以与小程序电商运营者强强联合，扬长避短，实现共同获益。

作为有货源的经销商或品牌商，可以在“会员中心”界面（如图 4-7 所示）申请入驻小程序电商平台。

图 4-7　商户入驻入口

（5）分销商模式，让分享成为购物后的标配习惯。

小程序电商也可以采取分销商模式，让有资质的用户获得分销商资格。

比如“足力健”小程序，用户可以在“我的”界面中申请成为分销商，如图 4-8 所示。

用户申请成为分销商后，由运营人员进行审核，审核通过后用户就可以通过分享足力健小程序获得一定的收益。在利益的驱动下，用户就会坚持分享，为小程序带来流量与订单。

（6）新社群模式，让小程序电商释放新社群魅力。

过去淘宝、天猫商家主要是通过千牛、旺旺与客户沟通，这种沟通的门槛相对较高，客户需要先下载相应的软件才能与商家顺畅沟通，而且这些软件只能充当购物工具而没有社群能力。

小程序电商是集电商、客户、社交、社群于一体的新工具。商家可以基于小程序创建一个“电商＋社群”模式。这个模式能够实现在线用户之间的问答，让有专业知识的用户去主动解答新用户提出的问题，在回答问题过程中，可以根据交流的关键词让老用户推荐商品。

还有一种以小程序为基础的视频型新社群。这种新社群由四个部分组成：底屋基于小程序的开发或搭建；顶部是震撼的商品视频；中间是一键购买的商品页面；下部是用户之间实时交流的社群。

比如巴黎欧莱雅就把视频型新社群做得很好，是淘宝、天猫卖家学习的榜样。如图 4-9 所示，看看巴黎欧莱雅的视频型新社群是什么样的。

图 4-8 “足力健”小程序分销商申请入口

图 4-9 巴黎欧莱雅的视频新社群

这种视频型新社群的亮点：利用视频引导用户社交，利用社交引导电商交易，交易后引导用户在社交中吐槽，最终形成良性循环。

4.4.2 天猫、淘宝卖家小程序电商成功的三个关键因素

天猫、淘宝小程序电商要想做得成功，需依赖三个关键的因素：自身内功、用户体验、创新能力。

1. 自身内功

打铁还须自身硬。对于卖家来说，要练就一身强大的内功，必须重视两方面。

（1）拥有优秀的运营团队。

运营团队的协作能力、创新能力、活动策划能力、营销能力是小程序电商成败的重要决定元素。商家在组建小程序电商运营团队时要精心挑选，切勿草率，因为试错成本太高了。建议卖家的核心骨干直接担任负责人，亲自带队，对小程序定名、定位、描述、运营模式、阶段任务等每个细节狠抓，制定清晰的运营目标，建立严格的管理体系。

（2）打造高性价比的产品。

小程序是工具，产品才是本质。为用户提供高性价比的产品是小程序运营的基础。

“高性价比”才能产生爆品，建议卖家在下面三个地方下功夫。

① 找到用户痛点。

痛点就是用户最痛的需求点，也是产品创新的核心部分。没有找准用户的痛点，再大的创新也不会产生爆品，甚至很有可能成为失败的根源。比如在功能手机时代，诺基亚手机的抗摔性能与小键盘很受青睐，但到了智能手机时代，用户的核心诉求已经是手机的“更智能”，因此苹果手机风靡全球。

② 拥有极具诱惑力的价格。

亚马逊创始人杰夫·贝佐斯曾说：“在瞬息万变的零售业，什么是不变的？客户想要更低价、更快捷的配送、更多的选择，这些在未来十年里都不会变。”

价格始终是影响销售的最大要素。拥有极具诱惑力的价格，是让小程序电商加速逆袭的决定性要素。

③ 跟随潮流。

随着用户消费能力的提升，用户除了对产品的品质有更高的要求外，对产品外观设计也更

加重视。更“潮”、更“炫酷”已经成为用户购买某个产品的重要原因。

比如笔者正在使用的联想T470电脑，正是因为其“超轻、超薄”的外观，以及“超待机时长、双硬盘、双数字麦克风、指纹识别”的炫酷功能，吸引笔者为之买单。

2. 用户体验

小程序对用户来说“即搜即用，用完即走”，所以小程序电商是为用户提供一个“短平快”的购物通道，需要用最直观、最强劲的视觉冲击力才能获得用户的关注。

每个小程序都可以按照自身的品牌特色进行视觉设计，形成自己的风格。

在视觉上，如何才能给用户提供一个良好的购物体验呢？

需要做到以下八点。

（1）一个页面只能有一个重点，不要干扰用户的目标。

（2）一次只做一件事，不打断用户的操作流程。

（3）提供简单且一致的导航，让用户操作游刃有余。

（4）注意小程序的异常状态，及时给出响应，且让用户有路可退。

（5）页面配色设计要有严格的一致性，给人清爽的感觉，特别是导航栏和页面内导航的颜色。开发者在定义颜色时，要注意元素的辨识度，不能出现刺眼、可视性差的情况。

（6）注意屏幕尺寸与比例。移动设备一般是竖屏，且比桌面设备的屏幕小，故设计者需要懂得竖屏思维。

（7）指令要素要突出。可点击元素应该要保证足够大，以便用户能够有明确的点击反馈。

（8）整体页面架构要控制好文字或其他元素的间距。对小程序页面文字或其他元素进行排版时，这些文字或其他元素应适当放大，同时加大间距。

3. 创新能力

小程序电商是去中心化电商，是社交电商、关系电商，创新能力是运营小程序电商非常重要的竞争力。

4.4.3 天猫、淘宝卖家小程序电商玩法准备

小程序电商有两类玩法：一类是沿用传统平台电商思维的标配玩法；一类是基于小程序的

社交、连接属性而衍生出的创新玩法。

精准触达用户是营销的核心。无论是标配玩法还是创新玩法，在实施之前，都要提前完成会员分组并设置等级。

1. 创建会员分组

笔者根据实战经验给大家讲下如何高效且精准地创建用户分组，请看下面的流程。

（1）通过小程序后台的数据，勾画用户的画像。

登录小程序后台，点击“数据分析”，如图4-10所示，最后再点击“用户画像”，如图4-11所示，观察“年龄” “用户活跃度”“新增活跃用户”等数据，确认最佳的分组形式。

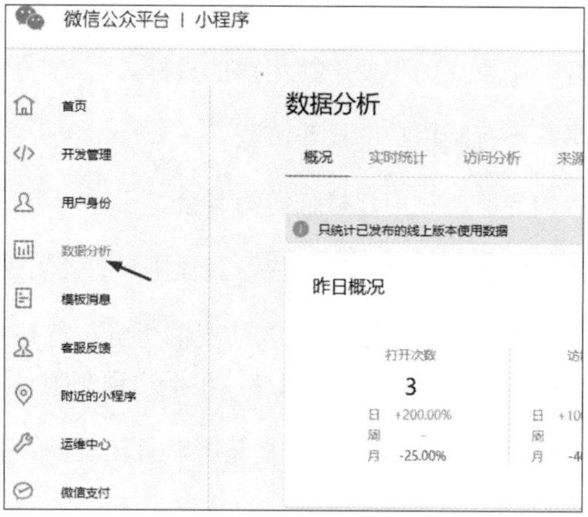

图 4-10 小程序数据分析

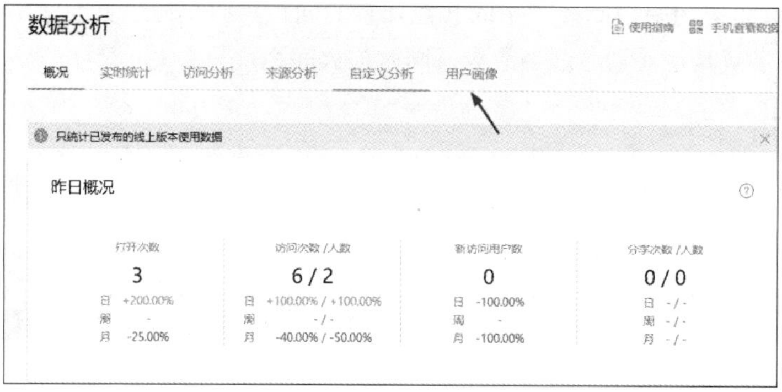

图 4-11 小程序用户画像入口

常用的分组方式有按照用户的特点（比如消费能力或活跃度等）分组和按照特定的活动场景（比如“618”、“双 11”、会员日、情人节等）分组。这些分组的好处是便于后期精准推送特定的商品，比如针对“情人节”组的会员推送情侣套装服饰、情侣手表等。

（2）以会员画像作为参考依据，起草会员分组标准。

（3）依据分组标准“添加会员分组”，如图 4-12 所示。

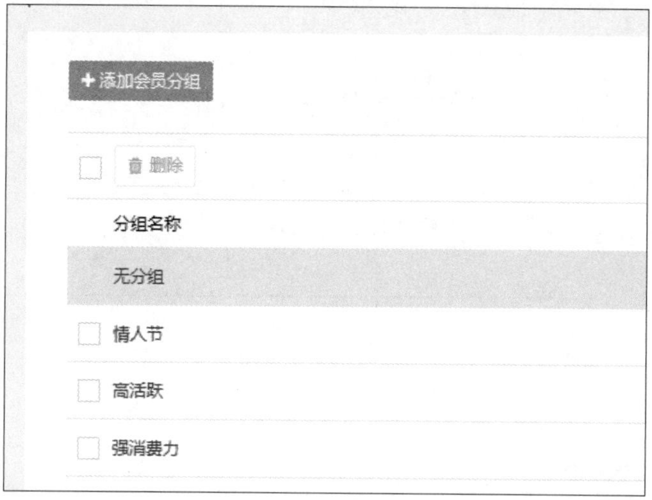

图 4-12　添加会员分组

2. 设置会员等级

设置会员等级与给会员分组不一样。给会员分组相当于给会员打标签，设置会员等级则是按照一定的规则设定有门槛的级别。常见的分级门槛比如消费累计达到某个金额、单笔消费达到某个金额等。

（1）设定会员等级划分标准。

首先按照消费频次与消费金额两个维度构思小程序电商会员的等级划分标准，如图 4-13 所示，一般都是按照消费阶梯进行的。比如“爱尚商城”小程序将会员等级分为“共建家人”“金牌会员”“银牌会员”“铜牌会员”四级，其中“共建家人”是指参与众筹的股东或共建人。

（2）设定会员等级升级门槛。

会员等级升级门槛要依据小程序电商所提供的商品类别及价格来定，等级门槛依次加大，如图 4-14 所示。如果小程序电商提供的商品是坚果等一般消费品，建议比商品平均价高出

50% 作为最初级的会员等级门槛；如果提供的商品是高端的奢侈品，建议把门槛降低一些，不再以商品均价为依据，而是以预售思维先让用户成为初级会员。更高等级的门槛要结合小程序的定位来定，商品均价越高，对应的用户消费力就越强，会员等级门槛就适合调得更高。

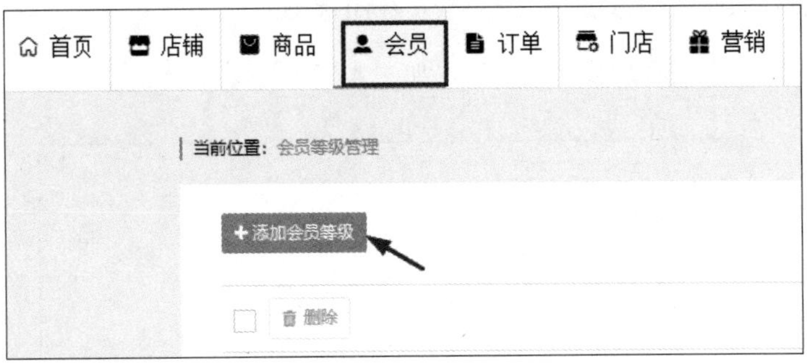

图 4-13 会员等级划分

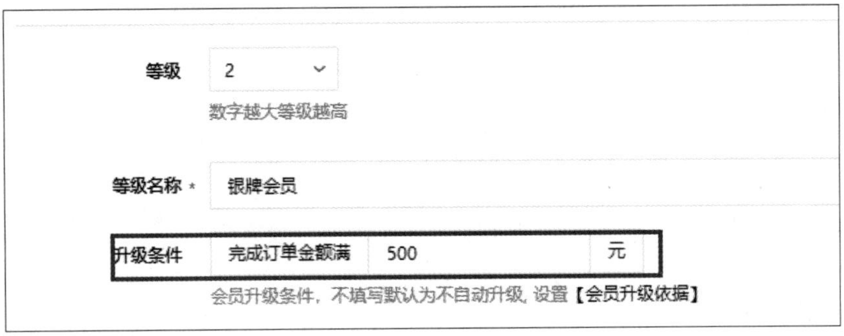

图 4-14 小程序会员等级门槛

（3）设定不同等级会员享有的权益。

在小程序电商会员等级权益中最有效的还是折扣，用户在达到对应级别后应该获得相应的购物折扣，如图 4-15 所示。

3. 将原来已经留存下来的会员进行分组和分级

将原来已沉淀的会员进行分组并设置等级，可以批量设置，也可以单独设置。

（1）批量设置，对会员进行批量式分组和分级。

如图 4-16 所示，进入“会员列表”，批量选中要分组和分级的会员，再放进对应的组别和等级中。

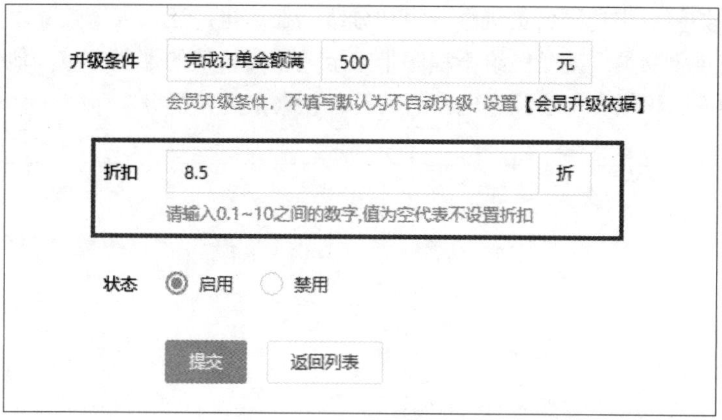

图 4-15　设置会员购物折扣

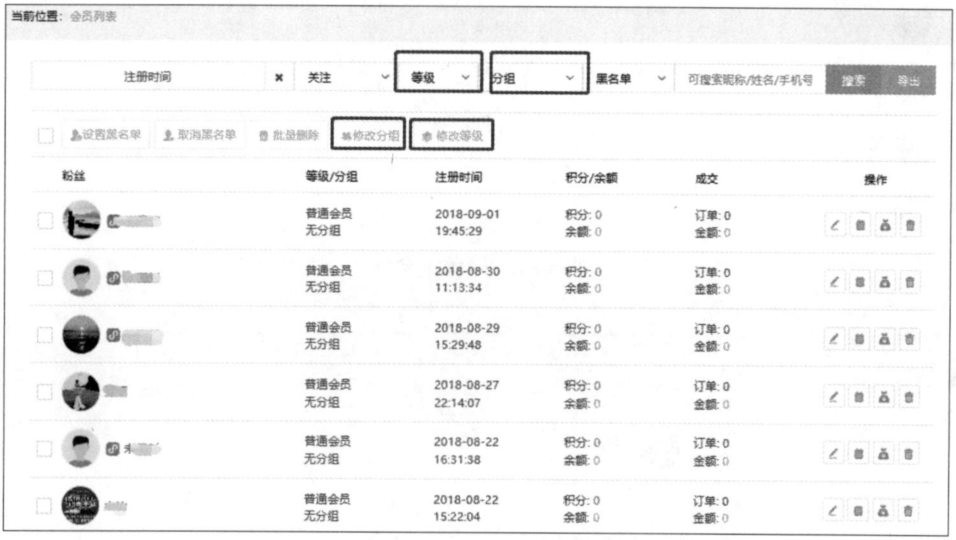

图 4-16　会员批量分组

（2）单独设置，在批量式的基础上特别将某个用户放到某个组别和等级中。

进入“会员列表”，选中要分组或分级的会员，点击修改指令，然后选择组别和等级即可，如图 4-17 所示。

建议在单独式分组和分级过程中，结合用户的基本信息的补全程度（如图 4-18 所示）、历史交易信息等综合情况（图 4-19 所示）来思考到底把该用户放入哪个组、哪个等级比较合适。

以上讲解了如何对小程序会员进行分组和分级。在这里，建议大家尤其重视重要会员的分组和分级。所谓重要会员，就是能给小程序带来至关重要价值的那些会员，他们普遍具有高活跃度、高消费频率、积极参与小程序电商活动等积极向上的特征。

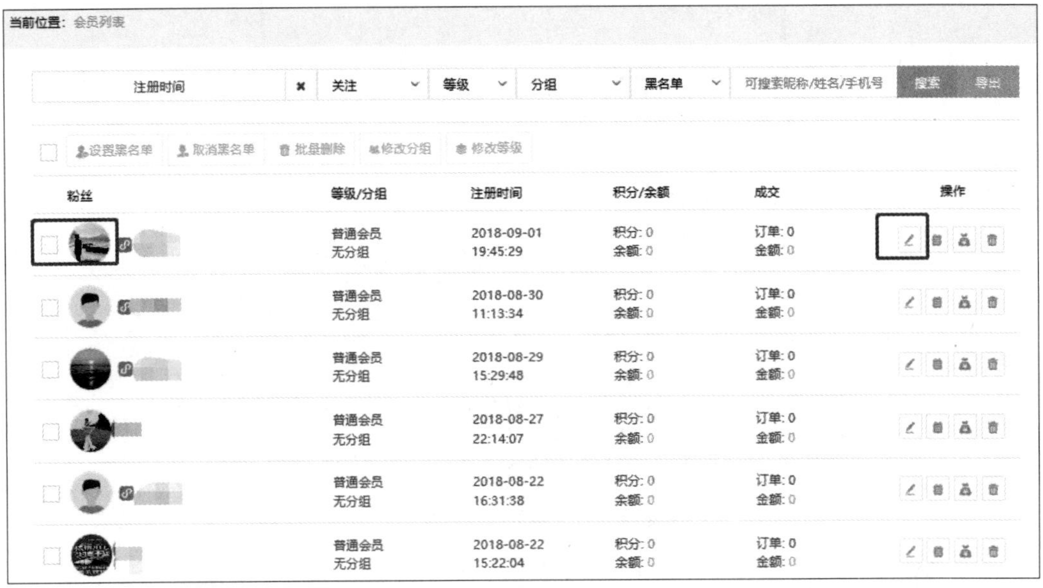

图 4-17 单个会员分组

图 4-18 查询会员基本信息

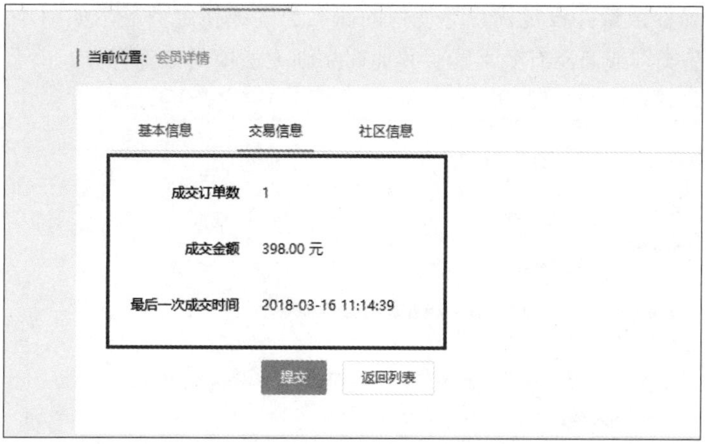

图 4-19 查看该会员历史交易信息

4.4.4 天猫、淘宝卖家小程序电商的七种标配玩法

精细化会员分组是为了实施更高效、更精准的小程序电商营销玩法。接下来，笔者给大家讲下小程序电商的七种标配玩法。

小程序电商标配玩法是指小程序电商运营中的通用型玩法，一共有七种，分别是优惠券玩法、积分玩法、现金红包玩法、商品套餐组合玩法、满额立减玩法、比例返现玩法、社交立减金玩法。接下来，笔者会一一讲解每种玩法的流程及关键点。

1．优惠券玩法

从京东“618”活动中，我们能看到优惠券依然是小程序电商中非常有效的营销利器。

优惠券在用户心中就相当于“捡钱”，因为它能按照一定的规则折算成现金。其能在小程序首页、个人中心、支付完成后的服务提醒等场景中出现，一般在前两种场景中用得最多，通过提醒其使用时效来刺激用户进行消费。

优惠券的管理后台因定制开发的第三方平台的不同而有所差异，不过大多数的操作逻辑是一样的，笔者以自己使用的第三方小程序为例，讲下怎么做优惠券营销。

（1）设置优惠券基础信息。

首先进入小程序技术平台，进入“营销管理”，然后设置好“优惠券名称”“最低消费金额”“优惠金额”“优惠券有限期”等信息并选择加入“领券中心”。在这里要特别强调下，只有在后台设置了加入“领券中心”，才能让用户在“个人中心”中看到有待领取的优惠券。

接下来，设定优惠券数量并设定优惠券使用的商品类别或指定商品，如图 4-20 所示。优惠券只针对勾选的商品类别或商品有效，购买其他商品则无法使用该优惠券。

图 4-20　小程序优惠券基数信息设置页面

（2）利用优惠券精准触达潜在客户。

优惠券的基础信息设置完后，就可以开始做精准营销了。首先选中提前设置好的优惠券，接着设置给每人发送的数量，然后选择“发送对象”，最后点击“确认发送”，这样就完成了优惠券的发送。

该环节有两个细节需要注意。

① 关于“发送对象”，需要结合上一节提到的用户分组和分级的精细化管理，选择对应的组别或等级的用户发送，如图 4-21 所示。

② 优惠券与对应等级用户的匹配度要对焦，应根据优惠券的不同、目标用户的不同而进行相应调整。比如天猫“双 11”活动，商家一定要提前发送优惠券，且要采用不同的优惠券吸引老客户与新客户。比如新客户领新人券，其金额不宜过高，而有一定购买记录的老会员可以享受更高额度的优惠券，让老会员有优越感。

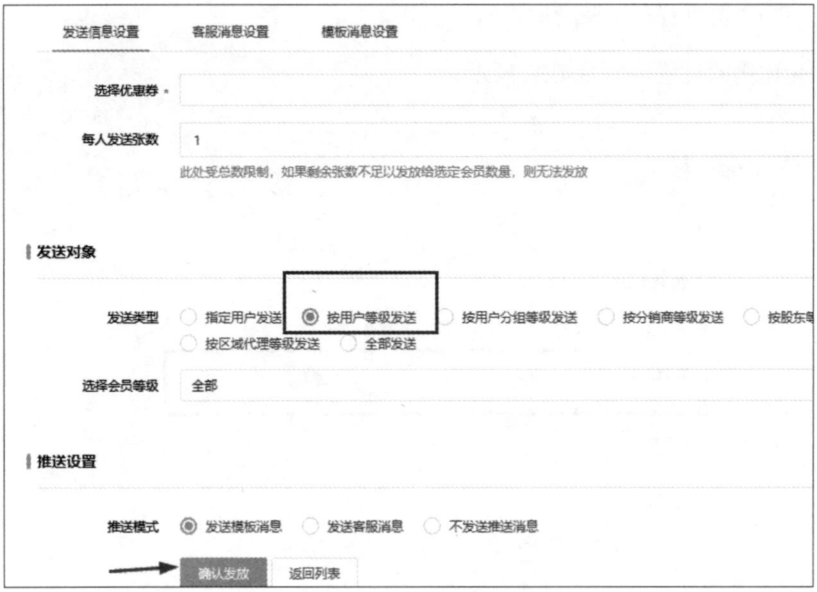

图 4-21 根据用户等级发送优惠券

2. 积分玩法

在小程序电商运营过程中，可以利用“积分”的无形力量强化用户黏性。

首先，可以利用“签到送积分”“购物累计积分”“充值送积分”等玩法让会员有微妙的参与感；其次，制定“积分购物”“积分换购”“积分折现”“积分抽奖”等激励措施，让会员使用积分在小程序电商平台上玩起来；最后，通过积分强化用户对小程序的记忆、分享，促进其在小程序上复购。

积分创意玩法的关键点如下。

（1）了解积分触达用户的入口。

积分触达用户的入口有很多种，其中最核心的入口分别是“在用户购买商品时提示可以用积分抵扣部分现金”和“给会员卡充值时提醒赠送积分”，只要大家集中精力把这两个入口做好，就能把积分的价值充分发挥出来。

（2）设计积分比例。

积分比例的合理性影响着用户做出购物决策的速度，建议比例是 100:1，也就是 100 个积分等于 1 元钱。具体比例建议商家根据商品利润率进行最终确认，利润率高，则积分的兑值可以适当放大一些，也更有利于激励用户累计积分。

积分抵扣比例的设置，如图 4-22 所示。

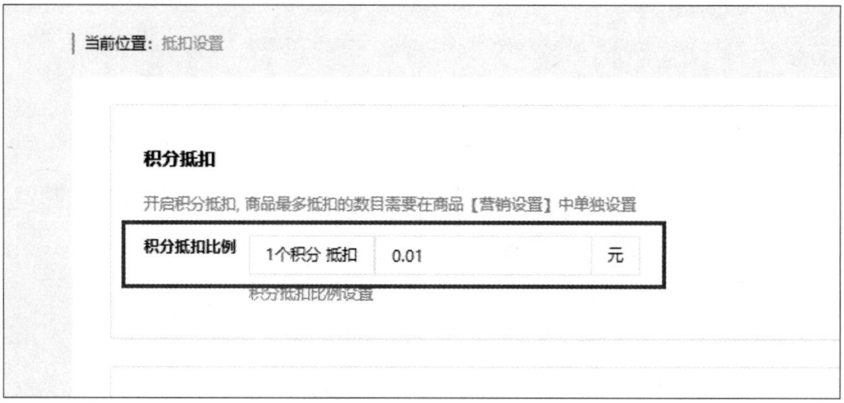

图 4-22　设置积分比例

（3）设置购物时积分抵扣额度。

设置购物时积分抵扣额度的入口因平台而异，一般都是在小程序技术后台或第三方平台中找到“商品管理”，然后找到指定商品，选择“抵扣设置”，找到“积分抵扣”一栏并设置积分抵扣额度，如图 4-23 所示。建议积分折扣的金额不超过商品定价的 15%，比如你的产品销售价是 100 元，则积分最多可抵扣 15 元。如果用户的积分足够抵扣，当用户选择支付时就会自动使用足额的积分抵扣现金；如果用户的积分不够抵扣，当用户支付时就会提示全额现金支付。

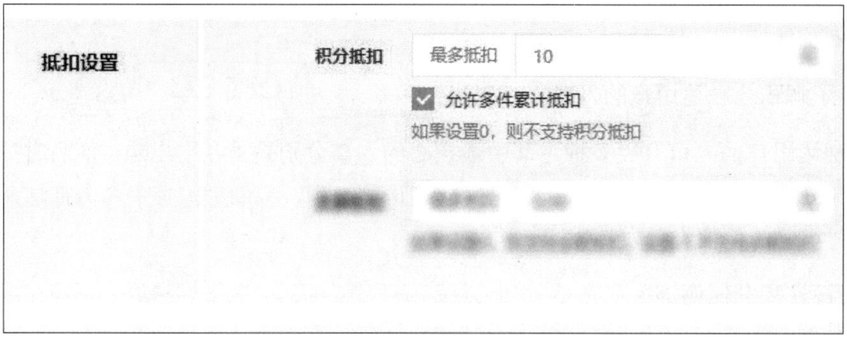

图 4-23　设置商品积分抵扣额度

（4）设置购物积分赠品规则。

既然积分有折现比例，那就有对应的积分赠送规则。根据不同的商品设计限时促销活动，给指定的商品设置以商品销售价位基准的百分比向用户赠送积分的政策，设置的方式如图 4-24 所示。

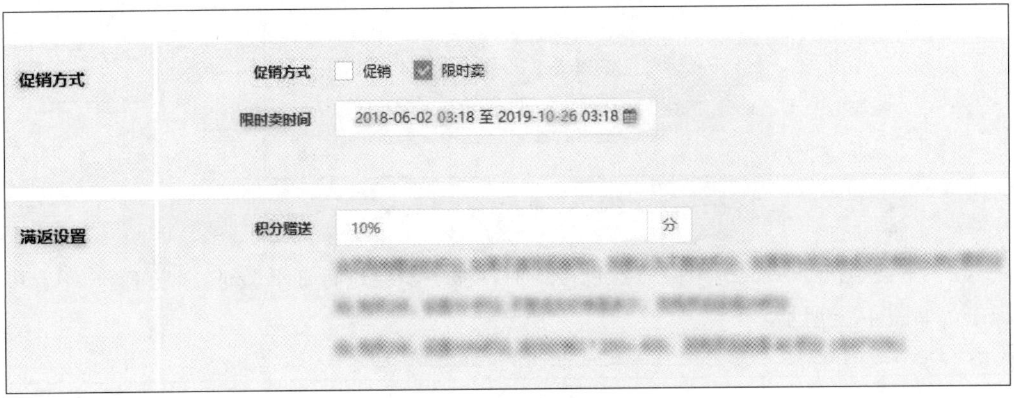

图 4-24　积分赠送规则设置

比如在第三方小程序平台或自主开发的平台后台找到“商品管理”，然后找到“营销设置”，点击“促销方式”并在“满返设置”处填写百分比，比如填写 10%，就是在促销时间内凡是购买该商品的用户可以获得成交价为基础的 10% 的积分，假设成交价为 100 元，用户支付完成后就会获得 10 个积分。

3．现金红包玩法

可以将微信红包打造成“现金红包”，作为一款定向资金发放的营销工具。

当用户在客户端领到红包后，所得金额将进入微信钱包，可用于转账、支付或提取到银行卡，所以现金红包与只能用在小程序上购物的红包截然不同，相比起来更刺激、更有诱惑力，能够帮助小程序拉取新用户、巩固老用户关系、提升用户活跃度、提升小程序与品牌知名度。

当用户使用微信支付交易满足一定条件时，商家可以使用现金红包玩法，赠送现金红包。

使用方法如下。

（1）申请开通“现金红包”。登录“商户平台”（https://pay.weixin.qq.com），进入“产品中心”，找到“运营工具”，再找到“现金红包”并申请开通。申请成功后就会显示“已开通”，如图 4-25 所示。

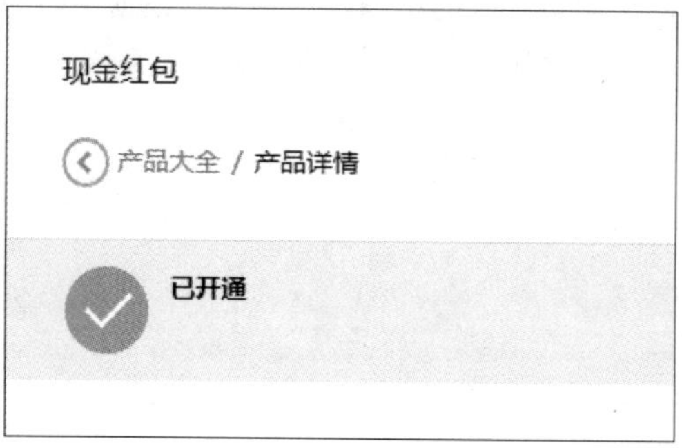

图 4-25　开通后的显示状态

（2）下载 API 证书。调用微信红包接口时，服务器会进行证书验证，请在商户平台中下载证书，如图 4-26 所示。

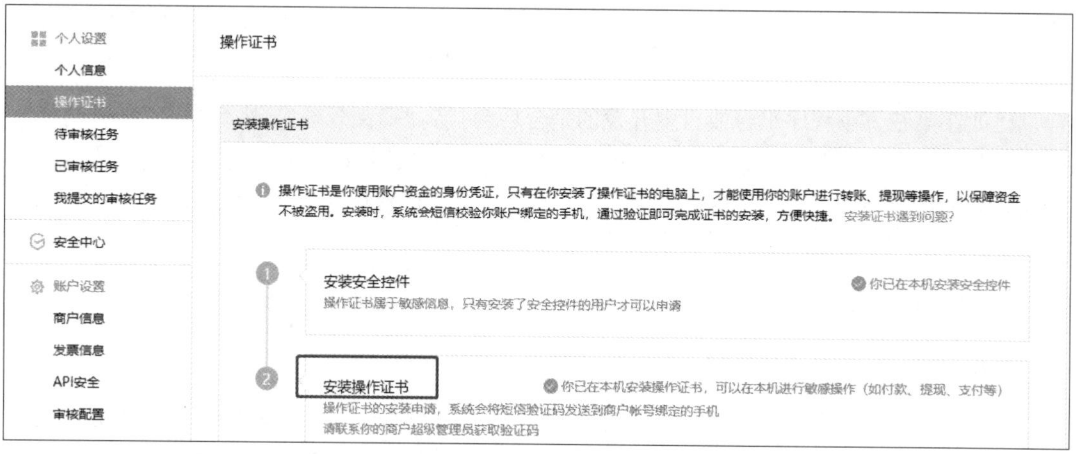

图 4-26　下载证书

（3）为红包充值。在发放现金红包之前，请确保你的资金充足，如若金额不足，请先充值。登录“商户平台”，在“交易中心”的“资金管理”中点击“充值”。

（4）创建现金红包模板。进入“营销中心”，在“红包中心”中选择“红包模板”，点击“创建模板”，按照页面提示依次填写“活动名称”“商户 LOGO”“商户名称”“祝福语”“使用说明”等信息，点击“提交”即可完成最终的红包模板，如图 4-27 所示。

举个例子，笔者随机给大家创建一个红包模板，供大家借鉴学习，如图 4-28 所示。

图 4-27　创建红包模板填写相应的信息

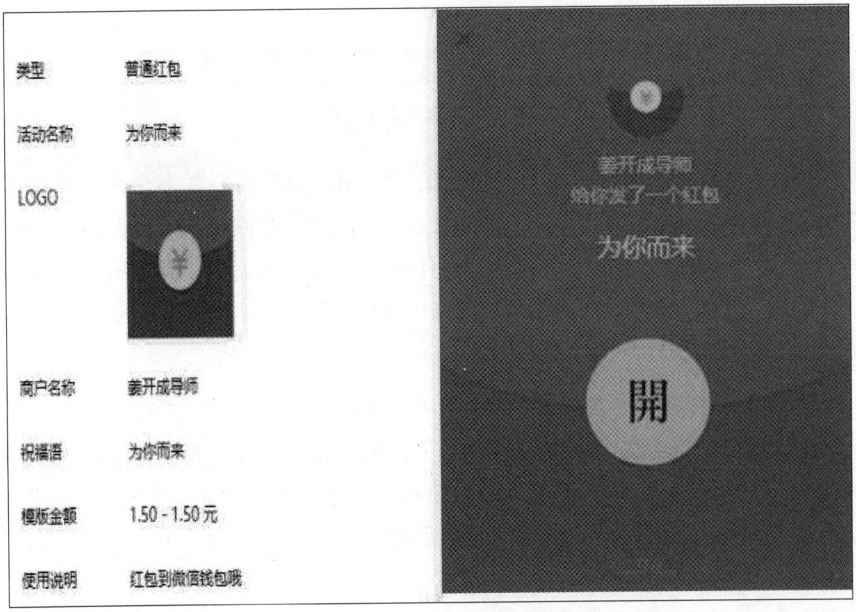

图 4-28　“为你而来”的红包模板

（5）发放现金红包。现金红包发放的形式有以下三种。

① 直接发放红包。首先在“发放红包”中选择“直接发放”，然后在“选择模板”中选择已建的“红包模板”，再点击“发放红包”，最后上传用户 openid，如图 4-29 所示，即可完成红包定向直接发放，如图 4-30 所示。

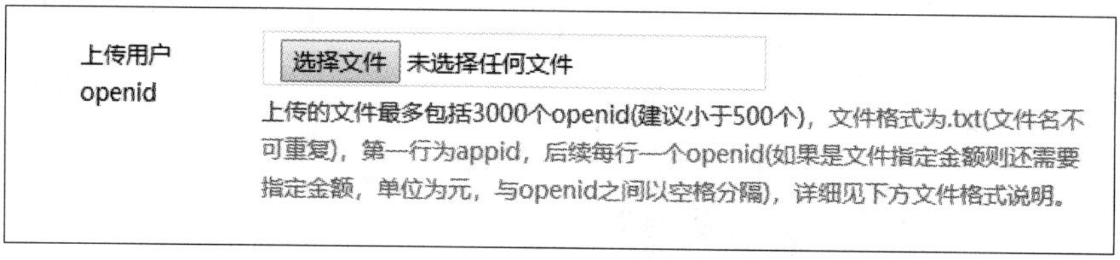

图 4-29 上传用户 openid 的入口

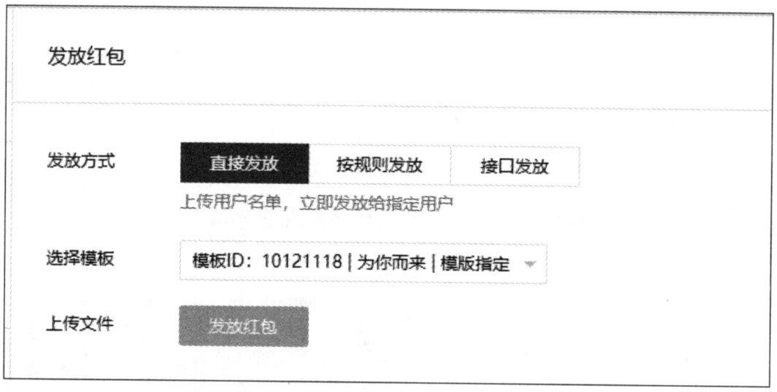

图 4-30 选择“直接发放”

每个用户针对每个公众号会产生一个安全的 openid，如果需要在多个公众号、移动应用之间做用户共通，则需前往微信开放平台，将这些公众号和应用绑定到一个开放平台账号下。绑定后，一个用户虽然对应多个公众号和应用，有多个不同的 openid，但对应同一开放平台账号下的所有公众号和应用，就只有一个 UnionID，可以在“用户管理”中获取用户基本信息文档了解详情。

② 按照规则发放红包。从“发放红包”中选择“按规则发放”，进入“设置规则”，再进入“营销活动”，创建“满额送”活动，如图 4-31 所示，在“配置活动类型”界面依次输入“活动名称”，选择“奖品类型”，选择“活动类型”，如图 4-32 所示。之后进一步完成“配置奖池”（如图 4-33 所示）、“配置规则”（如图 4-34 所示），最后确认提交。

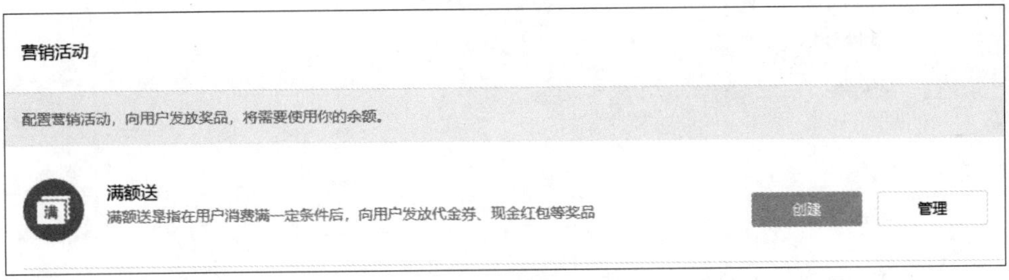

图 4-31　营销活动界面

图 4-32　配置活动类型

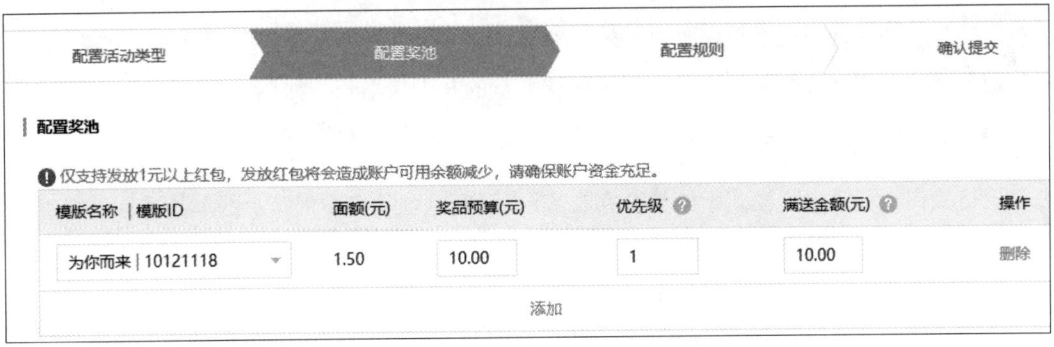

图 4-33　配置奖池

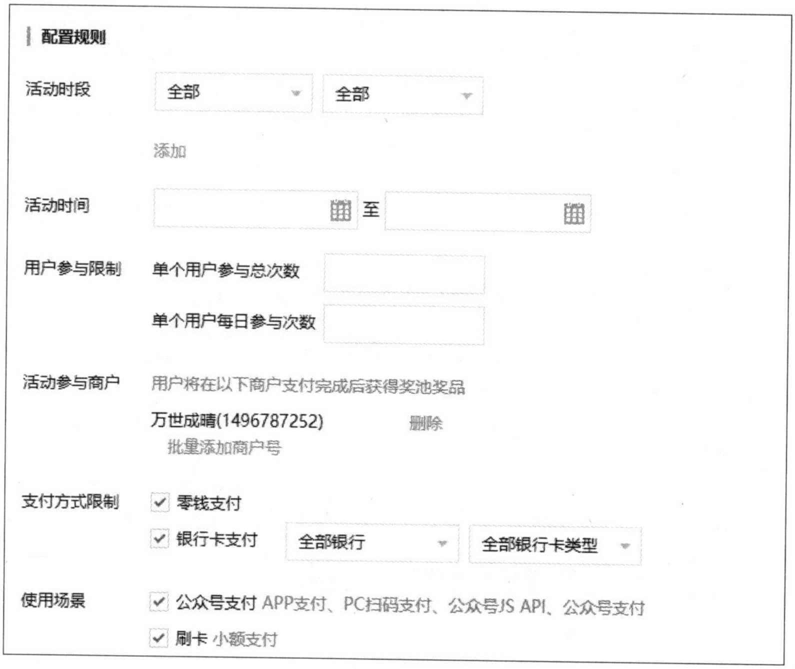

图 4-34　配置规则

③ 接口红包。调用红包接口发放红包，相关技术开发范畴内容请直接登录网页查看接口文档。

需要注意的是，现金红包玩法需要将小程序与微信公众号结合起来，先利用小程序的轻便社交属性分享红包玩法，再利用微信公众号的媒体互动属性进行红包发放。

蘑菇街曾利用现金红包玩法，实现了粉丝数量的几十倍增长，如图 4-35 所示。

4. 商品套餐组合玩法

价格战在小程序电商模式下依然会存在。商品套餐组合是将小程序上的单品进行重新组合，这样可以有效避免与竞争对手之间的价格战。

如何设计有效的套餐组合玩法呢？

小程序电商中的套餐组合工具可以自主开发或者直接用第三方平台实现，无论哪种方式，其工具的玩法基本一样。

以第三方平台为例，商品套餐组合玩法设置流程：在第三方技术后台找到“营销设置”，进入“套餐管理”，依次设置“套餐标题”“套餐缩略图”，选择参与组合的商品，如图 4-36

所示，接着设定套餐价格、设置套餐运费、设定是否支持货到付款、设置活动时间、分享语言、分享图标等，如图 4-37 所示，完成后发布活动。

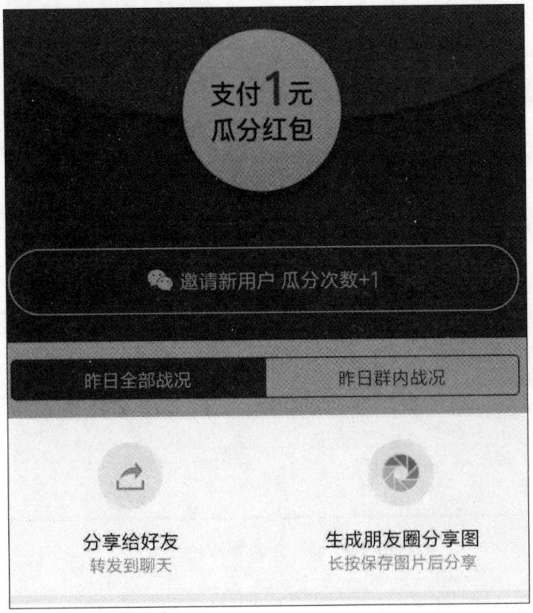

图 4-35 “蘑菇街女装”小程序的红包活动

图 4-36 套餐组合基本信息

图 4-37　补全套餐活动信息

设置商品套餐组合玩法的时候要注意三点：①所选择的套餐中的单品应是热销品；②分享图片请勿直接从原商品中随便选择；③分享描述要能吸引用户的兴趣，同时字数不要超过 20 字。

5. 满额立减玩法

当用户频繁浏览你的小程序但很长时间也不下单，你是不是很头疼呢？

我们可以分析下原因。既然用户在你的小程序中浏览那么久，说明他对你的商品有兴趣，可能只是在价格上有点纠结，所以才迟迟没有购买。

有一个办法可以促使用户尽快下单，这就是“满额减”，亦称“满额立减”，如图 4-38 所示。

商家可以在小程序电商平台上设计让用户惊喜、力度较大的“满额减”活动，比如满 200 元减 80 元，这样可以利用商品销售价偏高的方式给用户树立品质有保障的信任度，再以做活动的方式把价格降下来，让用户心动，用户最后很有可能会立即下单并付款。

设置“满额减”活动的流程：在小程序平台后台“营销管理”的“满额减”中设置相应的规则，通常为：如果用户单笔消费满足某个金额，就能立减某个金额，比如消费满 100 元立减 5 元、满 200 元立减 10 元，如图 4-39 所示。

图 4-38　满额减活动

图 4-39　“满额减”的设置界面

6. 比例返现玩法

还有一个更能提升小程序电商转化率的营销玩法——比例返现。

“比例返现”顾名思义是按照某个比例给用户返现。大多数商家都能自行开发或能直接买到这个工具。

笔者根据自身实操经验给大家简单讲下“比例返现”活动的设置流程。

（1）在第三方小程序技术平台上找到“比例返现”入口。

（2）选择“全返类型”中的“指定金额”或“金额比例”。“指定金额”是指不管用户消费多少钱都只给固定的返现金额，“金额比例”则是指按照用户消费金额或购买商品销售价的某个比例进行返现。笔者建议选择“金额比例”，这样更能激起用户“多买多返”的购物心理。

（3）点击“选择商品”，选择支持返现的商品，如图 4-40 所示。

（4）依据选择的商品设置金额比例，一般有“全返总比例”“全返金额比例 / 天”两项，都需要填写，完成后会自动推算出“返还天数”，如图 4-41 所示。以图示商品“韩版经典修身西装”为例，“全返总比例”设置为 3%（指原价的 3%）、“全返金额比例 / 天”设置为 1%（是指每天按照原价的 1% 返现），系统就会自动推算出需要 3 天完成 3% 这个返现比例。

图 4-40 “比例返现”基本信息设置

图 4-41 设置全返比例

笔者建议尽量想办法让返现的天数更多些，这样更有利于创造商家与用户高频互动的机会，同时还能强化用户对商家小程序的关注度。

比例返现玩法有两个风险需要有效控制。

其一是要想清楚：是否支持“全返开始后依然可以退款”。一旦选择“是”，就意味着如果发生退款那么已经返现的钱收不回来了。

其二是确定：“全返”从哪一天开始最好。建议从客户收到货之后再开始返现。

7. 社交立减金玩法

小程序社交立减金是一款帮助商家快速生成具备裂变传播属性小程序的传播工具，用户通过支付、扫码等场景可以参与社交立减金活动，将社交立减金礼包分享给朋友后自己也可以获取一份，朋友在会话中可随机获取社交立减金，并可进入商家小程序中使用。

小程序社交立减金活动的接入流程如下。

（1）开通权限。

社交立减金可在微信支付后发消息给用户领取。在配置活动时，需要登录发起支付的商户号开通权限。

使用管理员账号登录微信支付商户平台（https://pay.weixin.qq.com），进入“产品中心”，在“我的产品”的“运营工具”中，点击“公众号活动配置”，开通权限，如图 4-42 所示。

（2）完成免充值模式验收。

开通免充值业务功能后，进一步对“下载对账单”“刷卡支付或公众号/APP/扫码支付”“订单查询”“申请退款”“查询退款”“支付通知”等接口进行测试，以确保企业和用户正常使用微信支付。

图 4-42　公众号活动配置

（3）创建代金券并设置跳转小程序。

完成配置社交立减金活动奖品准备环节，通过接口，开发者可以创建和支付打通的代金券，并设置代金券跳转小程序，在 base_info 中新增设置字段“pay_info”，详情参考创建卡券接口。

创建成功后，登录微信支付商户平台，在“营销中心”中选择“管理代金券”，然后在“草稿箱”中激活对应代金券，如图 4-43 所示。

图 4-43　管理代金券

（4）创建支付后领取立减金活动接口。

将已创建的代金券 cardid、跳转小程序 appid、发起支付的商户号等信息填写完毕，然后通过此接口创建立减金活动。成功返回活动 id 即为创建成功。

（5）激活立减金活动。

返回立减金活动 id，活动创建成功，接着登录微信支付商户平台，在“营销中心”中选择“营销活动”，在“满额送”活动后面点击“管理”，然后在“草稿箱”中激活活动，如图 4-44 所示。激活后，社交立减金活动即投放成功。可以通过支付行为进行验证。

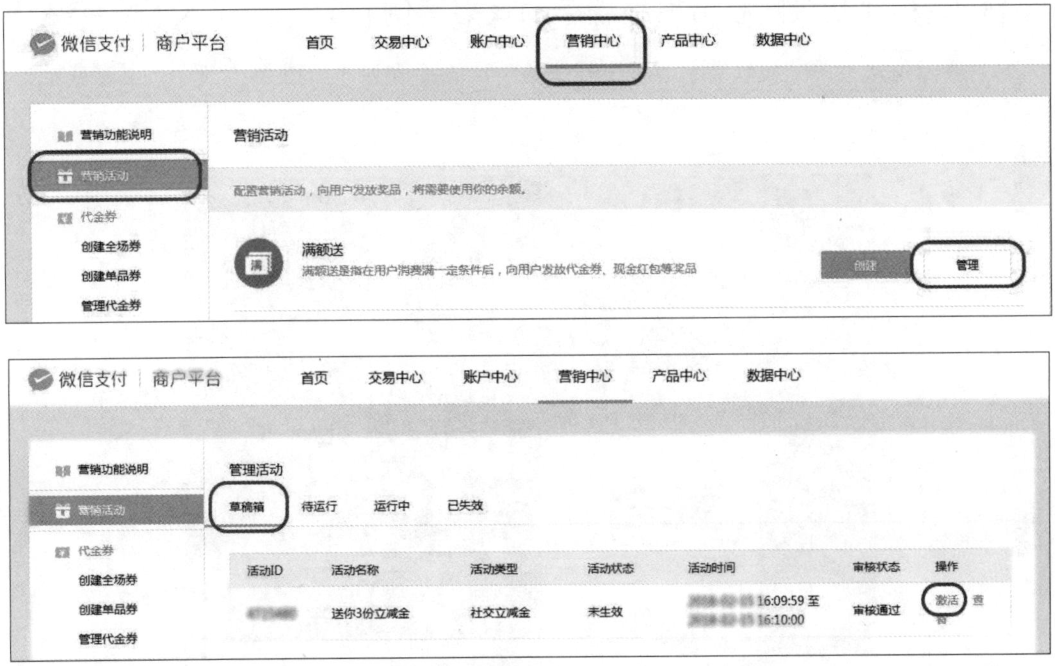

图 4-44　活动配置界面

4.4.5　天猫、淘宝卖家小程序电商的九种创新玩法

1. 直播——与用户零距离沟通的通道

一直播、花椒直播、斗鱼等直播平台的直播娱乐互动玩法已经被广泛地应用在电商领域中，尤其是在小程序电商领域中，也取得了非常不错的效果。

（1）直播能给小程序电商带来三个独特的价值。

① 更直观的商品展示。主播可以直接在现场展示产品。

② 更好地提升流量转化。现场主播的讲解远远胜过冷冰冰的图片展示模式，更容易打动用户。

③ 可以更好地搭建互动社群。几万人在一起观看直播，互动性很强，更有利于发挥社群互动价值，让小程序在用户的微信圈中“游走”。

案例 4-2：“超级购物台”小程序的直播案例。

以蘑菇街旗下的“超级购物台”小程序的一次直播为例，如图 4-45 所示，其上线后产生了几个震撼的结果。

图 4-45 “超级购物台”小程序首页

① 人均播放创新高。直播上线一个月内，小程序人均播放次数提升 40%，人均播放时长提升 100%。

② 商品销售创新高。有的主播一秒钟就卖出了1309件商品；直播间的最高复购率达到90%；主播粉丝转化率最高达到85.8%。

③ “双11”新玩法。主播现场试穿衣服，期间甚至用剪刀剪开衣服，让用户感受到产品的质量。“双11”期间，小程序的交易客单价达到平日的3.8倍，销售额达到平日的28.57倍。

④ 很多TOP级小程序主播的月销售额都达到了几千万元。

（2）小程序电商如何创建直播？

小程序运营人员有两个思路构建自己的直播玩法。

① 直接入驻有直播能力的小程序，比如“蘑菇街女装”直播小程序。

“蘑菇街女装”直播小程序的入驻方式：登录蘑菇街官网（https://www.mogujie.com），在官网底部找到“商家入驻”，选择“蘑菇街微信女装小程序入驻”，填写资料进入入驻流程，页面有详细的说明。

其他同类小程序的入驻方式大同小异。

② 自主开发一个有直播功能的小程序或插件，相关开发技术请访问微信开放社区（https://developers.weixin.qq.com）。

2．裂变拆红包——更创新的粉丝裂变神器

前面笔者给大家讲过现金红包玩法，现在再讲一个新的红包玩法——裂变拆红包。

（1）什么是裂变拆红包？

裂变拆红包与现金红包不同，其是基于代金券与红包的融合玩法，利用红包的吸引力与代金券的消费引导力达到获取粉丝和提升销售额的双重效果。

如图4-46所示，就是一家做得非常棒的小程序电商平台所策划的“裂变拆红包”活动的界面。

（2）裂变拆红包与现金红包的本质区别。

现金红包非常受欢迎，但同时也会出现一个让人头痛的问题：用红包吸引用户，商家虽然可以快速拉粉，但却很难让用户去消费，结果徒增企业的运营成本——现金红包可是真金白银砸出去了。因此，我们为小程序电商升级了红包的新玩法——裂变拆红包，这个玩法既可以有效解决成本问题，又可以实现粉丝的裂变分享。

在裂变拆红包玩法中，用户领取红包后必须邀请好友帮助拆红包，而拆开的红包本质是一张可以立即消费的代金券，这样既能有效弥补现金红包的不足，还能更好地达到提升销售的目的。

图 4-46 裂变拆红包活动

（3）裂变拆红包玩法的实施流程。

① 开启裂变拆红包营销活动，设定红包基础规则。

通过购买的或自主开发的插件找到“裂变拆红包”营销工具，进入“红包设置”，开启活动，再在“红包分配方式”这一栏选择“随机”或“平均”，接着设定“红包人数”与“红包总金额”，如图 4-47 所示。

在这一步里面，笔者根据自身实战经验，给大家提三个小建议。

其一，建议“红包分配方式”选用“随机”模式，这样可以给用户期待感，更能提升用户参与的积极性。

其二，建议“红包人数”设置为 3 或 4 人，这样既能达到很好的会员 / 粉丝裂变的效果，还能更好地提升红包拆分成功率。

其三，建议“红包总金额”稍微高一点。由于参与拆红包的都是发送者的熟人，如果拆到红包的金额有的极高，有的极低，就会成为发起者与拆红包的朋友之间互动的由头，吸引他们把感受分享到朋友圈，形成更强的传播力。反之，如果大多数用户最终得到的红包都很小，就可能会感觉玩得无趣，导致裂变拆红包的活动以失败告终。

图 4-47 裂变拆红包基础设置

② 设置红包（即代金券）的使用门槛与有效时间，如图 4-48 所示。

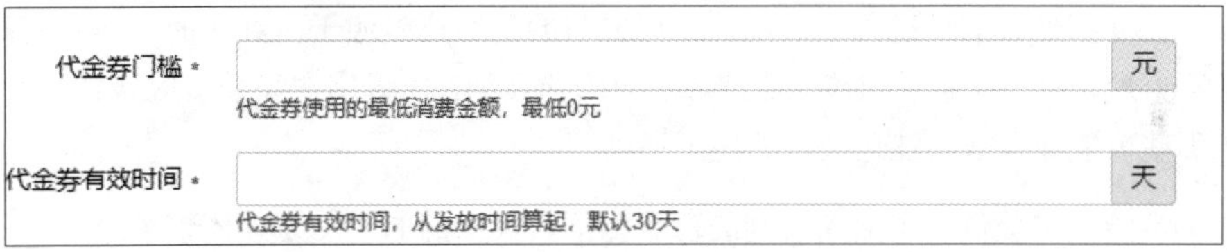

图 4-48 设置代金券门槛及有效时间

关于代金券使用门槛，建议以本次裂变拆红包要达到的效果来定。比如商家想在小程序上主推一款新式凉鞋，销售价为 199 元，准备把它打造为爆品，这时候就可以考虑将代金券使用门槛定为 188 元。因为在一般场景下，用户会在小程序上选择离使用代金券门槛最近的那个商品进行消费，也就往往会选择这款主推的凉鞋，从而实现商家打造爆款的目的。

关于代金券有效期，建议以某个特定的活动为核心来设置。比如“双 11”大促时，可以以该活动为核心来设定有效期，可以按照往届“双 11”的情况，定 15 天的有效期。

③ 设置红包瓜分成功的提醒信息及拆红包的有效时间，如图 4-49 所示。

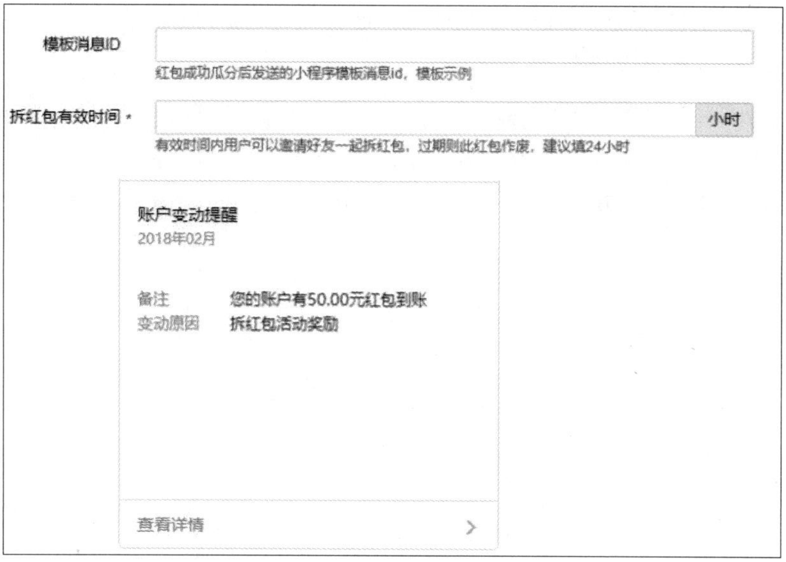

图 4-49　红包被瓜分后发送的提示信息示例

“模板消息”建议不要有太多文字，字数在 20 字以内最佳。“拆红包有效时间”建议填写 24 小时为宜。

④ 填写裂变拆红包活动规则。

在整个裂变拆红包活动过程中，用户积极参与的动力还是源于对红包的兴趣。要保证整个活动有条不紊地进行，商家就应该制定清晰、明确的规则，告诉用户和会员应该怎么合理操作，如何避免那些可能导致获取红包失败的违规举动。

下面笔者给大家提供一个活动规则的范本如下。其中的 N、X 为具体数字。

用户可邀请好友共同拆红包，满 N 人则拆红包成功，共同瓜分总金额为 X 元的红包，每人按照“随机”或“平均”的分配方式获得金额；如按照“随机”分配方式，则其中一人将获得“手气最佳红包”。

- 每个红包发起后如果在 24 小时内未能组满 N 人，则拆红包失败，无红包奖励。
- 活动期间，不能帮同一好友拆两次或以上次数红包，但发起拆红包的次数不限。
- 发起拆红包的用户需在该红包被拆成功或逾期失败之后，才可以再发起下一个拆红包活动。
- 该活动的红包均为满减现金券。
- 本公司对该活动规则保留最终解释权。

这个范本仅供大家参考。最终的活动规则还是需要结合企业小程序所销售商品、营销规则、可能存在的风险等因素确定。

⑤ 提供能够激励用户打开的“分享标题”与“分享图片”，如图 4-50 所示。

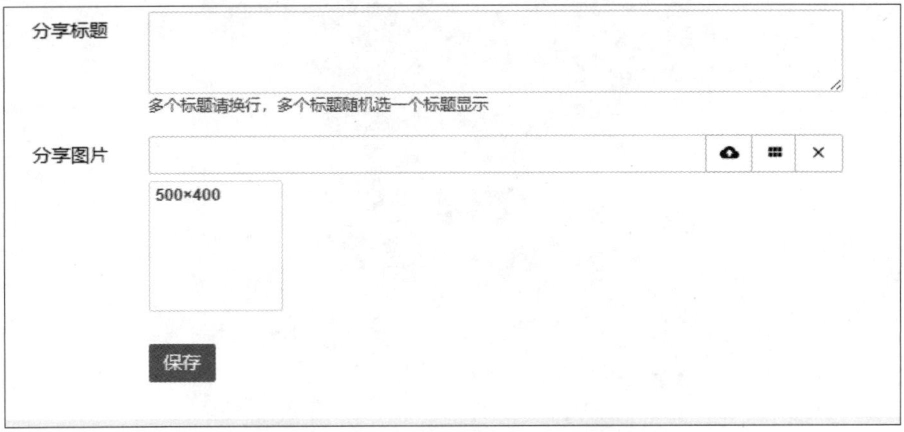

图 4-50 分享标题与分享图片操作界面

分享标题的字数最好不要超过 15 个，以 6 ～ 10 个字为宜。

分享图片的尺寸大小依据每个平台提供的标准设计即可，一般是 500px×400px，颜色尽量靓丽一些，比如使用桃红色。

裂变拆红包需要有很好的创意，才能让效果最大化。

案例 4-3：“贝贝 VIP”小程序的裂变拆红包玩法案例

“贝贝 VIP”小程序是非常出色的小程序电商成功典范，其团队做了一个很有创意的裂变拆红包活动。

首先，他们策划了一个名为“全民养红包”（如图 4-51 所示）的创意型裂变拆红包玩法，设计了一个好玩的“宝宝收益”为红包关注点，把红包塑造为一名想要长大的“宝宝”。

其次，以“主人，让好友帮忙一起喂我”“分享我到群，让我更快长大哦”“微信群那么大，宝宝想看看” “听说微信里有红包，想去看” “宝宝还能长，让好友来助力吧”等语言来激励用户更多参与红包活动。

图 4-51 “全民养红包”活动首页

再次，用“让好友帮忙喂”来引导用户将活动一键分享到朋友圈，这种方法比用户单独分享给某个好友更具有裂变价值。商家还特意在分享指引的下面说明“喂一下可领最高 5 元红包”以加大用户的分享动力。

然后，把实时变动的“宝宝收益”（即红包）放在最醒目的位置展示，激励会员。

最后，给用户设定一个“满 10 元可提现”的门槛，如图 4-52 所示，让用户时时关注变动的宝宝收益并不断分享，直到达到 10 元的提现标准，如图 4-53 所示。用户达到标准后，10 元红包可被提现成为 10 元无门槛代金券。

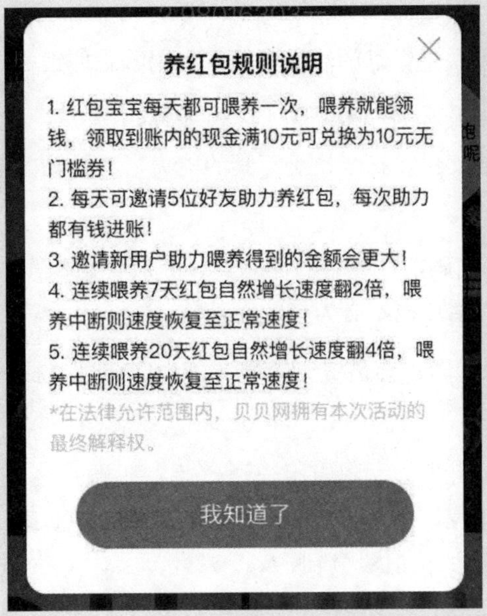

图 4-52 “全民养红包”活动规则说明

图 4-53 “全民养红包”提现提示

“贝贝 VIP”小程序精心策划的“全民养红包”裂变拆红包玩法，能给我们带来很大的震撼与启发，希望大家能学习他们的成功经验，同时勇敢创新，找到更适合自己的裂变拆红包玩法。

3．扫码购——与线下联动的混合玩法

线下门店对于小程序来说是很好的流量来源，扫码购就能很好地打开线下通道。

“扫码购”本质上就是顾客的一把“私人定制的扫码枪”——随时扫码，便捷购物。“扫码购”整合了小程序、微信支付、扫一扫等工具的能力，其新颖的购物方式为顾客带来更优质的服务体验。

（1）顾客可以使用“扫码购”查看商品信息、获取优惠信息、了解相关产品推荐以及自助结账，在客流高峰期时，用户也不必为排队而苦恼。

（2）优惠信息、促销活动、会员资讯等服务，也能通过“扫码购”高效、直接地发送给用户。

（3）将线下流量转化到线上。到店用户通过“扫码购”轻松成为线上小程序和公众号的流量。简单的微信注册流程让会员注册的门槛进一步降低，商家还能够通过客服消息及模板消息，与顾客保持有效沟通，并提供优质服务。

（4）增量模式探索。如图 4-54 所示，商家可以通过小程序和公众号，结合个性化优惠券及购物车等促销运营模式，提高客单价，增加线上配送到家的订单量。

图 4-54　沃尔玛“扫码购”小程序

对于有门店的天猫、京东商家来说，“扫码购”这一玩法不仅可以让企业加速享受小程序带来的流量红利，还能大大提升运营效率与用户体验。

4．拼团——让圈子成为会员裂变的最强武器

拼团是小程序电商获得流量与增加销售的核心模式。

流量是电商的命脉，小程序电商也不例外，虽然小程序背后是微信 10 亿级的流量池，但是想要保证小程序有源源不断的流量涌入，最好的办法还是让小程序能够自动引流。自从小程序上线以来，通过各种活动得到的数据证实，拼团正是商家百试不爽的裂变和引流利器。

实现自动裂变的拼团玩法有一套标准的流程。

（1）设置基本的拼团信息，如图 4-55 所示。

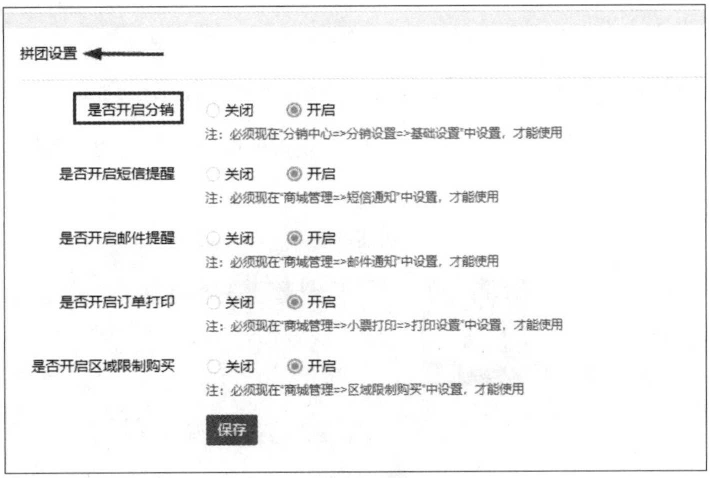

图 4-55　设置基本拼团信息

基本的信息包括选择是否开启分销、是否开启短信提醒、是否开启邮箱提醒，是否开启区域限制购买等。

为了更好地达到高转化、快裂变、高效运营的活动效果，建议开启短信提醒、订单打印、区域限购，尽量不要开启邮件通知（以免过多提醒给用户带来不友好的体验）。对于分销，笔者建议慎重考虑是否开启，一旦开启后，将会显示“拼团”与“分销”两个指令，而提供给用户选择的参与方式过多，营销的效率反而可能会下降，所以建议除了个别商品开启“拼团＋分销”模式之外，其他的商品还是以“拼团”为主，集中精力把这一种营销玩到极致。

（2）添加拼团商品。

① 商品上传方式：可以使用电商平台的搬家工具，也可以重新上传商品或从已上架商品库中选择商品。

拼团要与爆品思维相结合，初期拼团建议用热卖的商品来开启拼团玩法，吸引用户进入。笔者为企业做小程序咨询服务时，有相当多的企业用动销率较低的产品在小程序上玩拼团，效率与口碑都不理想，所以应先用热卖的商品引发外部关注，让更多的人知道你的小程序拼团非常火爆，形成围观，才能更好地提升拼团效率。

② 商品价格设置：需设置团购价、单买价、团长优惠。

在商品利润有保障的前提下，建议在首次拼团时设置团长免单，这样可以提升团长分享的动力，达到吸引会员的目的。

③ 拼团限时设置：设置拼团的起始时间，建议为 7 ～ 10 天。

④ 拼团时间设置：设置从发起拼团到成功开团的时间，建议设为 12 小时或 24 小时。

比如知名食品品牌“良品铺子”，他们小程序设置的拼团时间是 24 小时，如图 4-56 所示。

图 4-56 “良品铺子”小程序的拼团界面

⑤ 单买数量限制：设置一个用户 ID 单次只能购买该商品的数量，建议不要超过 10 件，因为拼团的利润很低，主要目的还是拉新。

⑥ 商品分销管理：如图 4-57 所示，开启分销，说明该商品既支持拼团，也支持分销，那么就需要在拼团商品管理过程中设置好不同级别的分销佣金。

图 4-57 商品分销管理

⑦ 配送方式设置：如果有门店的话，建议同时开启快递配送、上门自提两个选项，方便用户自选。

⑧ 支付方式设置：如果商家的小程序具有“充值”功能，建议开通“微信支付”“余额”两种支付方式，这里的“余额”是指用户可以用自己账户里的余额参与拼团活动。

（3）设置拼团规则。

在拼团过程中，有很多规则要明确地展示给用户，让用户了解参与过程中应该注意的事项。比如“蘑菇街女装”小程序的拼团规则，如图 4-58 所示。

（4）拼团信息提醒。

拼团信息提醒是指无论拼团成败与否，均要给用户发一条信息提醒，建议大家好好珍惜这个精准且有效触达用户的机会，尽可能给用户留下难忘的记忆，为后期用户复购打下良好的基础。

给大家展示下拼团信息中成功（如图 4-59 所示）、失败（如图 4-60 所示）两种常规通知示例。

比如“蘑菇街女装”小程序拼团失败的提醒，如图 4-61 所示。

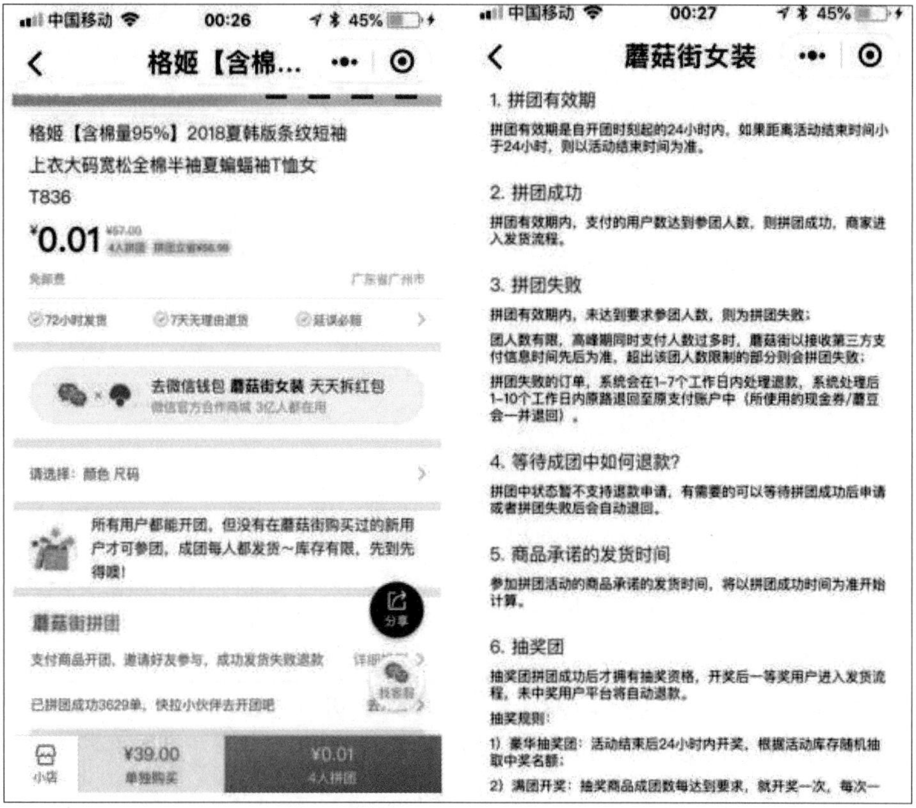

图 4-58 “蘑菇街女装”小程序的拼团规则

图 4-59 拼团成功通知示例

图 4-60　拼团失败通知示例

图 4-61　“蘑菇街女装”小程序拼团失败通知

（5）为拼团设计一个精美的广告图。

精美、吸引眼球的拼团广告图可以有效提升点击率，为接下来的订单转化提供了持续性的流量。

成功的拼团广告图至少要做到：①每张广告图都有一个主打产品；②每张广告图都有一个主题定位；③每张广告图都要体现特定场景；④广告图的整体取色要与品牌相符；⑤广告图的背景要与整个页面协调。

比如“茵曼精选”小程序拼团活动页面上的广告图就下了很大的功夫，如图 4-62 所示。

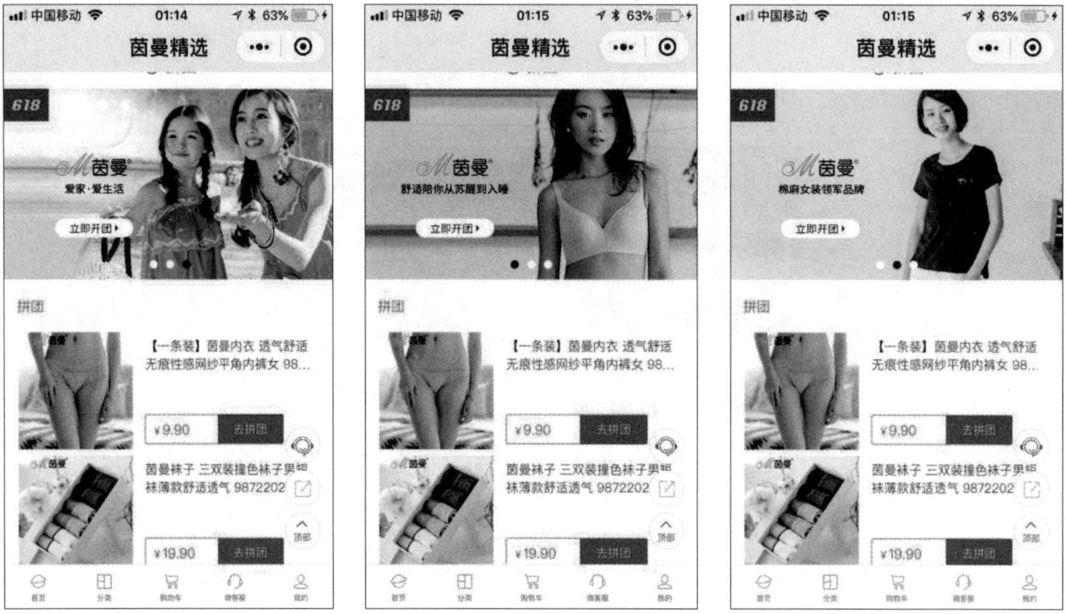

图 4-62 “茵曼精选”小程序的三个广告图展示

“茵曼精选”小程序的三张拼团广告图的主题、定位都很清晰，加速了用户对拼团的点击欲望。

任何创新玩法都有其“生命周期”，比如过去如火如荼的分销玩法、代言人玩法，如今已经慢慢失去了“光辉”，用户参与度急速下滑。小程序拼团模式也一样会有“生命周期”，趁现在拼团玩法还很新颖，赶紧行动起来吧！

5. 充值——将消费者变成忠诚粉丝

过去传统企业经常采用会员充值的方式把客户变成会员，这个方法同样适用于小程序电商，不过小程序电商的充值玩法虽与传统企业充值玩法有类似之处，但在商业价值与运营模式上却大有不同。

传统企业让客户充值是为了实现更好的现金流，而小程序电商的充值则重在培养用户在企业小程序上的购物习惯，建立用户购物入口，给用户在小程序上购物的动力，从而抢占社交电商红利，让用户从消费者变成忠诚粉丝。

越来越多的小程序开始重视充值玩法，那么如何才能把充值玩法做到极致呢？

（1）需要开通小程序的充值功能，完成基础信息设置，如图4-63所示。在小程序技术后台找到“充值”功能，点击“开启”让用户在个人中心中能看到“账户余额”与“去充值”，使用户意识到小程序是支持充值后消费的。

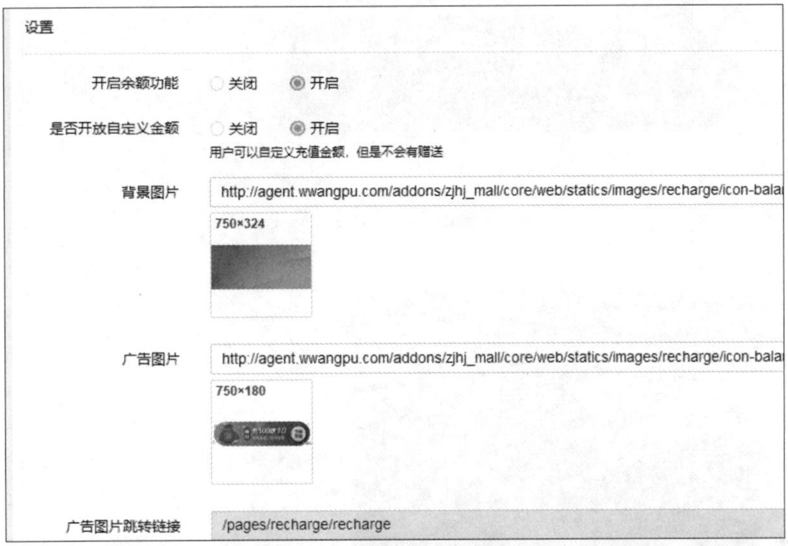

图4-63　小程序充值功能参数设置

（2）为充值功能设置“背景图片”“广告图片”，如图4-64所示，为“广告图片”链上“充值”链接。完善基础信息后还需要为“充值”写个说明，引导用户了解充值的意义与注意事项，如图4-65所示。

（3）为小程序设置充值活动。充值赠送是吸引用户在线充值的最佳方式，直接在小程序后台的“充值”功能里面设置，让用户在充值一定金额后就可以获赠一定金额，如图4-66所示，具体金额还需要结合商品利润空间来设定。

市面上大多数充值赠送是按照10:1比例赠送的，比如用户充值1500元则赠送150元，用户充值3000元则赠送300元，如图4-67所示。

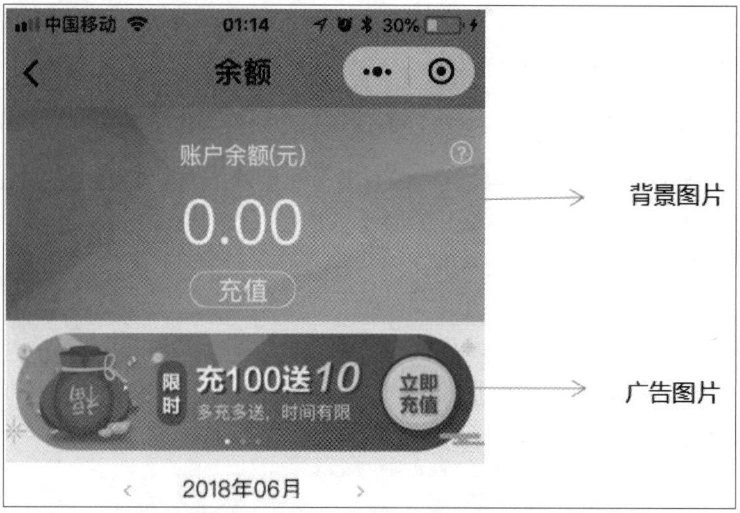

图 4-64　背景图片与广告图片的展示形式

图 4-65　充值说明

（4）结合充值为用户提供配套的商品套餐。比如用户充值了 1500 元，加上赠送的 150 元后，其账户余额就是 1650 元，可以为其推送“西装 + 皮鞋 =1600 元”“红茶 + 紫砂壶 =1600 元”等组合套餐。假如小程序上商品的最低价仍是高于 50 元的话，当用户完成 1600 元套餐商品消费后，账户余额就只剩下 50 元，这个钱不能提现只能用来购物，就很自然地吸引该用户进行下次充值，这样就可以使用户保持高频复购，对小程序的忠诚度也会随之提升。

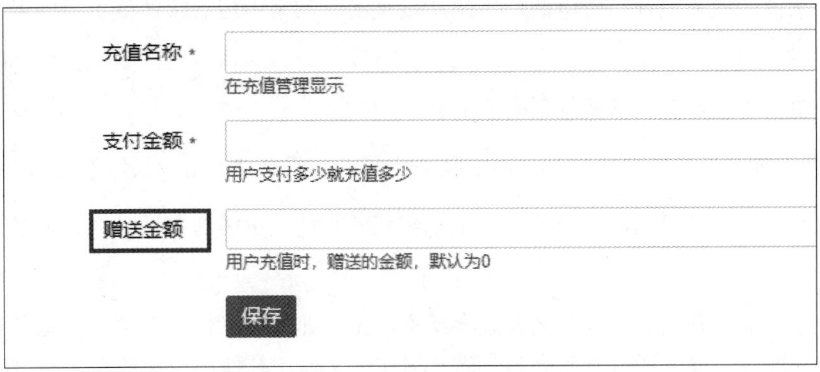

图 4-66　设定充值赠送

图 4-67　用户在充值入口看到的赠送界面

需要再次提醒的是，在小程序电商充值玩法里面，充值赠送一定金额需要有与其对应价值的商品套餐，才能让用户的账户每次的余额低于小程序全场商品的最低价，让它成为复购的诱惑力。假如小程序商品都是单一品类，比如该小程序只卖皮鞋，那就建议找个相关品类品牌合作或者是按照商品款型差异、场景差异进行组合。

6. 秒杀——高转化率的营销神器

秒杀是网上竞拍的一种新方式，因通常低于产品成本价格而受到欢迎。对于大多数小程序电商运营者来说，秒杀一直都是电商销售的冲量神器，其用不可思议的低价瞬间融化用户的犹豫之心，促成购买。

小程序电商中主要有以下四种最有效的秒杀模式。

（1）特价秒杀（即特价模式），用于拉新引流，常见如“1 元秒杀”“9.9 元包邮”等。

这种模式的核心是引流，一般都是限量 1 件或者几件，价格通常低到令人无法相信也无法拒绝参与。

这种秒杀一般在开始之后 3 秒之内就会结束，抢购速度相当快，有意参与这种秒杀的用户往往要提前一段时间进入秒杀界面准备，而且网速一定要比其他用户更快，才有可能成功。

特价模式的商品秒杀价一般比商品的成本价还要低很多，适合商家做新款引流或倾销积压库存，可以快速塑造品牌影响力。

笔者建议把这种极具竞争力的秒杀活动的入口放在小程序首页的焦点位置，可以快速提升用户打开率。另外笔者建议在玩这种秒杀前，给用户制造一种紧张感，比如给用户一个说明或提示“已有 N 人想得到该宝贝，请先登录小程序，提前一分钟等候开抢”云云。

（2）低价限量秒杀（即限量模式），用于低利润冲量。

限量模式也可以理解为低折扣秒杀，只限量不限时，直到商品被秒杀完即止。

这种模式对于用户来说，时间上的要求没有那么苛刻，能够成功秒中的概率相对较大。限量模式在小程序电商中可以长期存在，比较适合断码、缺号的商品做尾货处理。

（3）低价限时限量秒杀（即限时模式），用于大型活动，常见如“整点秒杀”。

限时模式也可以理解为“低折扣秒杀 + 限时限量”，在规定的时间到来时，无论商品是否被秒杀完毕，该活动都会结束。

这种模式对于用户来说，下手一定要及时，因为过了时间就不能够参与，不过只要用户在规定时间内参与，成功秒中的概率一般都很大。

例如，“非正常种草馆”小程序就精心策划了一系列低价限时限量秒杀活动，如图 4-68 所示。

图 4-68 “非正常种草馆”小程序的秒杀活动

限时模式的最大的优势是，既有明确的倒计时提醒，也能留给用户犹豫后继续参与秒杀的机会；缺点是可能会让用户产生不着急购买的心理，这种心理会促使用户在短时间浏览后选择离开，结果后来用户又忘记参加这个秒杀活动。

这种模式在小程序电商运营中是很常见的，常用于做爆款测试，比如同时进行三个或以上数量款式的商品的限时限量秒杀，看看哪个商品最受欢迎。

建议这种秒杀活动时长不要超过 72 小时，最佳活动时长是 48 小时，商品的数量不要超过现有库层的 80%，因为需要预防运输或其他原因导致的退换货问题。

（4）以“低价限量 + 分享门槛”为特点的秒杀模式，用于促进分享裂变。

这是一种与以上三种模式完全不同的创新秒杀玩法，笔者称之为“分享秒杀”。

“分享秒杀”的创新灵感来源于拼团模式，在这种玩法中可以利用小程序一键将活动分享到微信群或朋友圈中，而用户只有先把秒杀页面分享后，才能获得秒杀资格，让秒杀更刺激，更能提升秒杀转化率。

如图 4-69 所示，这是一个小程序电商的成功案例，其策划了一次一元秒杀“红色小象”“火火兔”等品牌优惠券的活动，用户需要先将其秒杀页面分享到 5 个微信群后才能获得秒杀资格。这个玩法一上线就吸引了大量用户参与，取得了喜人的成绩。

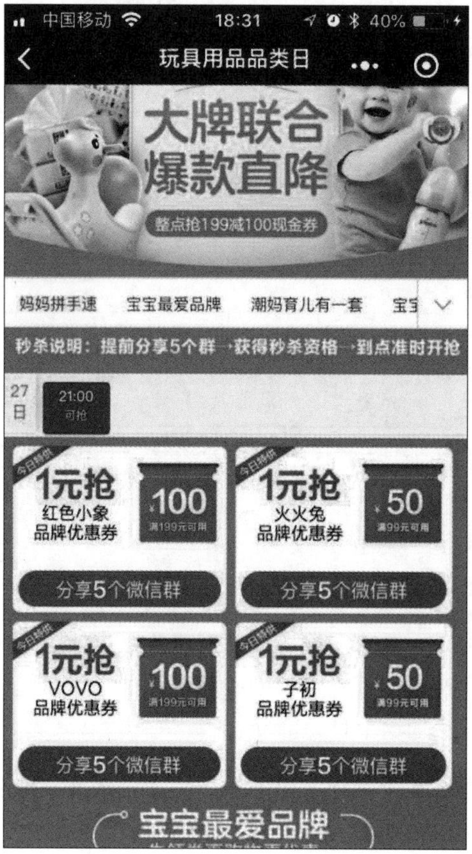

图 4-69　分享五个微信群抢卷活动

仅仅以低价的秒杀来运营小程序，很难逃出同质化竞争的结局，只有配合前面优惠券、拼团等工具联合营销，形成组合式、矩阵式、协同式玩法，才能获得更大效果。

实施“分享秒杀”时应注意，秒杀的规则要结合商家小程序及商品品牌的影响力来定。

以上讲了小程序电商的四种秒杀模式，希望大家能消化吸收，然后为自己的小程序策划一个能带来流量、销量的秒杀创新玩法，可以从工具组合、社交分享、情感刺激等角度思考创新。

7．砍价大狂欢——砍得越狠友情越深

“砍价”是小程序电商中很受欢迎的营销玩法。

买家与卖家之间总有一个天然存在的矛盾，买家总是觉得商品贵，卖家总是觉得价格低。小程序运营人员正好可以利用这个矛盾，设计“砍价”玩法，商家只需要把能承受的最低价设置好并设计好砍价的规则，让用户把自己喜欢的商品的小程序链接转发给朋友们进行砍价，当砍到自己心仪的价格时即可立即在小程序上下单购买。

如何策划一场好玩、有效的砍价活动呢？

（1）设置一个心动标题。建议标题字数不超过15个字，最佳字数是8～10个字。

（2）设定活动的起始时间。

（3）设计全民狂欢砍价的活动图。

（4）设置商品原价与最终底价。

（5）设置总砍价次数及单人砍价次数。

（6）写一段有趣的引导语。

（7）明确砍价规则。

砍价的案例如图4-70所示，用户可以邀请好友参与砍价，从而获得优惠。

8．众筹——微信信任社交的创新金融玩法

对于天猫、京东的商家来说，众筹是小程序获取现金流的最好方法之一，利用品牌的背书以及粉丝的积淀、信任，再结合商品创新的能力，就可以策划众筹活动。

小程序众筹有两种玩法模式。

（1）单纯商品众筹模式。这种模式比较常见，是用某个具体商品作为众筹的标的物，其通常具有爆款特质，比如高科技感、高性价比、易流行性等，只要小程序拥有一定的会员基础，众筹的成功率相对较高。

例如图4-71所示页面，其是小米在小程序上成功策划的一次众筹活动。

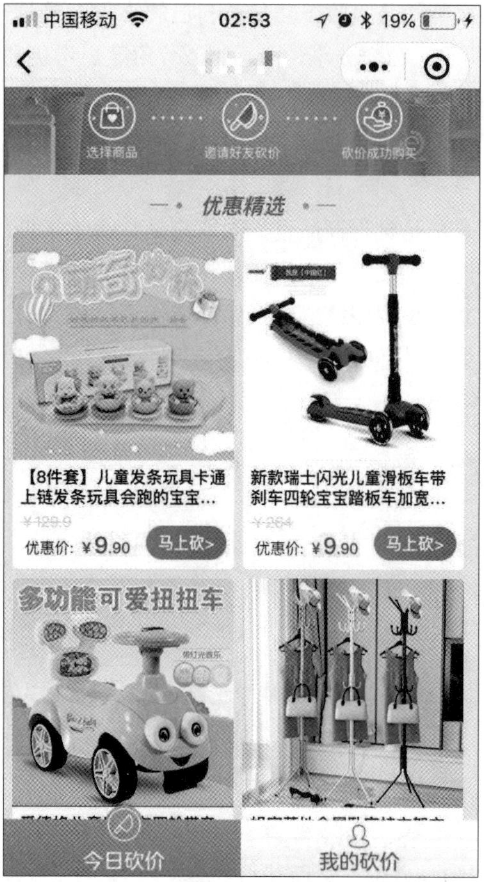

图 4-70 砍价大狂欢的页面

图 4-71 小米众筹活动

（2）限定人数的小团众筹模式。因互联网的众筹玩法太多，传统众筹玩法已经很难吸引用户参与，这就需要更有创新性的玩法，而“小团众筹模式”正是如此。

传统众筹玩法中，人人皆可参与，人数不限，而小团众筹模式则是限定两人或三人才有参与资格的众筹模式，如图 4-72 所示，其优势是可以基于小程序与微信的社交生态，打造小额、低门槛的社交型众筹，比如“两人参与众筹 9.9 元商品”活动，提升了众筹的趣味性和获客能力。

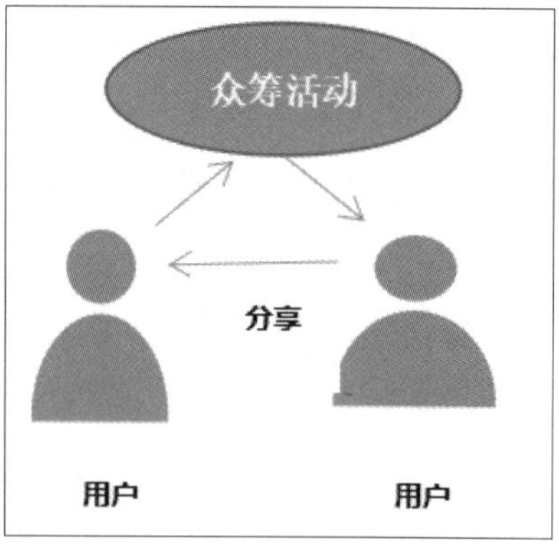

图 4-72 小团众筹模式的活动

例如，一款抗压、抗摔的联网智能水杯众筹 100 万元用于产品研发，需要每人投入100元，任何一个用户对这次众筹感兴趣都可以参与，但要把已经参与的众筹小程序同时分享到微信群或朋友，只有当被分享的另外2人也成功参与众筹后，发起分享的用户才算成功参与众筹。最终这次众筹成功后，该用户就可以获得这款抗压、抗摔的联网智能水杯，同时成为小程序上的终身会员，享受小程序上的最大优惠。

9．社群玩法——让人人都成为分享家

在社交网络中，信任会促使用户迅速做出点击链接、购买商品、下载应用、讨论某件事情等决策，其说明了小程序社群玩法的核心：一切都是为了“信任”的凝聚与传播。

小程序社群运营重在挖掘用户的相似性或相同点，比如他们都喜欢高科技电子产品、喜欢红色的箱包、喜欢吃甜食等，商家可以通过小程序创建一个由购物或兴趣点引发自动分享的社群，让这群在性格、思想、价值观、喜好等高度相似的用户群体随时互动、吐槽。

用户在社群互动的过程中，每一次评论、分享、转发都在形成一个个细微而又重要的激励，让用户获得存在感或得到他人的认可，这些来自精神层面的激励是维系社群经久不衰的核心动力。

在小程序社群中，在不让用户彼此之间产生人身攻击的前提下，无论是正向还是偶尔反向的互动，都会让社群活跃度越来越高，最终会给小程序带来源源不断的新流量与更高的复购率。

活跃度是小程序社群的命脉，可以通过以下六大原则保持社群的活跃度。

（1）高度聚焦认同感原则。

认同感是特定人群相似点与相同点的聚焦，它是特定人群从精神层面产生的聚集的力量。

在小程序生态中创建高活跃度社群的首要原则是明确某类特定群体的某种特定的认同感，这种认同感会像吸铁石一样快速且精准吸引一批人自动进入小程序社群，也会让他们自觉把信息分享到微信群或微信好友。

在搭建小程序社群时需要根据精准用户的画像来找到他们存在的认同感，这种认同感最好是精神层面上的。比如商家小程序销售的商品是户外越野用的车载产品，所面对的主流用户是一群狂热的越野族，他们热衷于户外探险，喜欢挑战刺激，所以他们之间可能存在的认同感就是“活着就要挑战一切不可能”。

认同感并不是从天而降的，需要商家结合企业大数据、行业数据分析报告进行深度分析，再结合用户认知与人性本质，综合思考并确定最终的认同感。认同感最好能用一句话表达出来，比如“镜子是最真实的朋友”，这句话不是广告语，而是认同感的传递信号，表达一种感召力，让看到、听到的人情不自禁地在小程序社群中找到归属感。

（2）深度社交场景化原则。

光有认同感是很难让小程序社群与企业商品关联起来的，需要巧妙塑造社交场景，这就要“触景生情”——只有在“触景”的情况下才能“生情”。

“触景”就是小程序社群的场景化，要清楚用户会在什么场景下产生什么想法，又会在什么想法下产生什么社交需求。比如商家的小程序是销售童装的，那么社交对象就应该是年轻的“宝妈”“辣妈”，她们把大多数时间与金钱都投入到孩子身上，孩子就是她们与其他人社交的引爆点，商家可以利用“六一”儿童节作为社交场景，让“宝妈”“辣妈”们晒晒各自是在什么地方、用什么独特方式、与谁一起为宝宝过节的，晒晒她们在这特殊的节日为宝宝准备了什么神奇、特殊意义的礼物。

极致的社交场景是在用户有需求或某种欲望时，向身边具有同样诉求的人进行分享的核心动力，这也正是小程序社群运营的关键点。

（3）坚持内容自生长原则。

在移动互联网时代，信息越来越碎片化，只有好的内容才能让用户愿意把时间花在小程序社群上。

坚持内容自生长原则是小程序社群良性发展的重要支柱，它能够源源不断地为社群沉淀出优质的用户。“内容自生长”是指用户愿意自发地在小程序社群上撰写有价值的内容，这个内容能够引起“社交共振”，进一步演化成其他相关的、精彩的内容，形成良性内容链条。

通过研究表明，小程序社群用户普遍喜欢积极向上、幽默风趣、与自身相关性较强、能感知到企业价值、话题感极强、当下很热的内容，这些内容能够激发用户分享，日积月累，自然会产生更多优质的、有较强可读性的、有较强成长力的内容。

一旦小程序社群出现内容贫乏、阅读量下滑等情况，运营者应该如何应对呢？

小程序社群都是以抛物线的形式成长的，有峰值就有低谷，如果有一天社群活跃度下滑也是在所难免的。如果社群的活跃度、优质内容的数量连续多日都是直线下降，那就是一次严肃的警告，建议运营者提供更加多样式的内容产出模式给用户，以提升用户社交新鲜感，比如从纯文字社交模式升级为支持语音、文字、视频，甚至“社群 + 小游戏”的社交模式。

（4）连接人与人智慧原则。

人与人之间的思维的连接可能会产生无限的智慧，而智慧的连接则可能引爆流行。引爆小程序社群正需要这种力量。

从沟通互动的频率来看，人与人之间的连接分为强连接和弱连接，界定依据是互动时间、情感强度、亲密程度以及互惠行动等。强连接最有可能存在于你与工作的搭档、事业的伙伴之间；弱连接范围更广，同学、朋友、亲属等之间的关系都有可能是弱连接。

人与人之间的强连接引发行动，弱连接则形成圈层融合。在小程序社群运营过程中，弱连接更普遍，它扮演的角色是不同圈层之间的纽带，把不同的圈层巧妙连接起来。不同的圈层通过弱连接后就形成了一条无形的信息传输通道，而这个通道就会成为小程序社群内容的传播渠道。

要想在小程序社群中巧妙完成用户之间的智慧连接，需要三步。

① 在小程序社群起步的时候，商家需要利用强连接激活社交，让高频互动的用户之间形成智慧连接，产出第一批好的内容。商家要在小程序社群起步时放下身段，拉下面子，从同事、亲人、朋友、同学中筛选出强连接的人群，再进一步挑选有一定思考力、逻辑性、文字功底、表达欲的人群到小程序社群上按照目标受众的需求或潜在的认同感撰写可读性较强的内容。

② 在小程序社群有了首批产出的优质内容后，可以让弱连接的圈层融入进来，从互动、点评、分享、再生内容等维度进行发力，让圈层之间形成有效信息流，最终回流到小程序社群上。

③ 让强连接与弱连接在小程序社群上形成用户沉淀、内容产出的良性裂变。在此过程中，有些弱连接会逐渐进化为强连接，同时有些强连接也会随着时间的推移弱化成弱连接。

（5）可复制意见领袖原则。

如今我们已经迈入了供大于求的时代，比如你想找一本与互联网有关的书阅读，可能会在第一时间去京东、当当等电商平台上浏览，但当你打开网站后可能会发现，无论是按照关键词搜索还是按照类别去查看，都会面对眼花缭乱的书海，根本不知道该如何选择。而与之相对应的是，有一次我推荐某一本书给朋友、学员们阅读，结果一夜之间，上百人去京东购买。由此可以看出，意见领袖有多么大的商业价值。

意见领袖是小程序社群聚集人气的魔法，它代表着某种权威及影响力。小程序社群也需要意见领袖在社群上引导用户朝着更活跃的方向发展。

比较理想的情况下，一个高活跃度的小程序社群需要 3 ～ 5 位意见领袖，他们之间不一定非要所有观点一致，即使有观点的对立也没有问题，因为这会让他们各自主导的社群力量展开交流和辩论，在小程序社群上形成强大信息流。这种信息流在社群成员的圈层之中进行裂变，进一步吸引有认同感的人加入小程序社群，提升社群活跃度。

（6）社群商业化运营原则。

小程序社群并不是传统的论坛，而是具有商业使命的流量池。小程序社群的本质是激活小程序上沉睡用户、提升用户活跃度的工具，小程序社群运营的最终目的还是为了更好地挖掘用户的价值，以提升销售。

小程序社群商业运作，需要从以下两点开始。

① 小程序社群的主题要逐渐向商品靠近。

小程序社群要围绕用户与商品进行话题性内容的生产及传播。比如商家的小程序是销售卸妆油的，那就在运营小程序社群时，策划“化妆”“卸妆”为主题的内容生产和传播，注意要尽量与商品进行巧妙连接，避免过多的“自吹自擂”而有硬广告的嫌疑。

② 善于借助意见领袖的力量。

意见领袖代表了专业度与可信度，他们只要把专业知识、独特观点、商品亮点融合起来，做出针对性表达，就能让认同者们在短时间内进行内容互动、购买商品、向好友分享商品。

作为小程序运营者，要多花时间在这些意见领袖身上，锁住意见领袖的心，与其充分交流和合作，甚至应该为他们的付出支付合理的报酬，从而让他们把精力、智慧、时间投在社群上。

根据笔者的经历，建议选择以下三种方式之一，为意见领袖的付出支付报酬。

- 聘任其为兼职，按月发放薪水。
- 令其成为分销商，让其引导用户到小程序上购买企业产品。
- 按照其在小程序社群上生产的有价值的内容的数量进行付费，比如发布单条信息实现超过 50 人互动和 5000 人阅读，则每次奖励 100 元。

第 5 章 小程序自带的十二大流量入口

基于微信生态的小程序电商是社交、信任、线上线下的融合体。小程序电商的生命力需要用有效流量来维持。

搭建一个小程序并不难，这就是为什么我们随处都能见到小程序；要想为小程序获取源源不断的有效流量却很难，这就是为什么市面上大多数小程序的运营都不理想。笔者认为大多数小程序电商运营者并不知道该如何更高效地为小程序导流，也不知道如何更好地把流量转化成销量。源源不断地获取精准流量依然是小程序电商运营者的工作重点。

自本章开始，笔者将从小程序自带的流量入口、小程序全网导流和营销模型、小程序电商回流体系建设等三个维度讲解小程序电商流量的那些事，教大家如何快速有效地打造一条低成本流量管道。

本章笔者首先剖析小程序自带的十二大流量入口，其是微信生态下每个小程序都可以实现的流量入口。关于如何通过全网营销获得流量的模型，请看下一章。

5.1 LBS——基于地理位置的小程序入口

5.1.1 附近的小程序

（1）在小程序后台添加地点位置。当用户在此地周围时，可在微信“小程序”入口的“附近的小程序”中发现附近的小程序，并可能使用其提供的服务，如图 5-1 所示。

图 5-1　附近的小程序

（2）搭建“附近的小程序”入口的后台操作流程：登录微信小程序后台，在“附近的小程序”中选择“地点管理”，单击“添加”，如图 5-2 所示。一个小程序账号默认可添加 10 个地点。

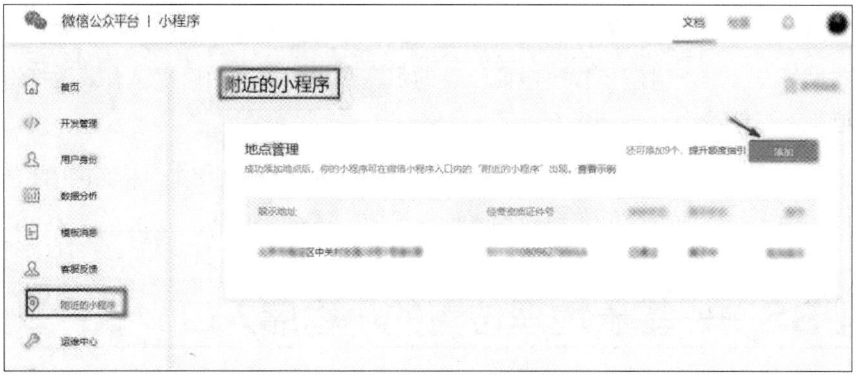

图 5-2　附近的小程序后台操作界面

5.1.2　门店小程序

（1）公众号可快速创建门店小程序，并默认关联。故可在公众号介绍页或自定义菜单中放上门店小程序的链接，也可以将该链接插入图文消息中群发，并支持微信用户搜索和转发。

（2）没有“门店管理”功能的公众号，可通过在“添加功能插件”里选中“门店小程序”申请开通，如图 5-3 所示。

图 5-3　开通门店小程序

已有“门店管理”功能的公众号，可以把 “门店管理”升级为“门店小程序”，如图 5-4 所示。

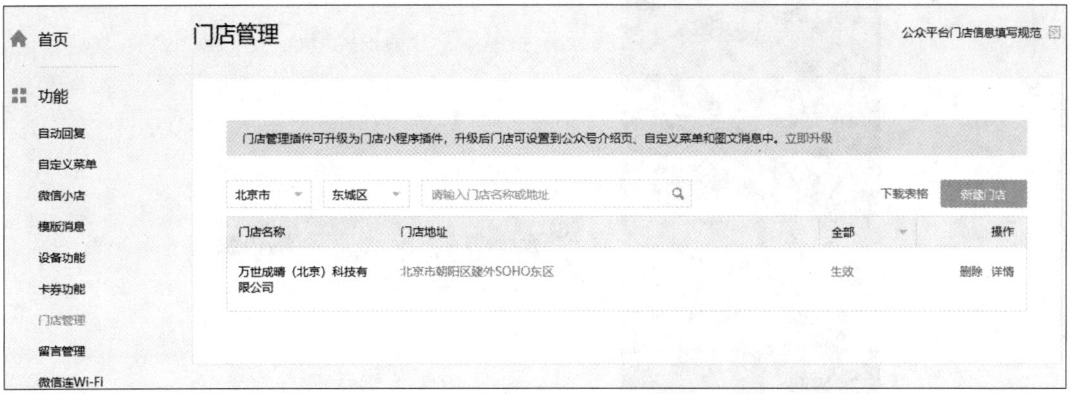

图 5-4　升级为“门店小程序”

5.2 公众号自定义菜单及文章——小程序最重要的流量入口

据阿拉丁小程序统计平台显示，2018 年小程序用户的入口，排在第一位的是公众号，占比为 52.2%，这主要是由于头部的小程序大多是从公众号大号中孵化的，其将公众号中的大量粉丝通过热门文章中的小程序卡片或公众号菜单中的选项导入小程序，因此大量的小程序访问来源于公众号。

5.2.1 公众号自定义菜单

用户可以通过微信公众号的自定义菜单中的选项进入小程序。

打通微信公众号菜单与小程序的流程：进入小程序技术后台，进入“微信公众号”，选择“自定义菜单”，填写“菜单名称”并在“菜单内容”里面勾选“关联小程序”，如图 5-5、图 5-6 所示。

图 5-5 小程序技术后台

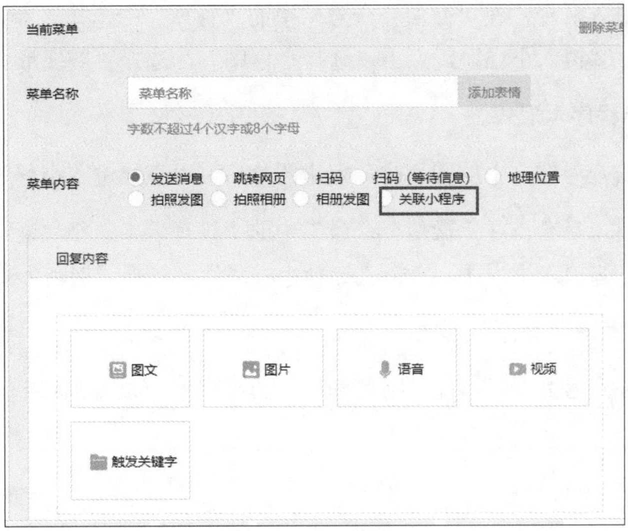

图 5-6　自定义菜单界面

5.2.2　公众号文章中植入小程序

在微信公众号文章中植入小程序主要有三种形式，均在微信公众号“素材编辑”中完成。

1．“文字 + 小程序”形式

当用户在阅读公众号文章时，点击文字可以直接进入小程序，如图 5-7 所示。

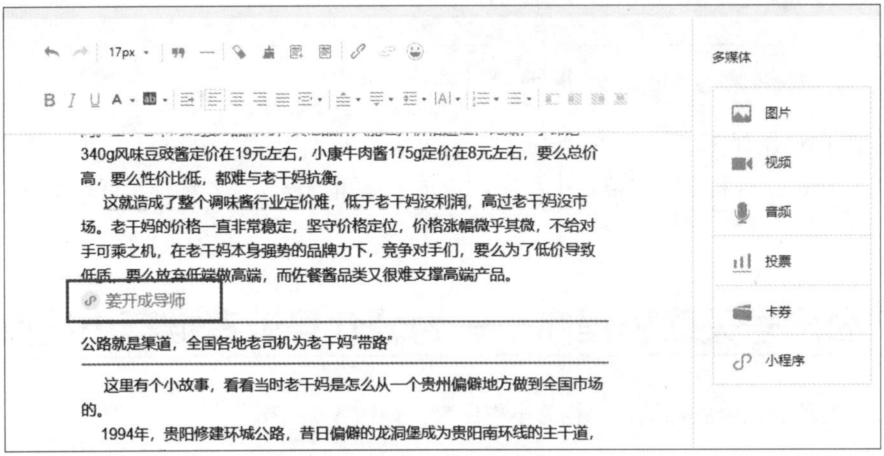

图 5-7　文章文字链接小程序卡片

设置流程：①进入后台，在“微信公众号”中的“管理”中选择“素材管理”，之后选择“新建图文素材”；②植入小程序，点击“选择小程序”，选择“展现形式”为“文字”。

2. “图片 + 小程序”形式

用户阅览微信公众号图文中的图片时，点击图片后可以直接进入小程序。

设置流程：①进入后台，在“微信公众号”中的“管理”中选择“素材管理”，之后选择“新建图文素材”；②植入小程序，点击“选择小程序”，选择“展现形式”为“图片”。

3. “公众号文章 + 小程序”形式

用户阅览微信公众号文章时，能一眼看到植入的小程序，如图 5-8 所示。

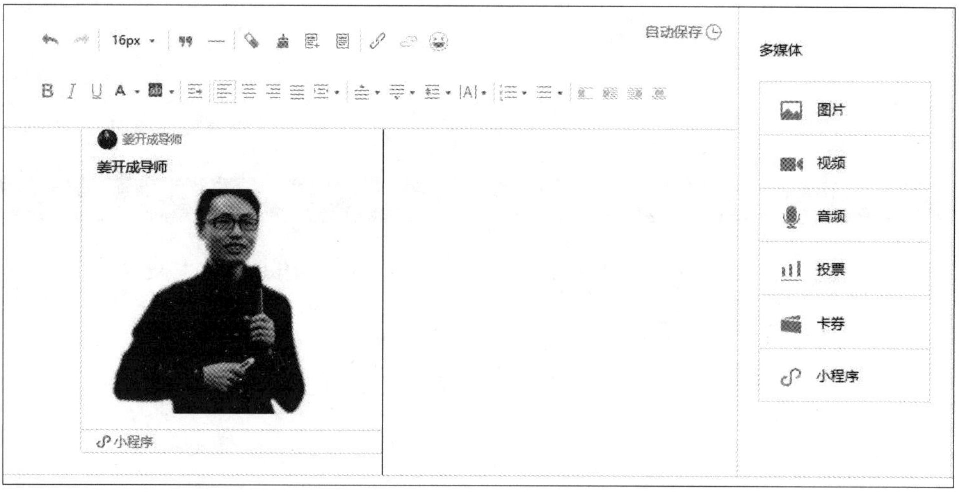

图 5-8　图文植入小程序卡片

设置流程：①进入后台，在“微信公众号”中的“管理”中选择“素材管理”，之后选择“新建图文素材”；②植入小程序，点击“选择小程序”，选择“展现形式”为“小程序卡片”。

5.3 公众号关联小程序——为公众号读者推荐小程序

可以在微信公众号底部设置“相关小程序”，如图 5-9 所示。

图 5-9　相关小程序

5.3.1　设置微信公众号与小程序关联的流程

（1）登录微信公众号后台，进入“小程序”，在“小程序管理”界面中点击“添加”，再点击“关联小程序”，如图 5-10、图 5-11 所示。公众号关联小程序后，便可在图文消息、自定义菜单、模板消息等功能中使用小程序。

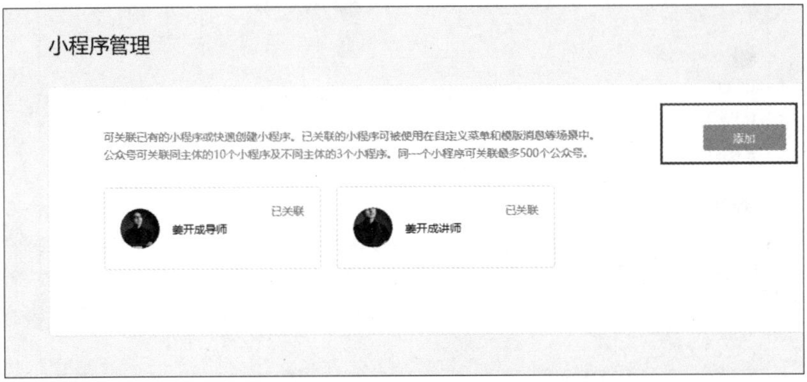

图 5-10　“添加小程序”的入口

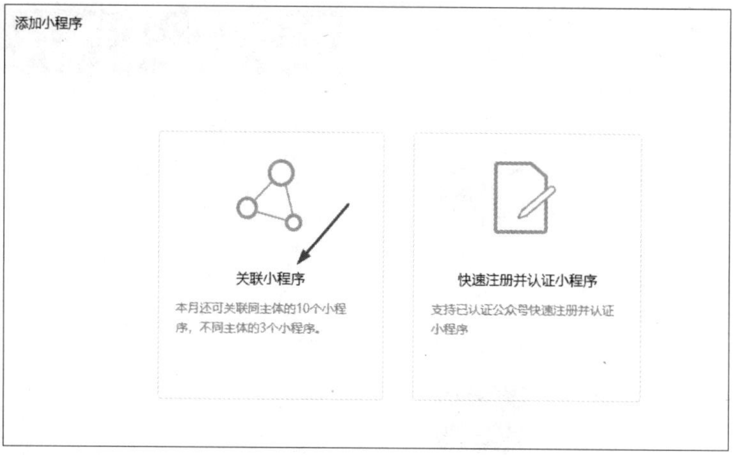

图 5-11 “添加小程序”完成关联

（2）完成微信公众号与小程序的关联后，需要在公众号后台中设置小程序展示场景，将已关联的小程序添加展示在公众号的资料页中，方便用户使用小程序。

设置方式：登录微信公众号后台，在“小程序”的“展示场景”中的“公众号资料页”中的“选择你要展示的小程序”中勾选，如图 5-12 所示，完成展示场景的设置。

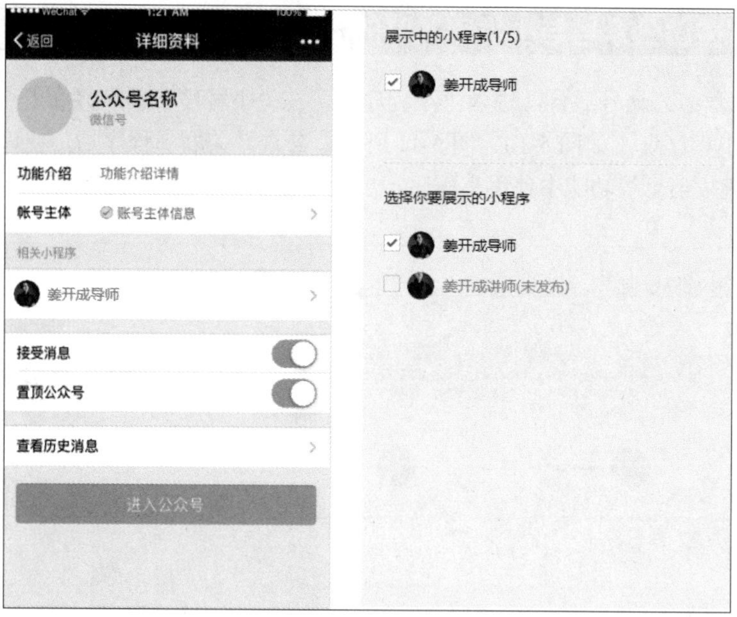

图 5-12 小程序场景展示

5.3.2 微信公众号与小程序关联规则

（1）所有公众号都可以关联小程序。

（2）一个公众号可关联 10 个同主体的小程序，3 个不同主体的小程序。

（3）一个小程序可关联 500 个公众号。

（4）公众号一个月可新增关联小程序 13 次，小程序一个月可新增关联 500 次。

5.4 发现——小程序入口

5.4.1 小程序的记忆展示入口

登录微信，在“发现”中可进入“小程序”，界面如图 5-13 所示，可看到近期使用过的小程序列表，其是按照用户之前点击的顺序的倒序进行排序的，用户最后点击过的小程序排在最前面。

图 5-13 微信“发现”的“小程序”界面

5.4.2 小程序入口中的搜索框

“发现”的小程序入口中的搜索框，是精准搜索小程序的入口。只要输入关键词进行搜索，所显示的均是与关键词相关的小程序。因此对于小程序电商的运营者来说，如何设置小程序的名称，使其与主流业务贴合、更符合搜索引擎的规则，是非常重要的学问。

按照关键词搜索小程序后，搜索结果的展示次序为：相关品牌、使用过的小程序、其他与关键词相关的小程序。比如笔者输入“水果”关键词后，搜索结果如图 5-14 所示。

图 5-14 输入“水果”关键词

5.5 系统——服务、桌面导入型入口

5.5.1 小程序服务通知

小程序服务通知的展示形式，如图 5-15 所示。

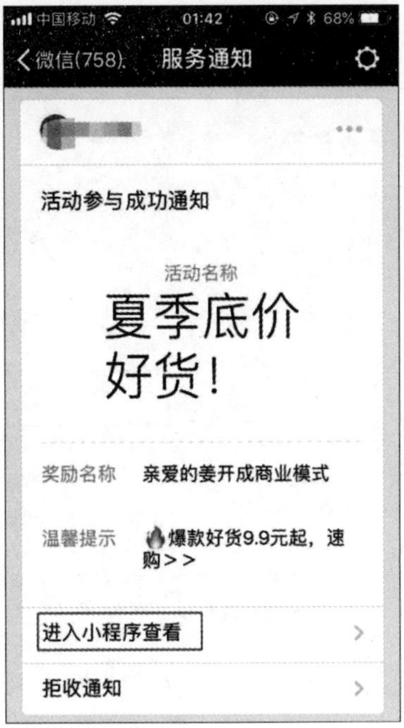

图 5-15　服务通知展示

小程序服务通知的创建方法如下。

（1）选择小程序服务通知模板，登录小程序后台，在“模板消息”的“模板库”中进行“搜索”，如图 5-16 所示。

图 5-16　选择服务通知模板

（2）选择对应的小程序服务通知模板消息，并复制其 ID，如图 5-17 所示。

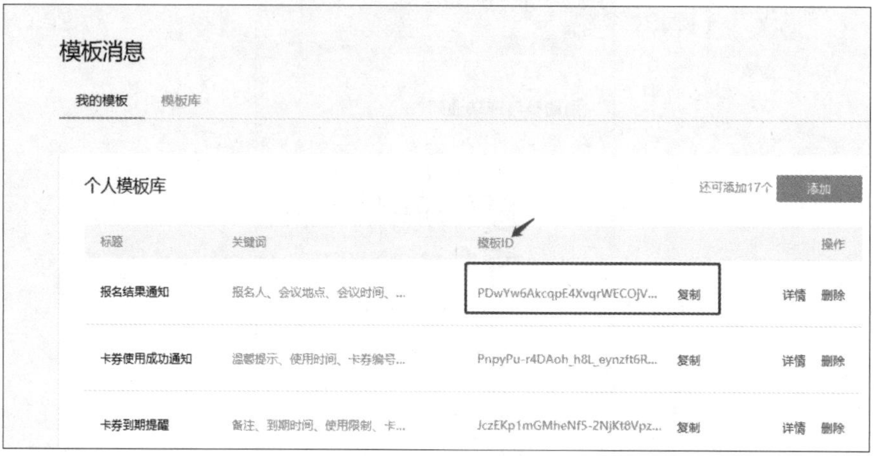

图 5-17　复制服务通知 ID

（3）将复制的小程序服务通知模板消息 ID 粘贴到小程序技术后台，如图 5-18 所示。

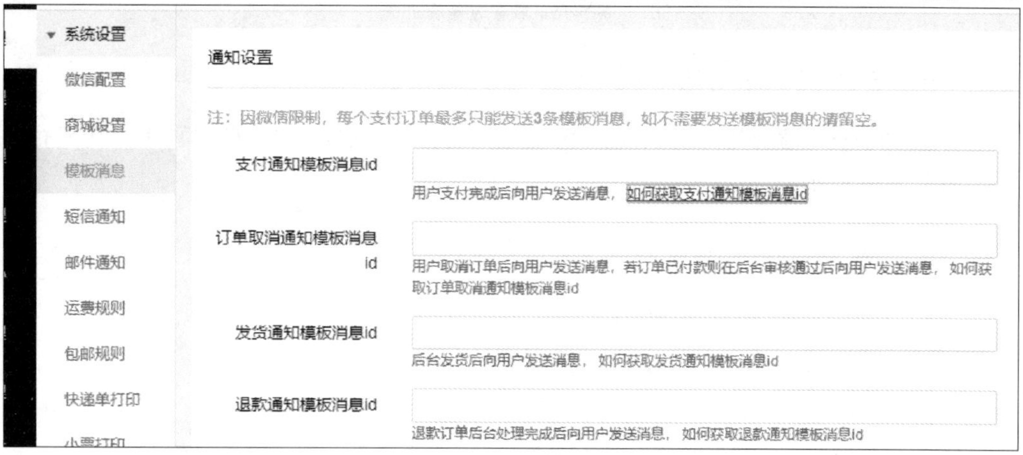

图 5-18　粘贴服务通知 ID

5.5.2　安卓系统桌面图标

对于安卓系统的手机用户来说，可以直接把小程序一键添加到手机桌面，如图 5-19 所示。

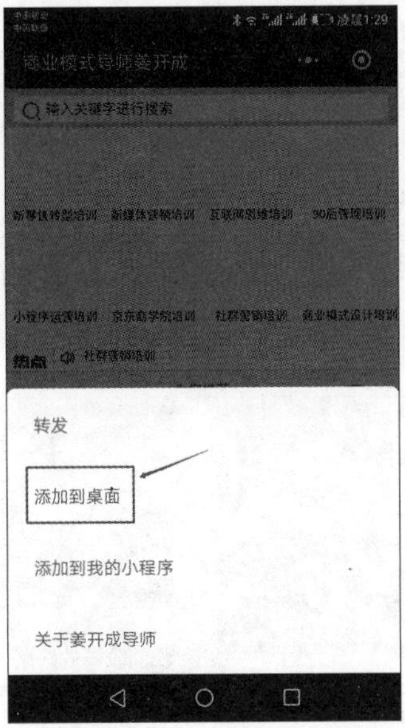

图 5-19 将小程序添加到桌面

5.5.3 小程序 profile 页

可以通过小程序 profile 页进入小程序，如图 5-20 所示。

图 5-20 小程序 profile 页

5.6 跳转——两个小程序之间的无阻跳转

用户在小程序之间可以实现无阻跳转，且其也可以从已到达的小程序返回到上一个小程序，这就有助于小程序之间实现协同运营，互利互惠。

如图 5-21 所示，用户可以通过京东购物界面进入“微选”小程序，再通过“微选”小程序进入商家小程序。

图 5-21　小程序跳转到小程序

5.7 Wi-Fi——小程序快捷流量获取入口

“微信连 Wi-Fi”是微信推出的快速连接 Wi-Fi 热点的功能。线下商户启用后，顾客仅需通过微信“扫一扫”二维码，即可快速连接商户提供的 Wi-Fi 免费上网。连接成功后，用户微信主界面顶部会出现“正在连接 Wi-Fi”的状态提示，用户点击该提示，即可查看优惠活动信息以及使用商户提供的在线功能和服务。

“微信连 Wi-Fi”的状态栏也是小程序重要的连接入口，它依然是利用微信公众号连接小程序的。下面笔者讲一下商家是如何巧妙利用“微信连 Wi-Fi”的方式连接小程序的。

5.7.1 “微信连 Wi-Fi”的设置入口

登录微信公众号后台，在“功能”列表中找到“微信连 Wi-Fi”选项，如图 5-22 所示。

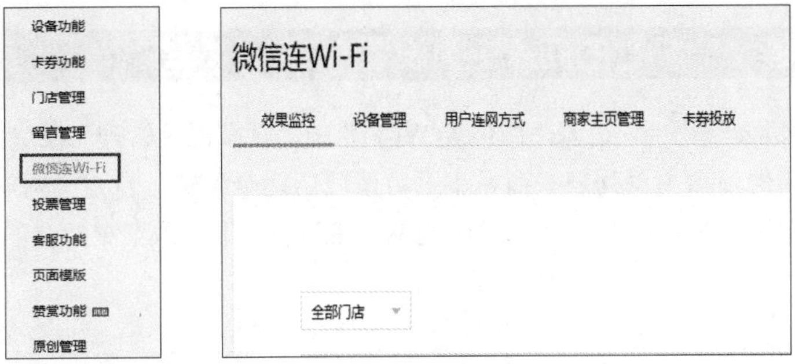

图 5-22　微信 Wi-Fi 设置入口

5.7.2 “微信连 Wi-Fi”的设置流程

（1）进入公众平台管理界面，进入“微信连 Wi-Fi”的“设备管理”板块，在“添加设备”页面中选择门店和设备类型，设置网络名称和密码。

（2）为了验证物权，网络名称需以大写字母“WX”开头，如图 5-23 所示。

图 5-23　网络名称填写规范

（3）将添加设备的网络名称和密码修改为刚刚设置的内容，并确保设备已通电且网线连接正常，可以上网。

（4）扫码后关注公众号“微信连 Wi-Fi 助手”，设备即添加成功。

5.7.3 “微信连 Wi-Fi”的商家主页设置方法

（1）登录微信公众平台，进入“微信连 Wi-Fi”的“商家主页管理”板块，如图 5-24 所示，即可看到各个门店的商家主页列表。商家主页可按门店逐个编辑，自定义网站链接，也可以扫码绑定成为移动端管理员，在公众号“微信连 Wi-Fi 助手”中进入菜单“我的 Wi-Fi 主页设置”后编辑和管理主页。

图 5-24 商家主页管理

（2）连接完成后推送的页面，仍然进入“商家主页管理”板块，点击列表下方的“连接完成页配置”进行修改，如图 5-25 所示。

（3）在“商家主页管理”板块中选择“自定义主页”后，在主页设置中输入自定义 URL，就可以展示门店信息、优惠信息，发放优惠券，提供自助服务等。

（4）用户通过 Wi-Fi 就可以进入微信公众号，然后通过微信公众号菜单进入小程序。

图 5-25　连接完成页配置

5.8　朋友圈——小程序的朋友圈广告

小程序运营者可以通过发布腾讯社交广告的方式在朋友圈投放广告，让小程序快速曝光，如图 5-26 所示。

图 5-26　朋友圈广告

本书将在第 8 章深度讲解小程序朋友圈广告的开通、投放、管理等内容。

5.9 卡——卡包中的习惯性入口

微信的“卡包”因其实用便捷的特点，深受用户喜欢，其是小程序的基础流量入口之一。“卡包”页面如图 5-27 所示。

在“卡包”中的卡券的详情页中可以设置一个“在线购物”或“进入小程序”这样的引导型入口，如图 5-28 所示。这样就可以通过“卡包”中的卡券，直接打通门店小程序，打造流量入口。

图 5-27　卡包页面

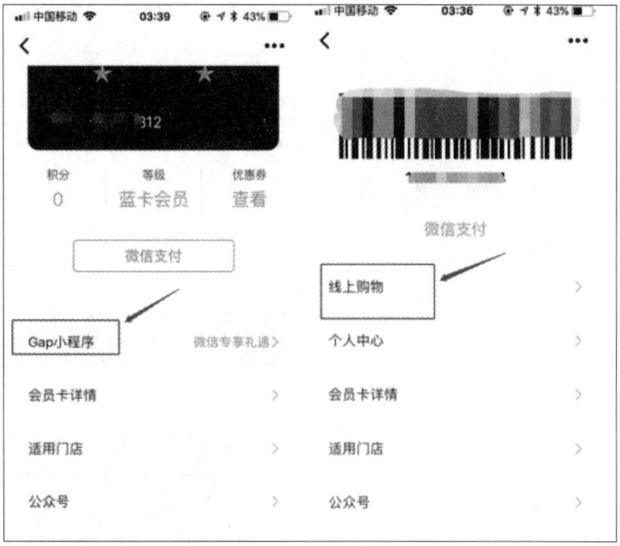

图 5-28　Gap 卡券详情页

还可以将卡券的“个人中心”直接与小程序的“会员中心”绑定。比如在 VERO MODA 卡券中点击“个人中心”，就会进入“VERO MODA”小程序的“会员中心”界面，如图 5-29 所示。

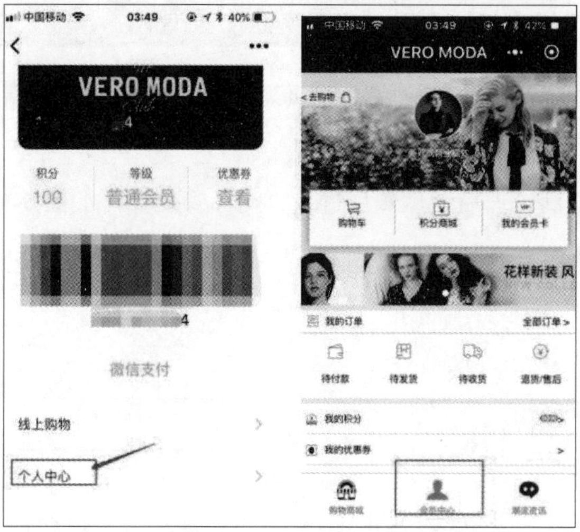

图 5-29　卡券个人中心进入小程序

5.10　识别小程序二维码——快速直达

在“设置”的“基本设置”板块中点击“下载”，如图 5-30 所示，可以获得小程序码（亦称“小程序二维码”），用户扫描小程序码即可进入小程序。小程序码是快速直达小程序的入口。

图 5-30　获得小程序码

5.10.1 小程序商品二维码

还可以为不同的商品配置单独的小程序二维码，让用户扫码直达指定的小程序商品购物界面。设置小程序商品二维码的流程如下。

（1）进入小程序电商管理后台，然后进入“商品管理”，如图 5-31 所示。

（2）进入商品列表，每个商品的尾部都有一个小程序商品二维码，直接点击获取即可，如图 5-32 所示。

图 5-31 商品管理

图 5-32 获取小程序商品二维码

5.10.2 将小程序码与海报相结合

可以将小程序码与宣传海报结合起来，利用海报的视觉冲击刺激用户扫描其中的小程序码。如图 5-33 所示，识别图中小程序码，即可进入小程序。

图 5-33　小程序海报

5.11 分享——老用户访问小程序的主要途径

根据阿拉丁小程序数据统计平台显示，2018 年小程序的用户入口中，“分享”占比依然很高，超过 2017 年数据，达到 34.6%，这主要得益于小程序游戏在 4 月份以后的大规模分享裂变，以及网络购物中以拼团为代表的小程序用户通过分享来完成拼单。其中通过“单人聊天对话框小程序卡片”“群聊会话中的小程序卡片”“APP 分享消息的小程序卡片”等入口访问的用户在快捷入口中占比较高，已经成为老用户访问小程序的主要途径。

对于小程序运营者来说，只有做好小程序的运营、视觉等内功，同时配合有效的营销推广方法，才能更好地推动用户通过各种方式分享小程序。

5.12 支付——小程序电商数据营销工具

对于小程序来说，支付已经成为最有效的营销工具之一，既能实现销售额的增长，还能成为小程序电商的二次消费入口。

5.12.1 微信支付完成页

如图 5-34 所示，用户完成支付后还可以领到优惠券，然后再到小程序上进行消费。

图 5-34 微信支付完成页

5.12.2 支付完成服务信息

用户完成支付后会在“微信支付”公众号上收到一条“付款金额”成功提示信息，在这个提示信息界面中还会出现一个“进入商家小程序”的入口，点击该入口即可进入小程序，如图 5-35 所示。

图 5-35 支付完成服务通知

5.12.3 支付后关注

微信小程序有一个“支付后关注”的功能，用户在支付后可以选择关注商家的微信公众号，这一功能不但可以给商家带来公众号粉丝，也能帮助小程序沉淀客户。

“支付后关注”的设置流程如下。

（1）使用小程序账号密码登录微信公众平台，进行设置，如图 5-36 所示。

（2）登录微信支付商户平台，进入“营销中心”的“支付后配置”，点击“修改”，如图 5-37 所示。

（3）填写要绑定的微信公众号的 appid，如图 5-38 所示，即可完成设置。

公众号的 appid 的获得方式：登录微信公众号，在右侧导航最下方点击“基本配置”，最后复制相关信息即可，如图 5-39 所示。

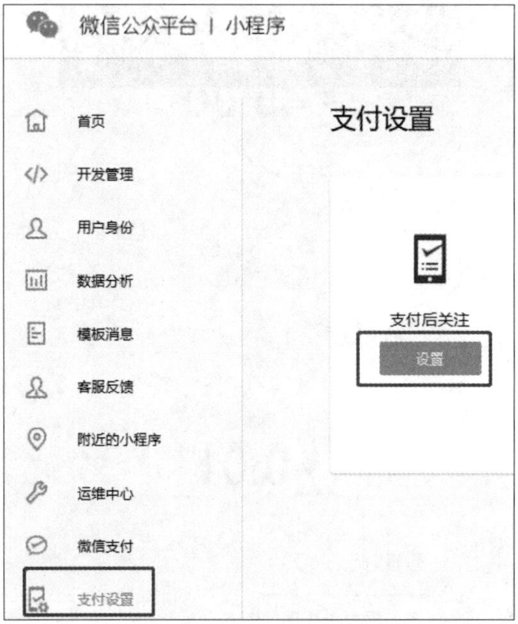

图 5-36 “支付后关注”设置

图 5-37 修改支付后配置

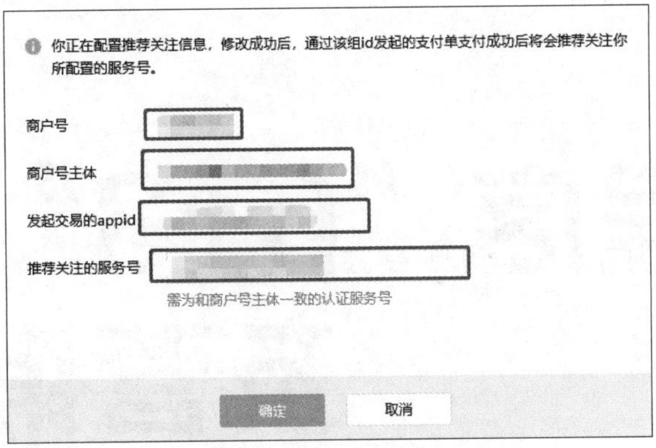

图 5-38　绑定微信公众号的 appid

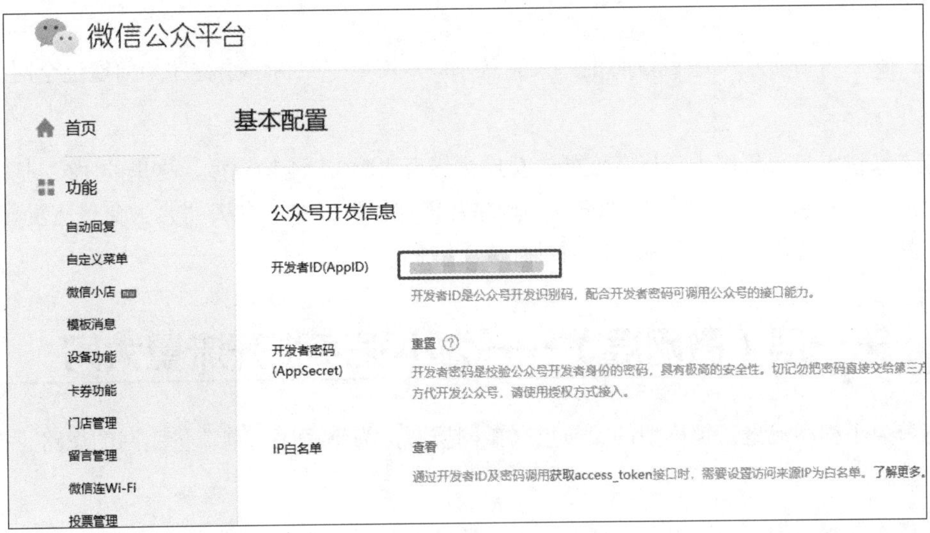

图 5-39　获取 appid

设置完成后，用户只要完成支付，在支付成功界面下方就会出现关注微信公众号的提醒。

这种方法把微信支付、小程序、微信公众号融为一体，利用微信支付这个触点引导用户关注微信公众号，再利用微信公众号与小程序的无缝融合，将用户引流到小程序。

以上就是小程序的十二大流量入口。在这些流量入口当中，用户分享、微信公众号、发现栏小程序入口是占比最高的流量来源，最容易“唤醒”用户点击小程序。

第 6 章

小程序“6+3”导流及营销模型

上一章笔者讲了小程序自带的十二大流量入口，本章开始讲解小程序如何通过全网营销获得流量。

笔者经过大量小程序电商运营实战，总结出一套“6+3”流量模型，这里的“6”是指“六大免费流量导流层”，“3”是指“三款小程序营销神器”。本章将从“六大免费流量导流层”和“三款小程序营销神器”共 9 个方面进行深度讲解。

6.1 第一层（撒网层）——为小程序张开流量大网

本节为小程序流量营销模型的第一层（撒网层），为小程序布局流量大网的思路、模式、流程、技巧。

注意本书所讲的小程序流量通道并不是一个简单的工具或方法，而是一个健全的流量系统。

6.1.1 线上电商

对于京东、天猫、淘宝、唯品会等平台的商家来说，可以利用电商资源将用户流量导向小程序，其中主要有三个方法。

1. 利用订单数据

首先，根据用户在电商平台上购买的商品，分析和判断出用户的潜在需求。

然后，根据用户的潜在需求，通过用户手机号精准推送有价值的小程序资讯。发送资讯的工具可以使用短信工具，也可以使用 AI 机器人。

2. 使用包裹引导

电商品牌卖家每天发出的大量订单背后是相当数量的包裹，可以使用这些与用户零距离接触的包裹来宣传小程序，引导用户以扫码或搜索的方式进入小程序流量池。

那么如何让用户在收到包裹后愿意主动扫码进入小程序呢？以下是常用的两种方法。

（1）用户扫码可领取小程序红包或优惠券。红包和优惠券的额度建议根据商家具体情况来设定，要尽量对用户有吸引力。

（2）用户扫码可免费升级成为具有尊贵感的会员。会员应该具有一定特权，这样可以从物质和精神双重层面对用户有吸引力。

3. 要求客服引导

人与人之间的沟通仍然是传播的利器。在很多用户心中，小程序还是一个新平台，缺乏深度认知，这需要商家利用人工客服在线与用户互动，能够强化用户信任，使用户逐渐对小程序发生兴趣。

6.1.2 自媒体平台

小程序电商运营者需要把握新闻门户这个不可或缺的流量通道，利用新闻门户的媒体属性让小程序不断渗透，吸引潜在用户。

当前自媒体非常流行，比如今日头条的头条号、搜狐自媒体的搜狐号、腾讯的企鹅号、百度的百家号。

搜狐自媒体是笔者用得最多的媒体平台。笔者在上面写过五十多篇软文，半年多的时间里为小程序带来了不少流量。下面笔者就以搜狐号为例，为大家讲一下如何在搜狐号自媒体上写软文推广小程序。其他平台的自媒体操作方法大同小异。

在搜狐号平台上进入"个人中心"，认真写一篇具有可读性的文字。注意文字一定要有可读性，否则对于读者来说就是硬广告，效果肯定不会好。除此以外还要注意以下四个问题。

（1）标题尽量使用问句（如图 6-1 所示）或者是带有省略号的思考型话题（如图 6-2 所示）。

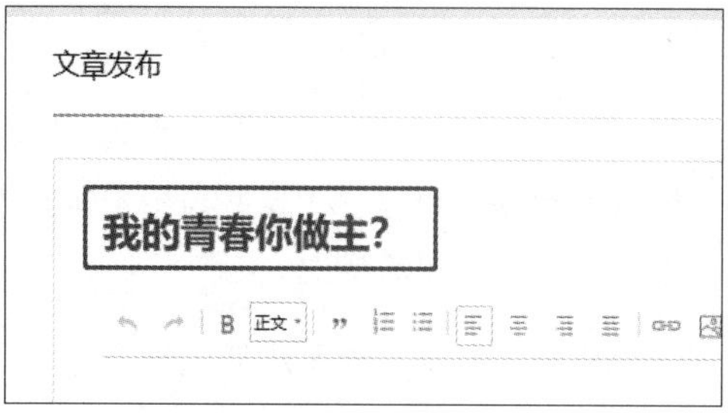

图 6-1　反问式标题

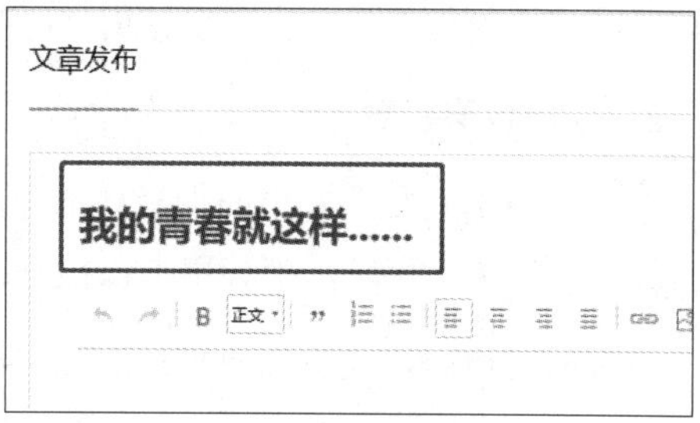

图 6-2　思考式标题

（2）优质的摘要是为小程序引流的绝佳武器，建议用心策划一下小程序的摘要文案，如图 6-3 所示，认真填写，不要放过这么好的推广机会。

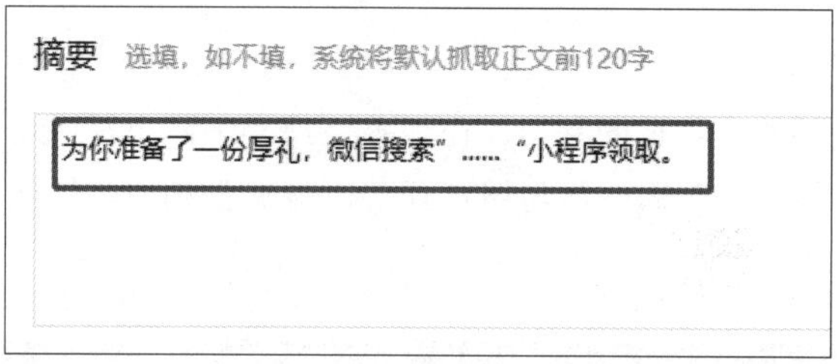

图 6-3　小程序引导语

（3）封面是吸引用户点击文章的核心武器，比如设计一张小程序劲爆活动简图作为文章封面，如图 6-4 所示，吸引用户关注该文章的内容。

图 6-4　文章封面

（4）一定要在软文正文中植入小程序的引导内容。注意正文中植入的小程序引导语尽量避免使用硬广告式的语言，而应使用“小程序进入流程 + 价值主张”模式，如图 6-5 所示，让用户能欣然接受并产生搜索动作。

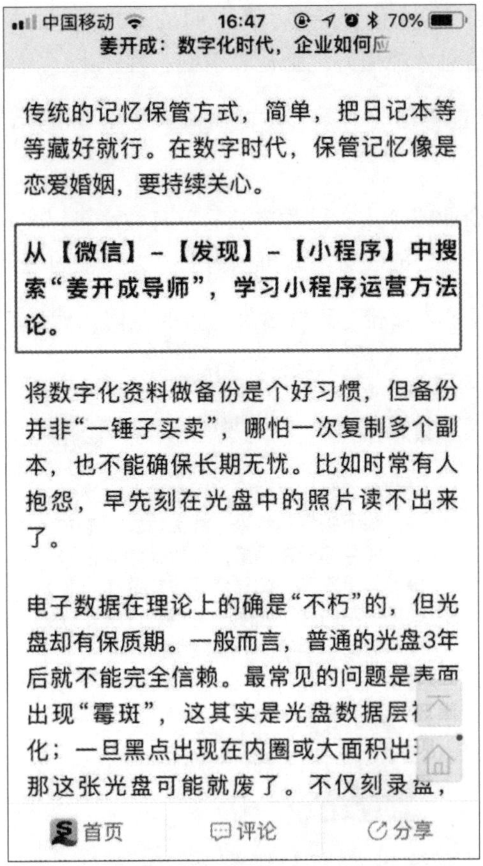

图 6-5　植入小程序广告

6.1.3　微博

微博是企业与用户沟通、互动、达成互信的平台，与微信搭配可以为小程序的借势营销打下基础。。

微博可以在以下七个方面为小程序导流。

1．更有吸引力的微博图文

微博虽然没有微信那么火，但仍然是很多小程序潜在用户的活跃地带，作为小程序运营者要学会借助微博碎片化信息的力量塑造小程序影响力。

发微博有以下三个小技巧。

（1）内容要以故事化、拟人化等能够引起共鸣的形式撰写。网络上信息泛滥，让用户在海量的信息流中钟爱你的信息才能更好地把他吸引到小程序上。

（2）与一些有实力、能够进行有效互动的微博大号结成圈子，在发微博时“@”他们，相互提携传播。

对于自身粉丝不多的企业或个人，这种方法简单有效。可以先在微博某个小圈子中慢慢建立起影响力，同时吸引“大 V”的注意，就可以借助“大 V”的力量，吸引粉丝流入小程序。

如图 6-6 所示，笔者写了一篇带小程序软性广告的微博，然后“@”了一位“大 V”。

图 6-6　发微博时借助“大 V”的力量

（3）在发微博时至少放置一张配图。图片与文字搭配更利于粉丝注意和阅读，也可以考虑在图片上添加小程序的推广内容，以实现间接宣传。

2. 微博直播

微博直播已经成为大众化的娱乐与互动平台，可以成为不错的小程序推广工具。

（1）直播前需要做好充分的准备。①下载"一直播APP"，用微博登录，将二者绑定并完成认证。②设计一个有吸引力且与小程序关联性较强的主题，比如"给你一个新鲜感——小程序""离你更近的那个入口"之类，提前给用户一个思考的范围与悬念。③设计一个宣传直播用的海报，提前在微博上提醒粉丝进行关注。④直播前要提前设置好管理员，也就是"场控"，可以在"一直播APP"后台的"主播功能设置"的"我的场控"中添加。

（2）需要设计一个提升直播现场用户参与感及粉丝裂变的玩法。直播现场人数众多，直播主持人与场控人员要一起配合，利用现场氛围玩转裂变，比如提供给粉丝一些平时要花高价钱，甚至连高价钱都很难获得的东西，在现场形成一种哄抢的氛围。

（3）利用公众号自定义菜单与"相关小程序"两个入口将微博的粉丝导流至小程序。

3. 秒拍短视频

可以利用微博的秒拍短视频把粉丝从微博引入微信生态。需要注意的是，只有策划具有传播力的秒拍短视频才有可能产生实效。

有传播力和转化力的短视频要满足六个基本条件：内容要有料、故事要动人、情节引共鸣、互动要及时、发布有规律、点缀小程序。

建议策划一系列的不同主题、不同场景的短视频，让它们形成无法抗拒的渗透力，直指用户内心最深处，拨动用户的心弦，让这根心弦与小程序对接。

4. 粉丝红包口令玩法

可以通过微博粉丝红包口令玩法来将粉丝导流到小程序。

（1）登录微博，进入"红包"选择"发粉丝红包"，然后选择"口令红包"，如图6-7所示 。

（2）设置"口令红包"的金额、个数，在"输入口令"处填写小程序名称，然后在"口令提示"处输入"我们的小程序名称是什么？"，最后点击"塞钱进红包"完成红包口令植入小程序信息，如图6-8所示。

为了将该玩法的效果最大化，建议在玩之前先通过微博对小程序进行三次以上宣传，暗示即将发放千元红包，请粉丝们关注近一周的微博动态信息，该千元红包将与小程序有关。

（3）在激活了粉丝之后，可以顺势策划一场与口令红包紧密相连的活动（比如宣传"微博千元红包，小程序万元豪礼"，然后在小程序电商中策划一个"9.9元领取原价100元的商品，数量是100个"活动），这里的礼品数量要根据口令红包的领取数量与速度预判，建议与口令红包个数相同，既能达到把粉丝引入小程序的目的，还能实现小程序的销售提升。

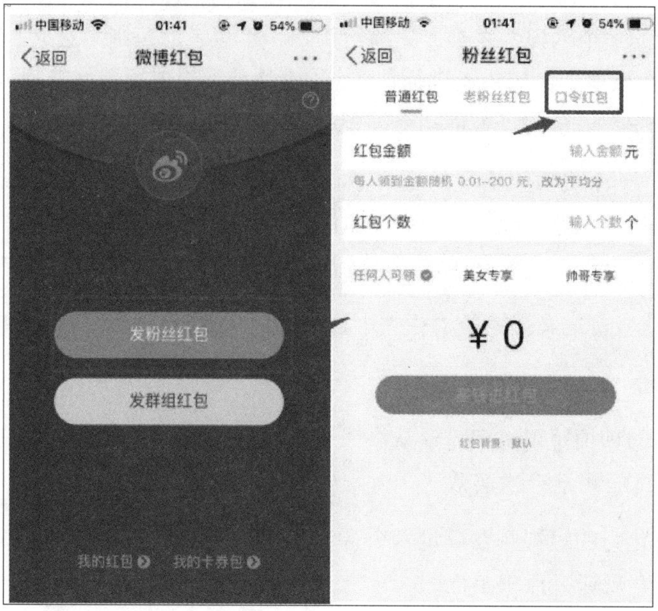

图 6-7　设置微博口令红包

图 6-8　口令红包植入小程序

5. 微博话题

制造"围观"一直是营销获取流量最快的方式之一，微博里面的"话题"模式就是制造"围观"的好方法。

可以策划一个关于小程序的奖励活动，利用微博话题的粉丝凝聚能力，把凝聚的粉丝引到小程序上，如图 6-9 所示。

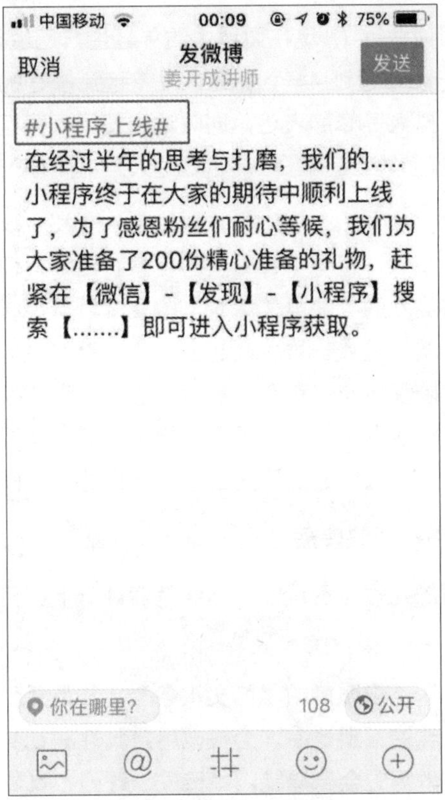

图 6-9 微博话题与小程序关联

6. 微博头条文章

除了上述短平快的微博导流方法之外，还有一个具有更长远影响力的微博导流模式，即微博头条文章，其可以利用更长篇幅的精彩故事、引人入胜的话题等形成粉丝转发，并且在粉丝转发过程中会形成精彩的点评而加速传播。

策划微博头条文章需要注意四处细节。

（1）封面应具有能够引起用户点击的视觉冲击力。微博头条文章的封面至关重要，建议用精心设计的图片作为封面，封面图片上的颜色不要超过三种，文字不要超过 10 个字，不然图片没有重点，容易因颜色与文字过多导致视觉混乱。

（2）标题应引发用户对内容的好奇心。标题建议以含有寓言故事、网络语言等文字表述，给人流行特色，比如“等你不止于1001夜”“为什么被种草的总是我？”“拔草倍儿爽……”“兔子为啥不开门？”“芝麻给我一粒西瓜种”等，避免使用太正式的语言，令人敬而远之。

（3)导语应勾起用户阅读的欲望。现在微博中的年轻用户已经习惯了因欲望产生阅读动力，在微博头条文章中用心写一段不超过 44 个字的导语能起到很好的“勾魂”作用。建议在导语中使用经典的排比、比喻、拟人等修辞表达，同时适当使用省略符号以引发粉丝好奇心。比如“我就是对任你踩的风火轮，只因当初答应带你远走天涯，而你……”之类。

（4）正文应植入小程序的入口。在微博头条文章中植入小程序入口时，不要过于勉强，应以合适的口吻、方式巧妙植入，避免引起粉丝的反感。比如，商家小程序是销售充电宝的，就可以写一篇名为“硬汉与美女的‘缺电’尴尬”的文章，从情感故事入手，把硬汉“电力十足”的一面与充电宝的“护航”特点巧妙关联起来，吸引粉丝进入微信在“小程序”中搜索商家小程序名称，领取一张“硬汉专属红包”，然后用它在小程序中购买充电宝。还可以给粉丝一个出其不意的惊喜：在充电宝上印上“粉丝名 + 终极硬汉 + 小程序码”，让粉丝在微博、微信朋友圈晒一晒，粉丝的朋友也可以通过识别图中二维码进入小程序。

7．微博付费推广加速小程序的传播

以上六点讲了微博营销的几种免费玩法，下面笔者讲一下如何利用微博付费推广的方式低成本推广小程序。

这里的“微博付费推广”是指微博的“博文头条”，其是基于微博的海量用户，把企业信息广泛传递给粉丝和潜在粉丝的营销产品，会根据用户属性和社交关系将信息精准地投放给目标人群，同时其也具有普通微博的全部功能，如转发、评论、收藏等 。

登录微博后，点击“我”的“粉丝头条”即可进入“博文头条”，如图 6-10 所示。

下面笔者根据实战经验讲一下如何使用博文头条推广小程序。

博文头条的推广投放是由以下九个维度控制的。

（1）推广给我的粉丝。建议在推广时将目标粉丝数量设为最大。

（2）推广给潜在粉丝。建议在首次推广时将潜在粉丝的覆盖数量控制在 1000 ～ 2000 人，如图 6-11 所示，先利用这个数量测试一下粉丝质量与导向小程序流量的成功率，一旦效果比较好，就可以在后期投放中逐渐增加潜在粉丝数量。

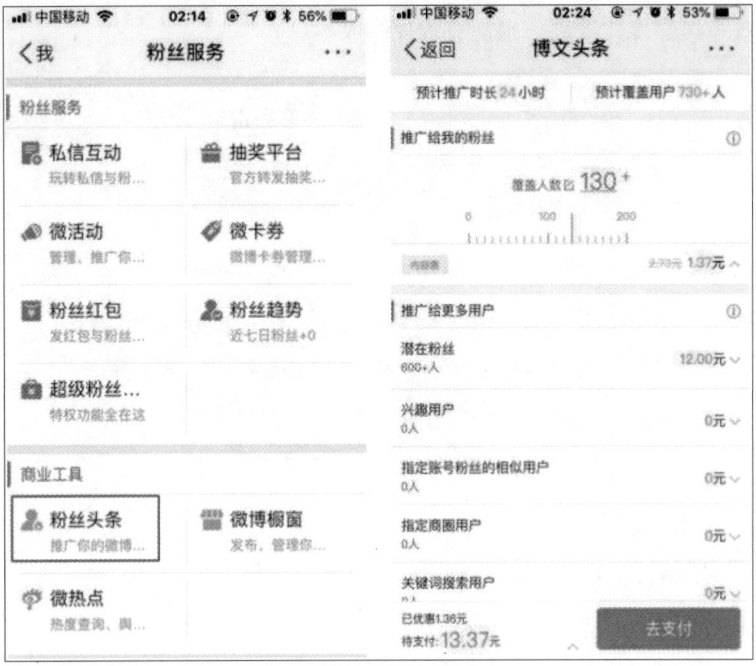

图 6-10　博文头条推广入口

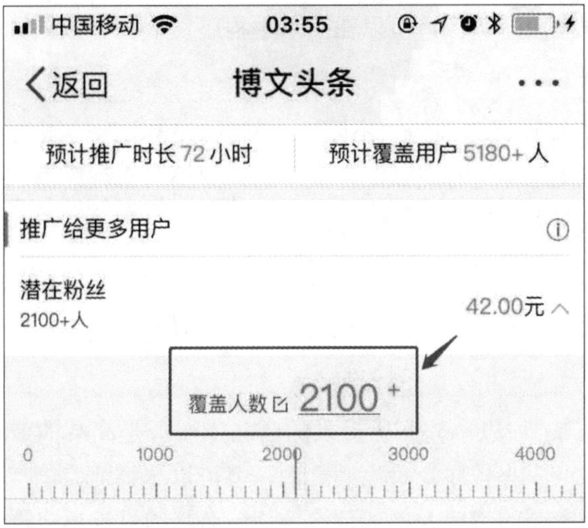

图 6-11　潜在粉丝数控制

（3）推广给兴趣用户。这个维度是比较精准的，它是从用户生活区域、购物习惯等角度设置推广参数的，建议首次把覆盖人数设定在 3000 人左右，如图 6-12 所示，这个数据测试得出的后期推广模型可靠度比较高，也能有效控制成本。

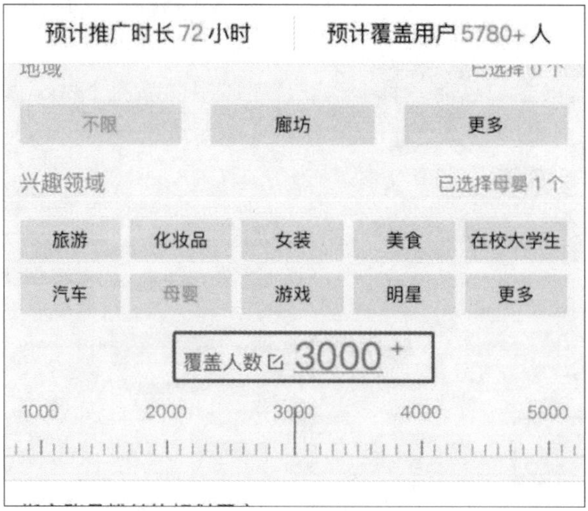

图 6-12　控制好覆盖人数

（4）按照粉丝性别。这个需要结合商家小程序所提供商品或服务的用户群体特点来定。

（5）按照粉丝所在地域。建议根据商家小程序后台的用户画像来确定是否选择在某个指定地域投放。关于小程序用户画像，可以在登录小程序后，在“数据分析”的“用户画像”中查看。

建议首次投放时直接设置该项为“不限”，如图 6-13 所示，因为微博用户与微信用户可能稍有不同，不妨先不限地域进行测试，之后用所得数据与小程序用户画像进行对比，根据结果再判断下一步的投放策略。

（6）选择兴趣领域。如图 6-14 所示，博文头条投放的兴趣领域是以社群、行业等方式划分的，比如旅游、化妆品、美食、女装、在校大学生、母婴、游戏等，只需要结合商家产品所处行业来决定即可。

（7）指定商圈用户。如果小程序所提供的商品或服务是高端的或明显带有区域特点的，则建议指定该项，比如商家小程序销售高档红酒，就可以选择北京的“国贸”“三里屯”“望京”等著名商圈，这些商圈的消费人群正是这类高档商品的目标用户群体，如图 6-15 所示。

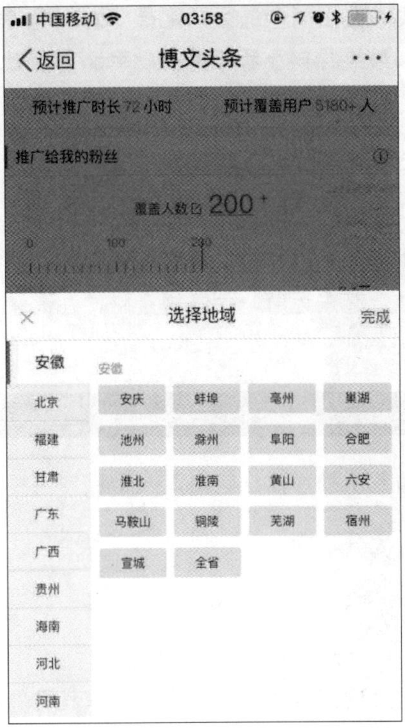

图 6-13　推广地区设置

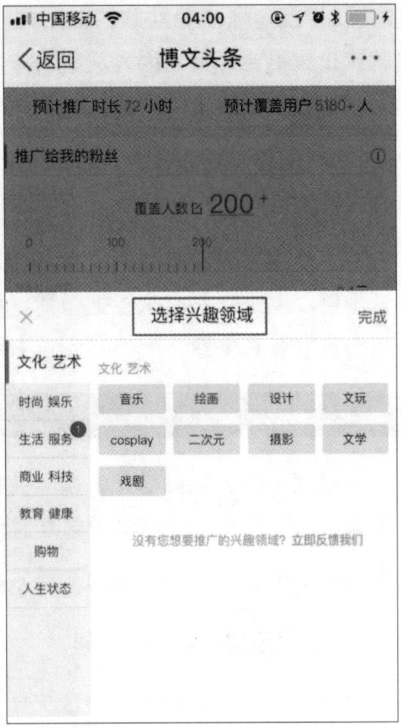

图 6-14　选择兴趣领域

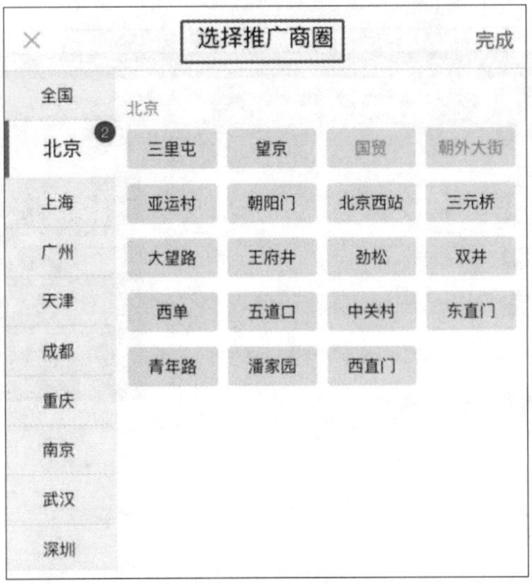

图 6-15　选择推广商圈

（8）指定账户粉丝的相似用户。这个维度是通过微博的相似性进行匹配推广的，笔者建议首次投放不要开启，因为从实践中看，其粉丝匹配度和最终导向小程序的成功率都有点低。如果未来商家小程序运营模式经测试成功后进入爆发期，再考虑开启。

（9）关键词搜索用户。建议首次选择 10 ～ 15 个关键词进行矩阵式投放，后期根据效果选择增减关键词。

综上所述，无论是过去的微商城，还是现在的微信小程序，迟早会从流量红利期进入到红海竞争期，因此建议大家能把微博、微信两大流量体系结合起来运营，两条腿走路，在流量争夺战中占据有利位置。

6.1.4 视频

在视频水印、视频简介、视频关键词等位置都可以植入小程序推广信息，一个精彩的视频可以为小程序源源不断地输送精准且免费的流量。

下面笔者讲一下如何将视频与小程序结合起来。

1．给视频加小程序码水印

给视频加小程序码水印的方法有很多，笔者建议使用“狸窝全能视频转换器”，其简单好用，可以把小程序码作为水印放在视频之中，具体流程如下。

（1）下载并安装“狸窝全能视频转化器”，其界面如图 6-16 所示。

图 6-16　狸窝全能视频转化器的界面

（2）在“狸窝视频转换器”中添加视频，如图 6-17 所示。

图 6-17 添加视频

（3）选中已经添加的视频，如图 6-18 所示，右击，在弹出列表中选择“视频编辑”。

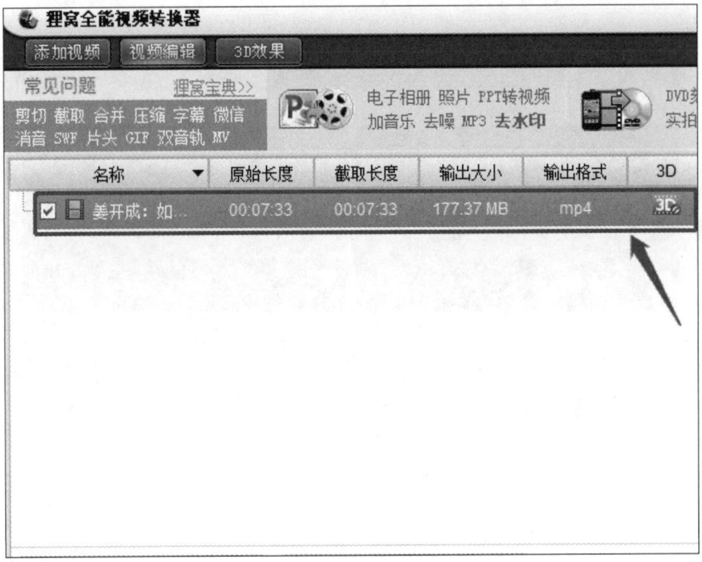

图 6-18 选中视频

（4）点击“水印”，然后点击“添加水印”，选择“图片水印”，如图 6-19 所示，在电脑相册中找到需要推广的小程序码。

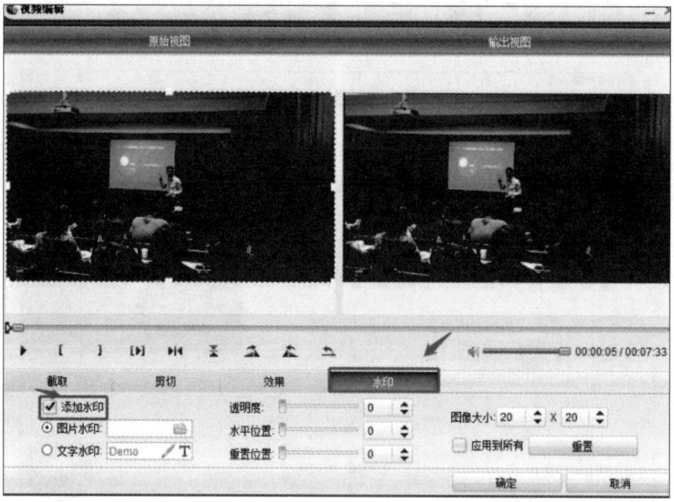

图 6-19　添加小程序码为水印

（5）点击“截取”，然后将截取的时间按照图示的方式拉到最大，如图 6-20 所示，最后点击“确定”按钮。

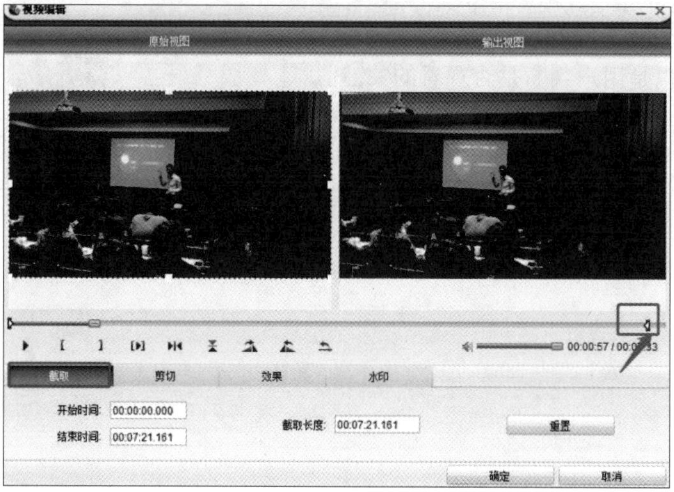

图 6-20　截取视频

（6）设置好视频格式，选择视频保存位置，最后选中“应用到所有”，点击“”按钮即可完成，如图 6-21 所示。

图 6-21　输出带有小程序码的视频

2. 上传视频

下面笔者以爱奇艺视频为例，讲一下视频上传的技巧。

首先下载爱奇艺视频到 PC 端，这样做可以提高视频的上传速度；然后上传带有小程序码水印的视频；最后在视频上传完成后录入视频信息。

录入视频信息这个环节是推广小程序的好机会，要与视频中的小程序码水印结合起来，比如在“描述”中注明“扫码视频中小程序码，可以获得个性、时尚、潮流的女装”。

视频的标题也是用户判断是否观看的关键信息，应该取一个让观众愿意点击观看的标题，比如“一双带你远走天涯的布鞋”，如图 6-22 所示。

图 6-22　录入视频信息

视频上传成功并顺利通过审核后就会以图 6-23 的形式体现出来，二维码能够清晰地展示，观众只需要用微信扫一扫即可进入设定好的流量池。

图 6-23　视频播放

在使用视频为小程序导流的过程中，除了直接加小程序码水印之外，也可以像笔者这样在视频中放个人的微信二维码，当观众以扫码的方式成功添加个人微信后，再利用个人微信（即客服）将小程序推送给观众。

这么做的好处有三个：①有更多触达用户的机会；②更容易与用户产生信任关系；③利用微信朋友圈活动刺激用户进入小程序消费。

对于视频中究竟应该放客服个人微信号还是小程序码，需要根据企业的需求和运营模式来判断。任何一种新的营销方式，都需要有一定的积淀。

作为小程序运营者，无论使用哪种方式，都应该细心、耐心地将其进行到底。坚持下去，或许短期没有带来突破式的流量，但两三个月以后就会令人倍感惊喜。

6.1.5　搜索引擎

1．百度

虽然已经进入了移动互联网时代，但百度及其旗下产品对于小程序推广来说仍然具有很大价值，其中百度知道、百度百科、百度文库更是推广小程序的优质工具。

（1）百度知道，以答案的方式直接将搜索流量导流至小程序。

如图 6-24 所示，笔者在百度上输入“红色的西裤配什么”几个字，本来是想搜索“红色的西裤配什么领带”，结果文字还没有输入完毕就显示出“红色的西裤配什么外套”，这说明这个内容才是百度近期热搜的内容。

小程序运营者，完全可以通过提出问题、进行回答等方式将你的小程序呈现在问题与答案界面，为你的小程序建立一条不错的精准流量管道。

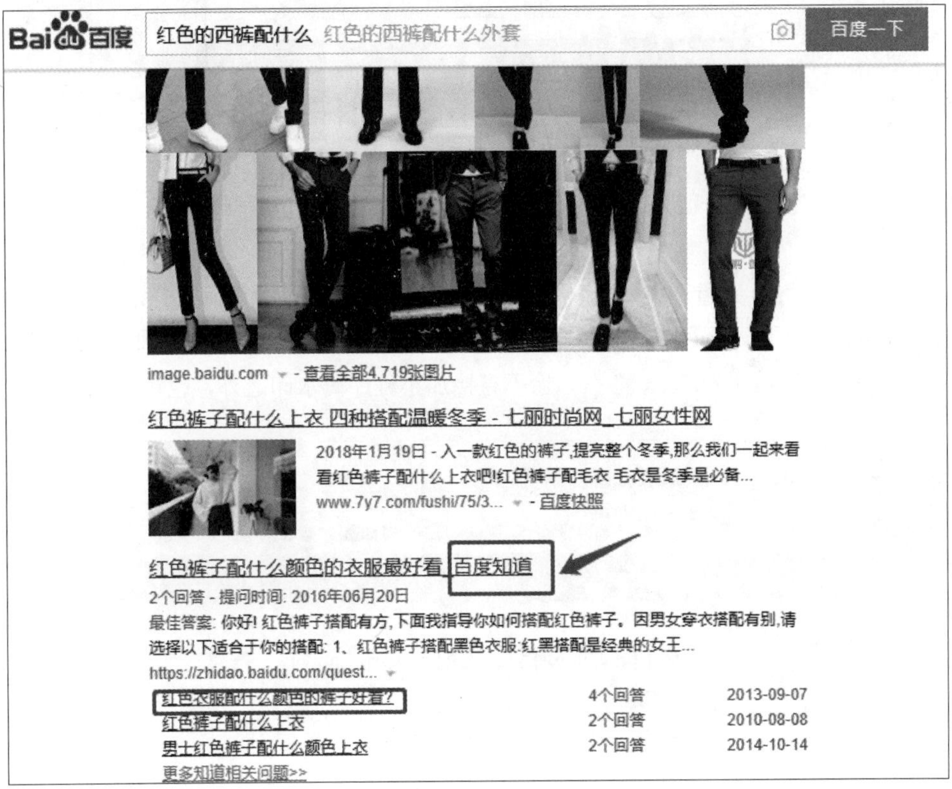

图 6-24　百度知道

首先，站在用户的角度搜索所有可能搜索的关键词或问题。比如商家小程序主要销售跑步鞋，就可以在百度搜索“什么牌子的跑步鞋比较靠谱”“什么样的跑步鞋穿着比较舒服”等问题，如图 6-25 所示，把百度热搜中的相关性问题搜集整理成册，为下一步做好充分准备。

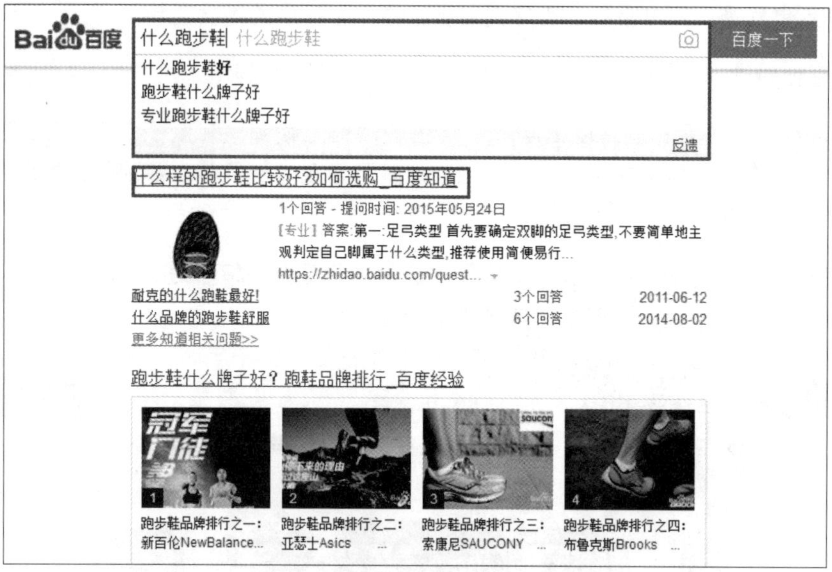

图 6-25　关于跑步鞋的问题

然后，找到“百度知道”中对应的问题，点击“我来答”，如图 6-26 所示，以专业的角度回答网友提出的问题，在回答过程中可以暗示用户进入小程序。注意不要用强硬的广告形式植入小程序码或推广信息。

图 6-26　对问题进行回答

由于用户提出的问题很聚焦，因此这种方法获取的流量相对精准，建议小程序运营者多费一定的时间来研究、实践“百度知道”模式。

（2）百度百科，为小程序进行品牌背书与再建新流量通道。

小程序运营者可能会认为百度百科与小程序运营没有关系，因为它不能为小程序带来大量流量与转化。其实不然，小程序需要企业的官方品牌背书，而从某种意义来说，百度百科为小程序带来的品牌信任度远远胜过微信公众号。

另外，对于知名度不高的品牌来讲，当用户在商家的大力推广下对小程序产生兴趣后，一般并不会立即消费，而是会去百度或其他搜索引擎上调查一下其是否是靠谱的品牌。

如图 6-27 所示，这家服装小程序做得很棒，在很短的时间就获取了大量流量，但因为没在百度百科中做品牌背书，眼睁睁地看着许多用户在网上提供负面评论，令人惋惜。

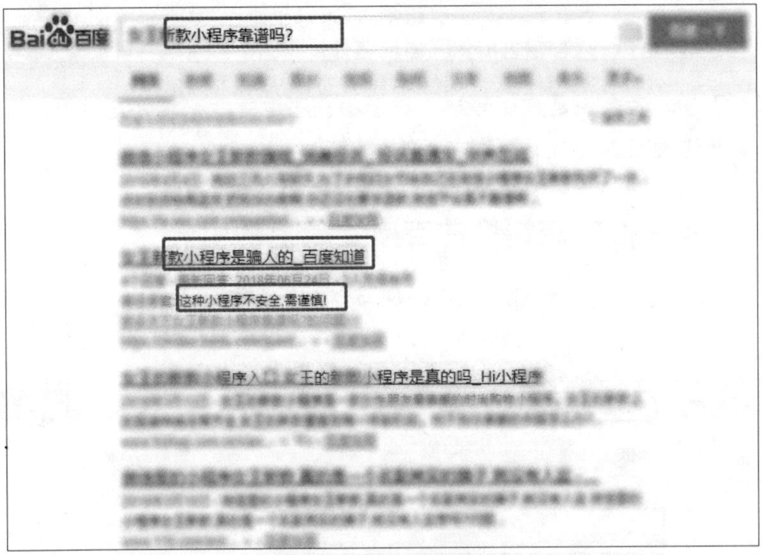

图 6-27 小程序的负面信息

在很多用户心里，小程序是一种可用可不用的新工具。虽然小程序有很多优势，能为用户带来无须下载、体验极致等优越服务，但在现实中这种优越感并不强烈。

正因如此，大多数企业往往不重视小程序的信任塑造、品牌背书、服务体系建设等问题，而当流量源源不断地涌入小程序时，却很可能因为用户没有在百度百科这样的信任渠道查到令人放心的信息，最终未能转化，小程序运营前期所有的努力也就白费了。

下面笔者讲一下如何利用百度百科为小程序做品牌背书并建立流量通道。

① 利用媒体的公信力为小程序初步包装。

首先在小程序上完成页面视觉、品牌调性、劲爆活动等准备工作；然后策划一场上线发布会，利用身边的资料请些行业有影响力的人物到现场参观；再后邀请新华网、腾讯新闻等媒体记者进行现场采访和报道；最后，等到活动结束、众多媒体报道后，再借势进行大力传播。

② 以媒体报道内容为依据，修改企业的百度百科。

把所有新闻报道的网页搜集起来，进入词条，新增“小程序上线”一栏，用一定的篇幅进行详细介绍，同时匹配小程序首页、商品页、活动页等图片，最后把新闻页面的链接放入“参考资料”中。

百度百科对词条的规范性要求较高，在新增内容里不要出现任何具有广告嫌疑的词语，比如微信号、电话等。

（3）百度文库，可以开放式植入小程序广告。

百度文库对于学习者来说是知识驿站，对于小程序运营者来说则是流量快车道。下面笔者以亲自操刀的案例让大家感受一下百度文库的营销魅力。

案例 6-1：“京东微店营销”在百度文库上的引流

请用百度搜索“京东微店营销”，如图 6-28 所示，然后点击第一条，可以看到如图 6-29 所示的结果。

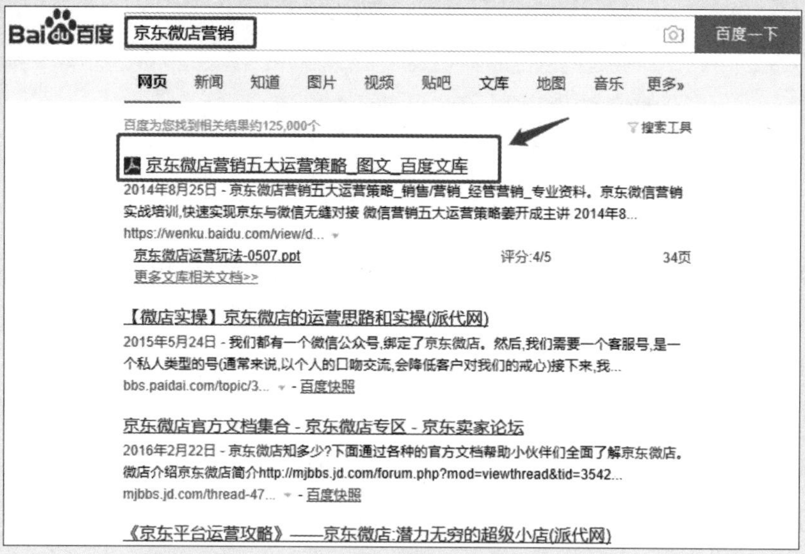

图 6-28 搜索的第一名

图 6-29 获得大量免费流量

请看图中的两个数字“2014-08-25”与“8991”，一个是文档上传时间，另一个是文档阅读数量。截至本书写作时，该文档上传已经四年多了，一直处于“京东微店营销”关键词免费搜索的第一名位置，在这四年里，在笔者团队完全没有打理过的情况下，它陆续为笔者带来了 3000 多个粉丝，产生了至少 6 位合作客户。

那么，这 3000 多个粉丝与 6 位合作客户是如何通过百度文库找到笔者的，又是如何形成高转化的呢？下面笔者讲下其中的玄机。

第一，该文档是笔者受京东邀请给商户授课时所使用的 PPT，这就巧妙地借助了京东的影响力给用户塑造了高可信度，使用户愿意阅读、下载（因为下载是付费的，所以量不是很大），如图 6-30 所示。

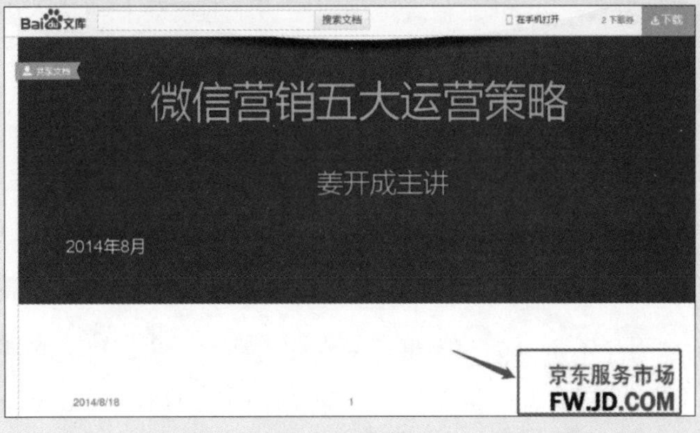

图 6-30 权威背书

第二，2014 年下半年，京东大力推广京东微店，但大多数商家还是不会玩，他们会选择从百度搜索“京东微店营销”这个关键词去寻找玩法干货。笔者就是基于这一契机，经过与京东培训部门沟通后将课件上传到百度文库，并将用户最关心的内容关键词“京东微店营销”作为标题。

第三，笔者在该文档中放了个人微信二维码与企业服务号二维码，如图 6-31 所示，从而让第一、第二点所产生的流量在京东背书下进行快速转化。

图 6-31　搜索流量转化

通过这个案例，大家应该明白百度文库的营销价值了，这种方法同样适用于推广小程序，不过要想利用百度文库实现小程序的有效推广，关键还是要像笔者这样思考：找到可借之势，抓住用户的精准痛点与需求，以优质的内容吸引用户从百度文库扫码进入小程序。

在这里给小程序运营者四个建议。

① 如果把用户比作鱼的话，当你没有任何借势机会的时候，就多在百度文库上布置文档，以相关且不完全相同的关键词作为文档标题，让指数级的百度文库形成密布的“渔网”。

② 当你没有信心确认用户精准需求点的时候，可以尝试去百度指数、易观国际、艾瑞网等知名数据、新闻、用户研究平台寻找答案或思路，尽量避免空想或拍脑袋做决策。

③ 当你的写作能力还不足以创作大量百度文库文档时，建议每天坚持看行业新闻，比如笔者每天通过“36 氪”音频与“亿邦动力”互联网新闻平台查看行业动态、政策变化、新闻，把有用的内容收藏起来，每周梳理一次，慢慢形成系统的知识库，定期将碎片化知识整合成能

为用户带来价值的内容。

④ 在文档定稿前不要忘记在文档中插入 1 ～ 2 处小程序码，如果文档内容超过 25 页，建议插入 3 ～ 4 次小程序码，注意最多不要超过 5 次，否则会造成用户反感而得不偿失。

2．搜狗微信搜索

搜狗搭建了一套基于微信思维的搜索模型，其与微信的紧密关系成为小程序电商运营者可以利用的绝佳运营武器。

"微信搜索"支持搜索微信公众号和微信文章，如图 6-32 所示，可以通过关键词搜索相关微信公众号或者微信公众号文章。

图 6-32　搜狗微信搜索界面

小程序运营的核心就是利用各种资源挖掘流量。微信公众号每天都能推送图文消息，这些图文消息的阅读量越高，其在"搜狗微信搜索"被用户以关键词的形式搜索到的概率就越高，因此打造高粉丝数的微信公众号，并在图文消息中插入小程序卡片、小程序码等，就能很好地将搜狗微信搜索、微信认证公众号、小程序有效连接起来，形成以搜索为入口的小程序流量通道。

它们的关系是三足鼎立的：微信公众号产出优质内容，搜狗搜索对外扩散，小程序进行流量转化。

搜狗微信搜索助力小程序电商运营的两个窍门如下。

（1）蹭热点。可以为图文消息取一个搜索率较高的标题，让标题中含有当下热点话题。比如世界杯期间，就可以起一个包含“世界杯”关键词的标题，如图 6-33 所示。

图 6-33　搜索“世界杯”

（2）讲故事。以流行语言与热点话题为微信公众号文章设计一个有意思的故事，如图 6-34 所示。

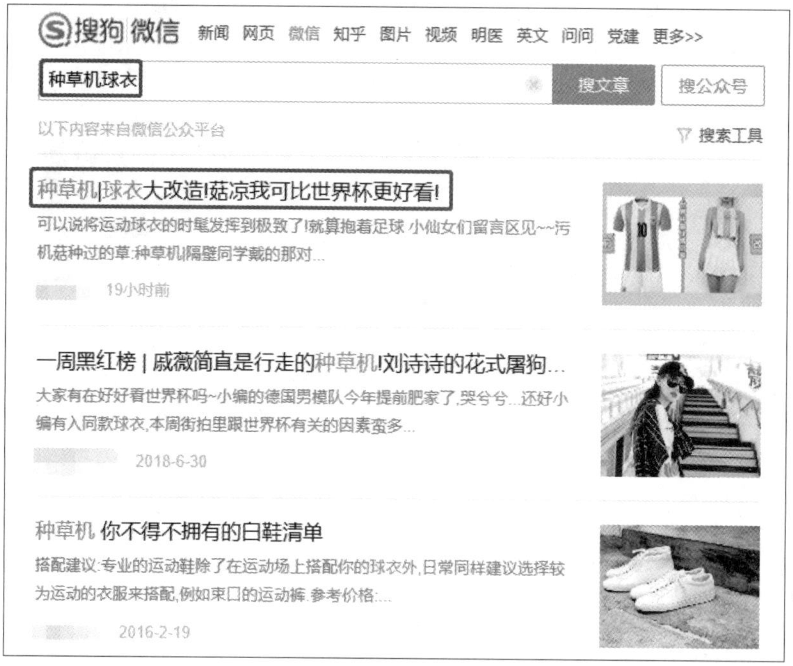

图 6-34　有故事的文章

让微信公众号产出具有高搜索特点的图文标题、有看点的内容、能触动用户的故事，它们决定了内容是否能优先被用户搜索到，搜索到后是否愿意被点击阅读。

6.1.6 知识社区

本小节以知乎为例，讲下如何使用知识社区营销，塑造小程序在用户心中的地位。

知乎是著名网络问答社区，让用户们分享彼此的知识、经验和见解。与百度百科相比，知乎更像一个论坛，其用户围绕着彼此感兴趣的话题进行相关的讨论，同时可以关注同样兴趣的人。

知乎有四把利剑来塑造小程序电商品牌影响力，分别是提问、回答、写文章、写想法，如图 6-35 所示。

图 6-35 知乎四把利剑

1. 提问——站在用户的角度挖掘痛点与影响购物决策的核心要素

以奶粉产品为例，站在用户的角度想想他们最担心什么，又最在乎什么？只要用"奶粉"关键词在知乎搜索一下就知道了，如图 6-36 所示。

知乎把用户对奶粉产品关心的问题都提出来，这些问题会逐渐形成一个个话题圈子，所有圈子中的问题相关性极强，而圈子中的人会形成一个具有相同认同感的社群。销售奶粉产品的小程序电商运营者应当加以注意和研究，为下一步在"回答"模式中话题性植入小程序奠定良好的基础。

图 6-36 “奶粉”关键词

2. 回答——以行业顶尖专家的身份及时回答用户在线提出的问题

作为小程序运营者，在知乎中回答网友提出的问题的专业度与持续性，决定了用户是否愿意长期关注你。用户的关注数量越高，导流到小程序的成功率就越大。

下面讲下通过在知乎上回答问题来植入小程序的两种方式。

（1）现身说法，“情”动人心。这里“情”是指情感。还是以奶粉产品为例，从自己或身边至亲好友的亲身经历出发，围绕奶粉这一话题表述自己对它的独特观点，给网友的建议。

虽然这种回答并不包含专业的行业知识，但其真实感会从情感角度获得网友的认可与信任。比如图 6-37 所示的回答，正是以这种方式回答了网友的问题，完美地将小程序作为用户进一步获取商品信息的通道展示给了网友，顺利将知乎上的网友转化为作者的粉丝，再进一步转化为小程序的用户。

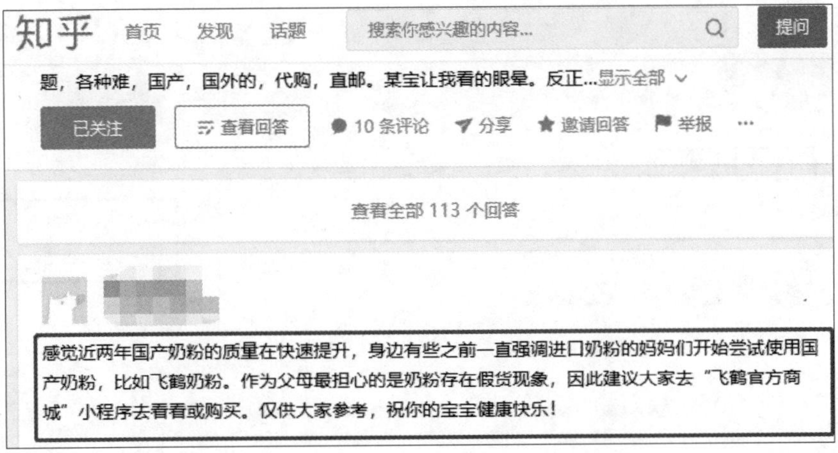

图 6-37　在知乎上巧妙推广小程序

（2）从行业专家的角度普及深度专业知识，塑造答主的权威性与地位。还是以奶粉为例，如图 6-38 所示，看看如何从专业角度为网友答疑解惑。

万丈高楼平地起。在知乎上为小程序搭建触点需要慢慢积累，不能操之过急。要不断学习、认真回答，为网友解决烦恼，才能形成自传播的良好口碑，从而为小程序带来精准、高转化的流量。

如图 6-39 所示，请看一位营销行业答主的主页，可知知乎问答能为小程序电商运营带来多大的价值。

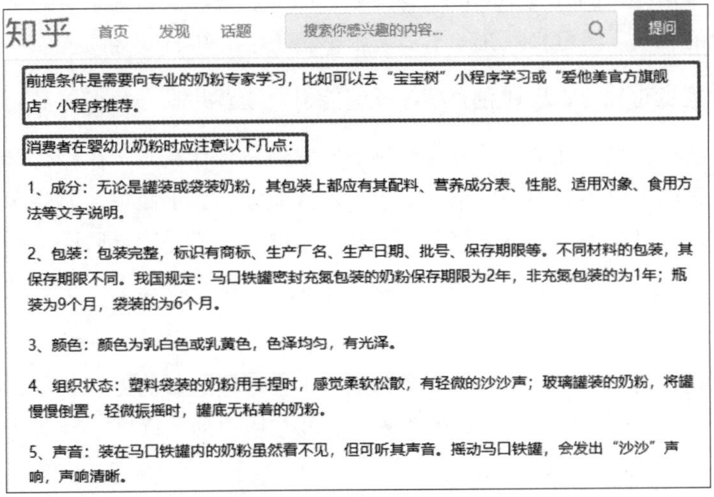

图 6-38　专业的奶粉知识讲解

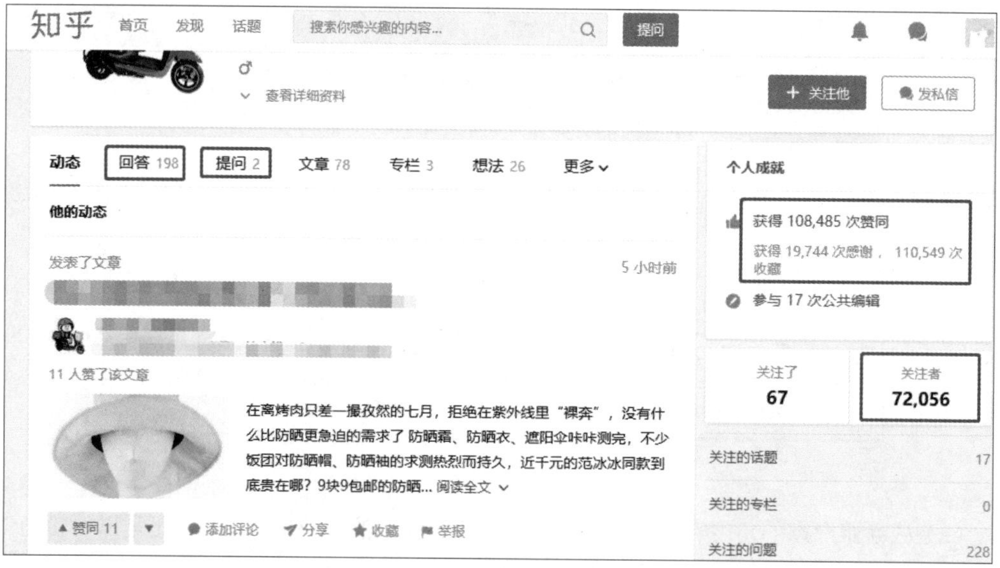

图 6-39 知乎关注者数量

这位答主在知乎上有 198 次回答，获得 10 万余次赞同、1 万 9 千余次感谢、11 万余次收藏、7 万余个专注者（粉丝）。假如你在知乎上获得同等成就，你的小程序电商平台还会缺少流量吗，还会没有订单吗？

3. 写文章——以独特的观点表述对某件事或某个行业的看法与建议

与前面的“提问”“回答”不同，“写文章”能够以更深度、更系统的长篇研究与观点阐述来吸引知乎上的网友，塑造自身在知乎上某个小圈子中的知名度。

所写的文章观点越独特、表述越有趣，就越能引发读者共鸣，获得更多关注。

比如以茶叶为例。大家知道茶叶有哪些种吗？它们适合什么人，在什么季节、场景下喝？估计很多经常喝茶的人也不能回答出来，因为大多数人并不真正懂茶。如果商家小程序电商销售的产品是茶叶，可以从茶经、茶艺等角度展开深度撰写，能让读者通过文章快速懂得选茶、喝茶，学会用茶养生。商家可以在文章中巧妙引导读者搜索和进入小程序学习更系统的茶艺，购买性价比更高的茶叶。

需要注意的是，用知乎“写文章”这把利剑为小程序塑造影响力与获取流量，最终效果是由三点来决定：①内容的深度、②表达的清晰度、③与用户的关联度。特别是③，是获得读者关注的关键。

4．说想法——像微信朋友圈那样把灵光一现的点子或想法大声说出

知乎的“说想法”，用简短的语言表述自己此时此景的真实感受，让读者可以感受到文字的背后是一个有态度、有生活、有知识、有情感的人。

作为一名小程序运营者，建议用知乎的“说想法”来强化其与通过“提问”“回答”“写文章”吸引过来的粉丝之间的信任度，避免频繁植入小程序广告。

关于“知乎”助力小程序运营的“四大利剑”就讲完了。建议商家在小程序确定主推品类后再开启“知乎”推广模式，这样可以把“四大利剑”用到极致。

每个小程序都应该有一个明确的主推商品系列，比如“许鲜优选”小程序主推新鲜水果，“单向空间”小程序主推经典图书，“朱华杰微课堂”小程序主推视觉培训与图书。确认主推品类后才能准确定位“知乎”内容方向与运营计划。

6.1.7 抖音

随着云计算、大数据的不断赋能，媒体所能提供的内容也从传统意义的新闻猎奇升级为有趣、好玩、个性化的生活乐趣，甚至在某个阶段、某个时刻会成为用户的精神食粮，就像刷微信一样让用户产生极强的依赖性。

下面笔者以抖音为例，讲下如何利用新媒体为小程序“种草”，建立一条新型的流量通道，源源不断地为小程序导流。（“种草”是当下很流行的一个网络用语，年轻人很常用，意指“分享和推荐某一商品的优秀品质，以激发他人购买欲望的行为”。）

专注于娱乐社交的抖音是小程序种草神器。如今小程序电商的蓝海向三、四线城市推移，而根据腾讯官方公布的数据，对于大多数三、四线城市的用户来说，小程序还是很陌生的，需要使用一种快速让用户参与的方法或工具，实现教育用户的目的。

抖音以极强的娱乐性激发了用户的参与感，越来越多的三、四线地区用户参与进来，刚好可以为小程序电商走向三、四线城市提前建立用户认知，建立流量通道。

建议商家组建一支三、四线城市的抖音制作队伍，配以专业的运营人员对其进行系统、定期的培训，比如可以首批组建 20 人的队伍，公司出钱匹配手机号、注册对应微信，让他们注册抖音，公司统一管理抖音账户、手机号、微信。他们主要做三件事：①定期策划、录制百万级访问量的抖音短视频；②利用短视频中的场景间接植入小程序；③将抖音吸引过来的流量导流至小程序。可以根据各成员的能力设定阶段性 KPI，比如当月抖音短视频新增个数、当月新增抖音总流量、小程序导流数量，按照这三个量设定收益，数量与质量综合分值越高的成员得到的收益越大。

判断小程序上的新增用户来源的方法有两种。一种方法是将各成员设置为小程序分销商，从而自动生成数据分析表格。另一种方法是为小程序设置渠道二维码，这样就可以用标签轻松实现数据来源统计。

任何平台都对硬广告极为敏感，在借助抖音为小程序导流过程中不能急躁，要等到流量达到预定的量级后，再利用创意视频将之巧妙导流至小程序，不要出现“立即扫码……”之类的敏感词句。

6.2 第二层（入口层）——激发公微信众号大号势能

本节开始讲解小程序流量营销模型第二层（入口层），重点讲下如何利用微信公众号大号及企业自身公众号的资源营造流量势能。

通过腾讯及阿拉丁数据可知，小程序的五个最重要的流量入口由强到弱依次为分享、微信公众号、发现、跳转和搜索，其中微信公众号是非常重要的流量入口，即本节的第二层。

第二层（入口层）相较于第一层（撒网层）而言，更加精准与聚焦，其“入口”主要体现在两个地方：①以自身微信公众号为流量入口、②与其他微信公众号大号联营入口。

6.2.1 商家自身微信公众号

商家应以自定义菜单为导流入口，将小程序与企业微信公众号相连。

商家可以把企业所有的微信公众号整合起来，通过微信公众号自定义菜单为小程序搭建稳固的流量入口，只要用户关注了微信公众号就能通过点击菜单直接进入小程序。

6.2.2 与微信公众号大号联营

1. 正确理解微信公众号大号与小程序联营入口

很多微信公众号大号有着巨大的粉丝量，而他们的主要变现通道就是成为流量主，不过这种变现所获得的利益还是偏小。其实，还有一种更简单、更具变现能力、可实现多维度变现的模式，就是小程序电商。

商家可以让微信公众号大号关联小程序电商平台，让公众号大号除了广告之外也能实现新的变现模式。

微信公众号关联小程序后，可在图文消息、自定义菜单、模板消息等位置设置小程序入口。

关于小程序电商关联微信公众号数量的限制，请见本书第 5.3.2 小节“微信公众号与小程序关联规则”。

2．小程序电商与微信公众号大号的合作模式

可以看下小程序电商与微信公众号大号合作并获得大流量入口的成功案例，数据截至 2018 年 11 月。

“女王新款”小程序关联了 485 个微信公众号；“唯品会”小程序关联了 81 个微信公众号；“小米商城 Lite”小程序关联了 23 个微信公众号；“蘑菇街女装”小程序关联了 27 个微信公众号；“贝贝 VIP”小程序关联了 13 个微信公众号；“摩拜单车”小程序关联了 91 个微信公众号；“大众点评”小程序关联了 32 个微信公众号。

以上这些小程序都关联了大量微信公众号，有些是商家内部资源，有些则是外部大号资源。微信公众号是小程序导流非常重要的通道，而且导过来的流量的转化率也较高。

如果商家对自己的小程序电商很有信心，就请着手设计与微信公众号大号的商业合作模式，列出与自身小程序电商用户画像匹配度高的大号清单，一一约谈。

笔者根据经验总结了与大号谈判的五种合作模式，希望能帮助大家提升谈判成功率。

（1）定制模式，商家可以联合微信公众号大号开发或搭建一个专为其定制的小程序。

这种合作模式是使双方形成最佳利益共同体，由商家按照微信公众号大号的要求定制开发或搭建小程序，费用可由商家来承担，但也尽量要求微信公众号大号把商家小程序列为唯一关联的小程序，双方共同运营，产生的利益按照约定比例分配。

在洽谈合作过程中，双方可以相互了解和考察。商家要确保微信公众号大号粉丝的质量、真实数量；微信公众号大号也可以对商家的商品性价比、小程序运营团队等进行深度考察。

注意，不要把所有希望放在一个篮子里，要为这种合作模式制定风控措施。除了这个定制的小程序以外，可以考虑再另外开发或搭建一两个小程序，同时培养自己的小程序电商运营团队，一旦未来与微信公众号大号合作过程中出现任何意外，都可以立即接手并继续运营。

（2）广告模式，商家按时向微信公众号大号支付广告费，其费用低于常规流量主付费广告成本。

大多数微信公众号大号已经习惯了广告变现模式，可能不太愿意深度参与小程序电商运营，

那就可以采用“广告费 + 销售佣金”的合作模式。在这种模式中，微信公众号大号通过关联小程序，按周、按月、按季度甚至按年收取广告费，此外根据小程序电商平台产生的交易获得佣金。

在与微信公众号大号谈判过程中，避免按照微信公众号流量主模式合作。这种纯广告费合作方式很难让大号把心思放在商家小程序上，最后很可能是大号在每天的图文推送中，对小程序要么简单地一语带过，要么只字不提，小程序很难获得理想的流量。上面说的“广告费 + 销售佣金”的方式才是最合理的，微信公众号大号会乐意把所有能触达粉丝的方法全部用上，还会精心策划广告语，引导粉丝进入小程序，从而实现粉丝变现。

（3）商品模式，根据微信公众号大号粉丝的用户画像定制一款商品作为合作点。

商品模式也是小程序运营者与微信公众号大号合作的不错选择。商家可以为微信公众号大号开发一款特定的商品或直接在商品上为其贴标，用该商品作为深入合作的切入点，微信公众号仍然要关联商家小程序，不过与上面两种合作模式（定制模式、广告模式）不同，在这个模式下，微信公众号大号仅能获取小程序上的定制商品的部分或全部收益，其他商品的收益与其无关。

为了提升合作成功率，建议双方洽谈时预定一个磨合期，比如三个月，先准备少量商品，根据粉丝反馈和销售数据再制定正式运营阶段的商品生产和采购计划。

（4）分销模式，将微信公众号大号作为小程序电商的分销商，按照销量与比例自动结算。

可以与微信公众号大号采取一种较浅但持久的合作模式——即今天社交电商常用的分销模式。让微信公众号大号成为小程序电商平台的一名高级别的分销商，通过关联小程序可以为微信公众号大号新增一种粉丝变现途径，微信公众号大号可以按照设定的分销比例获取佣金。

（5）活动模式，商家可以与微信公众号大号联合策划针对其粉丝的活动，同时在小程序电商上为微信公众号大号的粉丝提供活动赠品，由微信公众号大号向粉丝推广此活动。

这种合作模式的终极目标是通过合作为小程序建立流量通道，其是与微信公众号大号合作的最简单的模式。微信公众号大号关联小程序，就相当于为商家搭建一条流量通道，商家需要为微信公众号大号免费提供赠品或其他粉丝特权。

这种模式的本质是流量与物质交易，各取所需，各谋其利，短平快地完成阶段性的合作。

以上就是小程序第二层（入口层）导流模式，核心是整合商家内部微信公众号资源与外部微信公众号大号资源，利用与其关联的方式为小程序建立精准流量通道。

6.3 第三层（体验层）——用小程序激活会员

小程序电商与传统电商（比如京东、天猫等）有着本质的不同，小程序电商一方面很重视线上运营，另一方面也更重视线下场景与用户体验。这也给我们一个重要的提示：线下是小程序电商的一个重要场景，是非常重要的流量通道。

所以，小程序导流的第三层为体验层，这一层的重点是通过线下体验场景为小程序建立高效的流量通道，激活店内会员，激活方式如下。

6.3.1 线下门店海报（第一触点）——引起会员注意

线下门店海报（门口处）为小程序导流，帮助商户实现快扫码、快成交、快运营。当用户进入实体店时，推门前的 5 秒钟能给用户提供第一个最佳的小程序触点，其展示形式是门店门口处的海报，如图 6-40 所示。

小程序运营者要想让用户进入小程序做深入了解或快速消费，就需要用多触点的方式引起用户对小程序的兴趣，因此建议第一个触点以出色的创意海报来引起用户的注意，用户不一定会马上扫码进入小程序，但会有机会被海报吸引，从而在其脑海中留下印象。

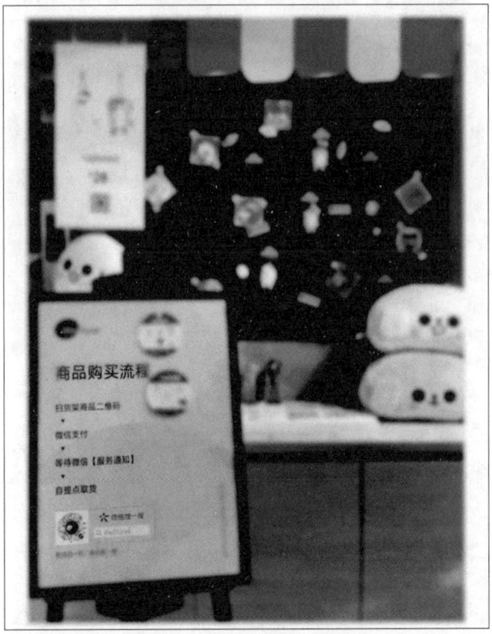

图 6-40 门店海报

6.3.2 门把手（第二触点）——强化用户记忆

在有了门店海报的基础上，商家可以再设计一个门把手上的“推 / 拉”宣传小程序贴片来强化用户对小程序的记忆。

这是线下场景用户与小程序接触的第二触点，它的使命是对那些没有注意到门店海报上小程序宣传内容的用户进行补漏，同时对已经注意到海报上小程序宣传内容的用户进行强化记忆，最终实现勾起用户好奇心。

此外在“推 / 拉”宣传小程序贴片上最好不要放小程序码，因为会影响用户进出门的安全，还会因小程序码所占面积过大影响小程序文字介绍。建议采用“推 / 拉”+“小程序名称”+“定位语 / 广告语”即可，文字总数控制在 15 字以内为佳。

6.3.3 桌牌（第三触点）——黄金扫码时间

一个小小的桌牌就能决定进店用户可否被成功导流至小程序，所以桌牌的设计要高端、简约一些，如图 6-41 所示。桌牌要尽可能大一点，让用户通过第一触点的吸引、第二触点的强化后，顺利被这第三触点导流至小程序。

图 6-41 带有小程序码的桌牌

桌牌常见的内容为：小程序名称 + 小程序码 + 小程序活动介绍。

在用户进店并坐下来的前 10 分钟内是用户扫码进入小程序的黄金时间，千万不能轻易错过，因此建议让服务员或导购上前指导。

6.3.4 商品（第四触点）——激励扫码消费

除了门店海报、门把手、桌牌之外，还有一个可以长期作为小程序触点的地方，即商品。利用商品作为小程序引流工具，主要是以小程序码、小程序商品二维码与商品进行匹配来实现，可以参考以下方式。

1. 小程序码

在商品说明及商品介绍边上，设置一个类似“小程序，大学问，扫码看说明”的引导语，引导用户使用小程序上的商品使用说明视频来取代看说明书，这样可以轻松将用户引流至小程序。

2. 小程序商品二维码

（1）首先是获得小程序商品二维码，这一步有以下两种方法。第一种是直接通过小程序技术后台获取，如图 6-42 所示。第二种是通过小程序商品海报，在“分享”中选择“生成商品海报”，然后“保存图片”，如图 6-43 所示。

商品列表

添加商品 全部商品 ▾ 全部类型 ▾ 批量设置 ▾ 商品名 搜索

ID	商品类型	商品名称	商品图片	售价	库存	状态	加入快速...	虚...	排序	操作
6074	舌尖的...	【爱尚商城】河北易县...		3.00	29969	已上架 | 下架	已关闭 | 加入	3400	10	修改 复制链接 删除
6076	舌尖的...	【爱尚商城】正宗明前...		380.00	200	已上架 | 下架	已关闭 | 加入	1500	11	修改 复制链接 删除
6083	舌尖的...	【爱尚商城】一吃黑黑...		900.00	999	已上架 | 下架	已关闭 | 加入	14	12	修改 复制链接 删除
6080	舌尖的...	【爱尚商城】黑龙江南...		40.00	999	已上架 | 下架	已关闭 | 加入	96	13	修改 复制链接 删除
6513	气泡葡...	【爱尚商城】意大利皮...		142.00	1998	已上架 | 下架	已关闭 | 加入	45	17	修改 复制链接 删除
6671	干红葡...	【爱尚商城】意大利原...		584.00	19	已上架 | 下架	已关闭 | 加入	12	19	修改 复制链接 删除

图 6-42 获取小程序商品二维码

图 6-43 小程序商品海报

（2）然后把制作好的小程序商品二维码喷在商品外包装上，加上引导语，比如“一次扫码，持久收益”。

（3）最后在小程序上设计一个“扫码特权区”，给扫码导上来的流量多一点优惠，降低用户上来后又流失的概率。

3. 小程序活动码

可以在商品包装中放置小程序活动码卡片，从而实现导流。下面以蒙牛为例，讲下如何利用小程序活动码快速导流。

案例 6-2：“蒙牛 FIFA 世界杯”小程序借势世界杯导流

在第 21 届世界杯期间，蒙牛利用“世界杯 + 小程序 + 商品”把世界杯的影响力用到了极致。

蒙牛作为 2018 年 FIFA 世界杯全球官方赞助商，利用这一全球热点，设计了一张“玩转 FIFA 世界杯，扫码红包 100%”的活动海报，并将该海报放置在蒙牛的牛奶箱中，在各大超市传播。当用户打开蒙牛牛奶箱后就会看到它，拿起手机扫一扫就可以进入到“蒙牛FIFA 世界杯”小程序，领取红包，并观看世界杯信息，如图 6-44 所示。

图 6-44　扫码后进入了小程序

以上就是小程序导流第三层（体验层）的全部内容，关于门店海报、门把手、桌牌、商品四大核心导流工具的玩法。

建议大家根据现有实体店资源，列举所有能为小程序导流的工具与场景清单。

笔者根据以往实战经验，先列举一个能为小程序导流的其他工具清单。

① 书签。制作一批印有小程序码的精美书签，作为给客人的赠品。

② 桌面印上小程序码。

③ 在收银台上展示小程序码。

④ 在店内张贴小程序海报。

⑤ 在卫生间门的背面印上小程序码。

⑥ 在自助台上摆放印有小程序码的卡片。

⑦ 在抽纸盒上印上小程序码。

6.4 第四层（娱乐层）——用神器助力小程序进入用户心智

从第一层（撒网层）到第二层（入口层），再到第三层 （体验层），主要从用户生活轨迹角度为小程序建立流量通道。第四层（娱乐层）是前三层的升级，将从“用户心智”角度讲解如何利用小游戏为小程序搭建一条稳固的流量通道，这条通道可以让用户因为游戏而成为忠诚会员。

先看一下阿拉丁指数平台提供的小程序 TOP 榜单，如图 6-45 所示。

从榜单中可以清晰看出，排在前列的小程序几乎都是小游戏，这也说明小游戏依然是小程序中吸引用户的最佳导流工具。

下面笔者从小游戏的入口跳转能力、小游戏的运营玩法、向小程序电商导流三个角度一一详细讲解。

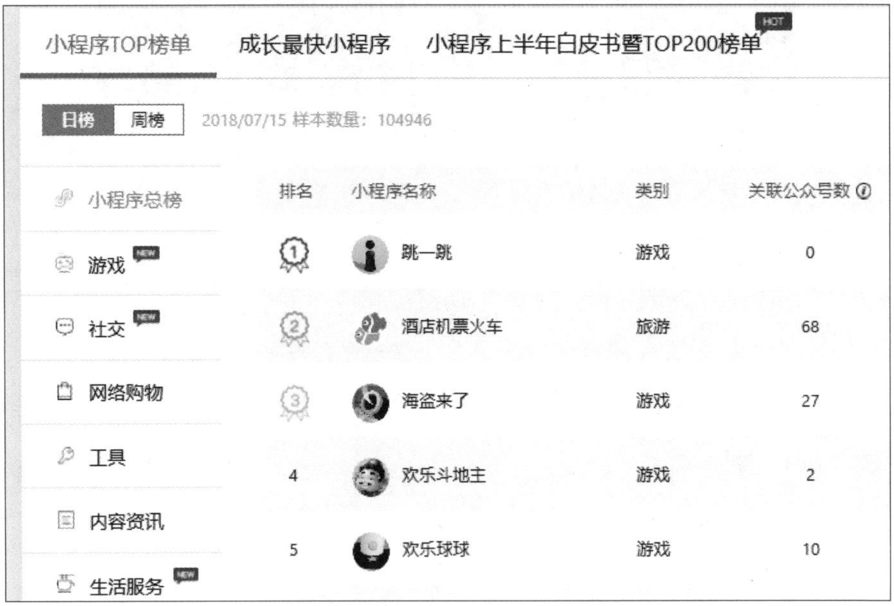

图 6-45 阿拉丁指数平台的小程序排名

6.4.1 微信小游戏的三种跳转能力

微信小游戏已上线三种跳转方式，用户能够轻松地进入“小游戏世界”。

1. 支持外部 APP 打开小游戏

APP 和小程序可以互相跳转，用户可以从 APP 上快速跳转到某一个微信小游戏，不再需要通过 APP 链接分享，这就进一步扩展了小程序的服务场景，为小程序电商导流建立了第一条小管道。

2. 支持微信公众号关联小程序、小游戏

微信公众号关联小程序后，能够在图文消息、自定义菜单等功能中使用小程序。小程序的关联规则与流程，同样适用于小游戏。

微信公众号的关联规则，请见本书第 5.3.2 小节“微信公众号与小程序关联规则”。

3. 微信公众号关联下的小程序、小游戏可互相跳转

截至 2018 年 11 月，在同一微信公众号关联下的小程序与小程序之间、小程序与小游戏之间支持互相跳转。

6.4.2 让小游戏更有“活力”的三大玩法

1. 用好广告，让小游戏更有乐趣

配合玩法进行广告投放，可以优化用户体验、深化投放效果。可以把广告跟游戏深度结合，在投放广告的同时营造游戏的乐趣体验，避免让看广告变成用户的负担。比如用户在游戏中命悬一线时，可以通过观看广告来降低难度，还可以将转盘抽奖和广告相结合，如图 6-46 所示，这些方式增加了游戏的趣味性，也使得广告本身产生了额外的吸引力。

2. 玩好分享，让小游戏传播起来

可以通过分享的方式创造多样的互动玩法，在增强互动的同时也能进一步影响外围新玩家。

（1）可以从小游戏的分享功能入手，发挥创意，融入多样互动玩法。比如，让用户按照接力模式合作对战，如图 6-47 所示，还有引入“好友 PK”玩法，都能打造更强的互动乐趣。

（2）对于带有竞技性的小游戏来说，排行榜是激发用户胜负欲的重要方法。通过排行榜玩法可以引发用户对更高名次的渴望，从而刺激分享、PK。

图 6-46 广告与游戏相结合

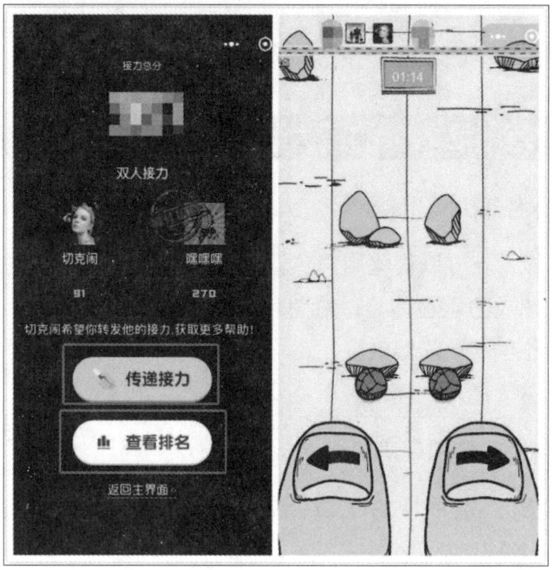

图 6-47 发起接力玩法

3. 做好运营，让小游戏稳中攀升

小游戏通过创新的运营活动联动，可以加强玩家参与感，提升用户活跃度。

可以通过多种活动帮助小游戏提升用户活跃度，拉动留存，从而实现产品的长线运营。比如，在游戏圈中举办小游戏赛事，通过兴趣聚拢线上用户的同时也引导了用户对游戏更高级的追求，如图 6-48 所示。

图 6-48　举办小程序活动

除此之外，小游戏还有一些让线上线下联动的玩法，比如用户通关后即有机会赢取线下门票，这就把线上活动引流至线下，同时线下活动参与者也有机会向线上转化，从而实现双向共赢。

6.4.3　用小游戏为小程序电商导流的运营模式

用微信公众号同时关联小程序与小游戏。

小程序已经能与小游戏实现双向无缝连接，但为了提升流量的利用率，实现更好的沉淀，建议使用微信公众号这座“桥”，将其友好连接起来，激活个体用户的商业价值。首先让用户通过对小游戏的喜爱从而对微信公众号产生兴趣，然后再引导用户通过微信公众号中的“相关小程序”“自定义菜单”“关注自动回复”等入口进入小程序，最终实现小游戏为小程序电商导流。

如图 6-49 所示，这是一个不错的小游戏，直接在小游戏底部加上微信公众号，就能成功把小游戏流量导向微信公众号，然后再通过微信公众号与小程序电商的关联，为小程序电商建立一条不错的流量通道。

图 6-49　通过小游戏向微信公众号导流

6.5　第五层（传播层）——利用信任让小程序会员巧妙裂变

这一层关于如何利用小程序会员的信任实现裂变。小程序电商本身就是社交电商，微信好友与微信群是小程序的两大流量放大器。

以微信好友和微信群为“阵地”，利用活动的形式形成自传播，主要有以下四种传播模式。

6.5.1　购物型活动模式

这一种是让用户直接以“拼团”“砍价”等目的邀请好友参与小程序电商活动。这种模式比较常见，故不赘述。

6.5.2 情感型活动模式

让用户向自己的男友、闺蜜等关系亲密的人推送小程序卡片，在文字的引导下顺利表达“礼物欲”，使关系亲密的人为其到小程序电商平台上买单，之后该用户就能成功收获带有“爱”的礼物了。

这种利用“礼物欲”完成好友裂变的具体操作流程如下。

（1）用户发起“求礼物”，如图 6-50 所示。

（2）填写口号并选择发送给朋友或朋友圈，如图 6-51 所示。

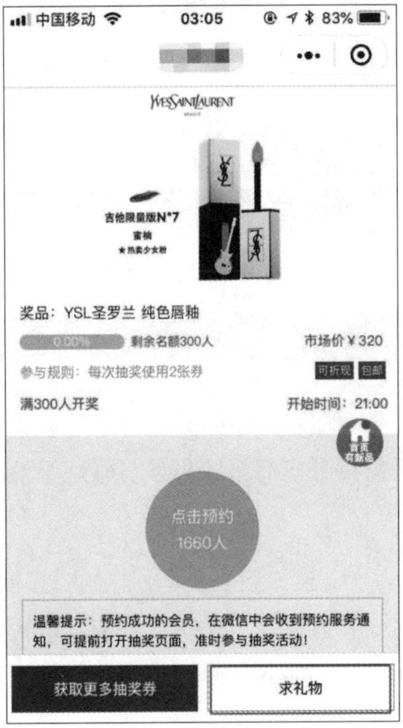

图 6-50　发起“求礼物”

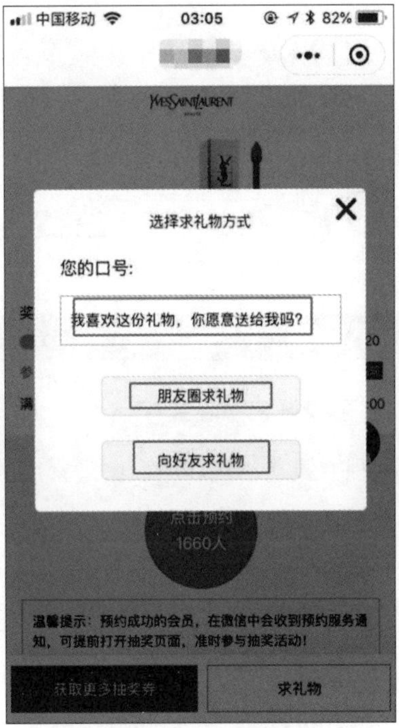

图 6-51　填写口号

（3）好友收到后识别小程序码，如图 6-52 所示，即可为其支付礼物费用，成功完成“送礼物”，如图 6-53 所示。该好友同样可以发起“求礼物”。

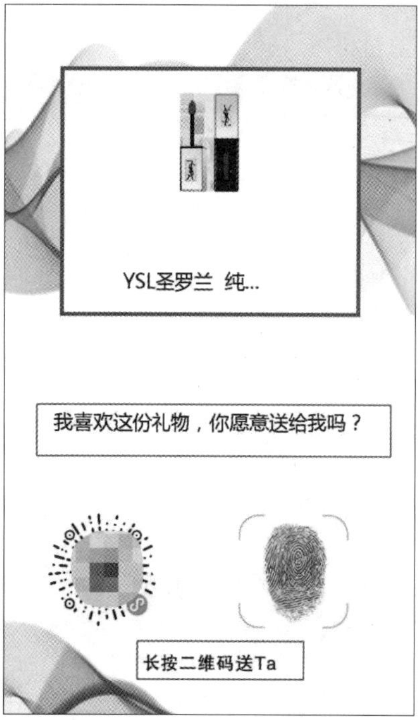

图 6-52 识别小程序码

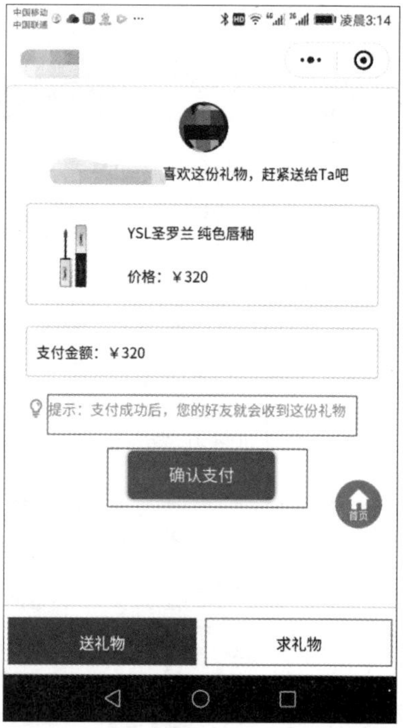

图 6-53 支付礼物

6.5.3 利益型活动模式

1. 邀请好友赚现金

这种方式是小程序电商中最常用的引流方式，用户只需要分享海报即可参与赚现金活动，如题 6-54 所示。

2. 娱乐型红包玩法

这种红包玩法需要技术与创意的支持，它的灵活性与趣味性较强，用户参与度及分享欲也更强一些。这种玩法是在过去多人随机红包基础上增设了一个“游戏规则”环节，利用小程序的娱乐型红包玩法，可以更好地激活微信群中的流量。

（1）要选择红包载体，可以使用自主开发的插件，也可以使用第三方插件。

（2）小程序运营者根据小程序电商的玩法需求来选择红包模式，如图 6-55 所示。

（3）根据红包玩法类型设置红包。首先要设置红包参数，如图 6-56 所示。然后设置红包的规则，如图 6-57 所示。

图 6-54　邀请好友赚现金

图 6-55　选择红包玩法

图 6-56　设置娱乐性红包

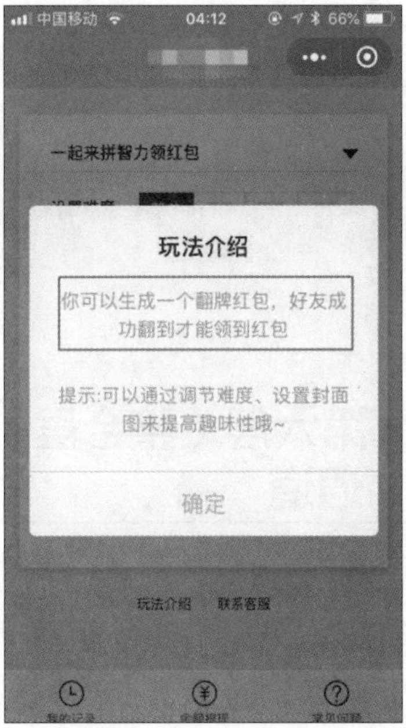

图 6-57　红包规则

这样就能成功设置娱乐型红包了，接下里就是发动会员力量大力传播，就可以为小程序搭建一条新的流量通道。

6.5.4 代言型活动模式

这种模式本质是制作和扩散带有小程序码的代言海报，最早是在微信公众号时代的微商城中玩起来的，如今在小程序电商中一样适用。如图 6-58 所示，商家只需要配置好海报颜色，分享文字即可，用户在小程序中可以自动生成小程序代言海报。

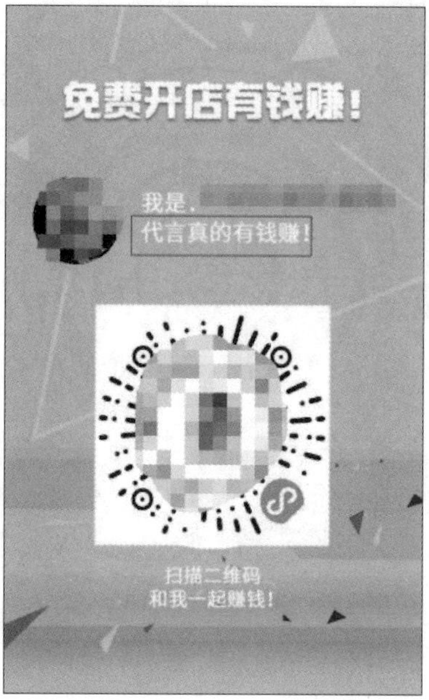

图 6-58 代言型活动海报

6.6 第六层（整合层）——利用资源杠杆建立小程序流量通道

小程序电商是去中心化的入口思维，入口即流量。本节讲解如何挖掘、整合、利用企业资源杠杆撬动周边立体流量，放大小程序流量池。

这里的“周边立体流量”是将企业内部资源与外部资源全部融合在一起形成立体网状流量。接下来笔者从企业内部与外部资源两个方面讲解资源整合的思路、模式、流程、方法。

6.6.1 企业内部资源整合

1．员工资源——小程序电商的种子用户

企业最大的资源不是商品，也不是品牌，而是员工。对于小程序电商企业而言，员工即是其种子用户，能为小程序的用户体验、分享带来极其重要的价值。

（1）把导购升级为流量入口。

在小程序电商场景中有两个与用户亲密沟通的地方，一个是在线客服，另一个是门店导购。在线客服要解决用户浏览商品或活动页过程中的一些疑问，而门店导购则是要成为用户的私人顾问，为其推荐合适的商品。

导购完全可以在用户购物过程中引导用户参与小程序电商与门店联营的活动，最终为小程序电商带来源源不断的优质流量。

那么如何利用小程序绑定导购资源为小程序导流呢？

第一种方式，直接把门店导购的名单列出来，选择名字绑定。比如“李宁运动品牌”小程序就是采用这种方式实现的，如图 6-59 所示。

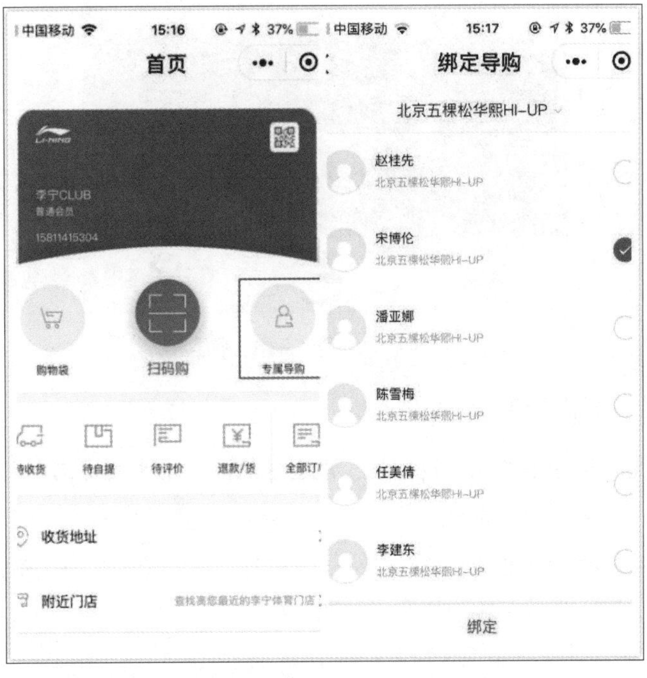

图 6-59 直接绑定门店导购

第二种方式，让门店导购自行输入工号与小程序绑定。比如“杰克琼斯”小程序，如图 6-60 所示。

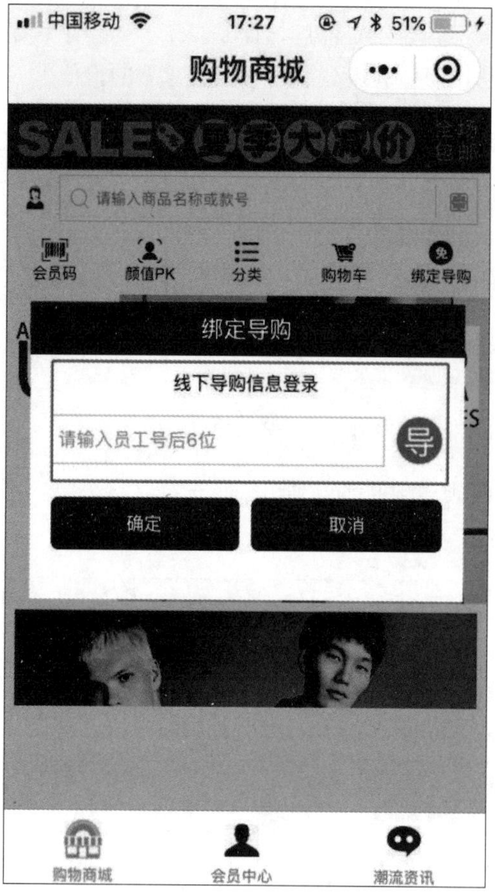

图 6-60　导购输入工号并绑定

（2）把全体员工变成小程序合伙人。

全员销售模式是小程序电商充分发挥员工能动性的一个不错的方式，也可为小程序电商创建有效导流通道。

可以利用小程序社交电商能力，在小程序后台把所有员工设置为分销员，设计好佣金比例、分销海报、提现方式等，为员工新增福利，如图 6-61 所示。

图 6-61 小程序分销中心

2. 渠道资源——传播流量

任何企业除了员工资源外，还有自身的渠道资源，它们都是小程序导流的优质通道。

（1）激活客户资源。

企业可以从企业资源库中寻找并激活客户资源，有以下四种常见方式。

① 商品预售。可以设计一款面向所有客户且只在小程序电商上销售的商品，该商品实行限量预售。这种方式把商品预售价格降低至接近于成本，刺激企业老客户参与预售，最终可以有效整合客户资源，为小程序电商搭建一条流量通道。

② 流量互导。在企业过去经营过程中应该或多或少都有一些资源较多的客户，可以把小程序电商作为合作项目，与客户洽谈深度合作。比如该客户经营一家台灯工厂，可以洽谈利用小程序电商平台推广台灯，让客户为提供一定数量的台灯用于小程序电商平台上的品牌推广，将台灯放在小程序电商平台首页上展示半年，同时小程序电商的专业团队也会为其销售台灯，按照销售额获得佣金。

在这种方式中，要依据该客户自身能变现的资源洽谈最终的合作方式。在洽谈过程中，双方可以秉承“流量互导”这一核心目的展开多种并行的合作。

③ 购买股份。每位企业家、投资家、创业者也都是消费者，他们也有可能就在你的客户之中。可以让这种有资本、有资源、有能力的客户通过资金投入的方式成为小程序的股东。一旦他们从客户变成股东，就会把资源接入到小程序电商中，为小程序电商搭建一条更大的流量管道。

需要注意的是，每位投资者都很精明，要让小程序进入他们的“法眼”，你需要提前把小程序的商业模式、定位、运营团队架构设计好，还需要把用户数据、销售数据做得漂亮些，才能借助小程序电商这个风口吸引这些资本，进而通过资本对接更多的流量通道。

④ 参与众筹。越来越多的有一定经济实力的消费者，会依据过往消费经历寻找靠谱的项目进行小金额投资，一般投资不超过 10 万元。如果你的客户资源库中拥有超过 5 万名以上有效客户资源——即用户信息真实、有过消费记录、能第一时间联系到本人，商家就可以考虑从客户资源库中先筛选出近三个月中活跃度最高的 2000 名客户，针对他们策划一个小程序电商众筹项目，可以是分红权众筹，也可以是期权众筹。用这种方式就可以把客户升级为具有共同利益的股东，再进一步升级为小程序电商的高级传播者，为小程序电商建立一条靠谱、有保障的流量通道。

（2）整合供应链上下游资源。

每家企业都在某个领域有自己的供应链，其也可以成为小程序电商的整合对象。

从供应链的上游来看，往下辐射的是你的小程序电商的同行，甚至是竞争对手，你可以通过免费为其搭建一个小程序电商进货平台的方式与其进行联营。这样一方面找到了一个好的合作切入点，另一方面也可以从该小程序电商进货平台往你的小程序电商平台上引流，比如设置“当进货数量不足某一数量时，需要到某小程序电商平台上购买”的条件。

从供应链的下游来看，可以直接把小程序设为进货平台，要求渠道商来此直接订货。

作为小程序运营者，千万不能忽视供应链的上下游资源，它们也是为小程序导流的不错通道。

6.6.2 企业外部资源整合

对于小程序电商来说，通过企业内部资源打造导流通道相对容易，但是仅仅依靠内部资源是不够的，还需要进一步为小程序挖掘更广阔的外部资源。具体流程如下。

（1）分析你的小程序的用户，即用户画像。

寻找外部可合作的资源，最先要做的一步就是勾画用户画像，依据用户画像确定目标资源的范围。

（2）寻找用户群体的所有匹配消费、生活、学习场景。

完成用户画像后就可以依据用户的消费轨迹或生活轨迹寻找合作资源。比如商家的小程序电商平台销售的是高考辅导资料，那么服务的群体就是即将参加高考的高三学生，他们的主要消费场合是周边的书店，而主要的生活场合是学校，因此商家的重点合作对象就是各个高中校园以及周边书店，通过与学校及书店深度合作，为小程序电商建立导流通道。

（3）确认与小程序用户匹配的异业合作伙伴。

还可以寻找其他行业的合作伙伴。比如商家小程序电商平台销售高端面膜，就可以找具有一定知名度的女装品牌进行合作，因为双方的客户主体是一致的，具体合作方式是类似“买服装送面膜”“好的脸蛋要配精致时装”等活动。只要该品牌愿意合作，就可以把小程序码和优惠信息印在海报上，在其线下门店中展示并由导购引导扫码，同时还可以在线上与该品牌微信公众号进行关联。

（4）洽谈合作方式，建立稳固的利益关系。

无利不长久，这是商业关系中的潜规则。要想把外部资源使用到极致，核心还是要实现双赢的稳固利益关系。

你可以与合作方进行项目合作，也可以直接以某个具体的通道进行单点合作，比如联合策划一次小程序电商联营活动，或者用小程序首页半年的资源位置换该品牌微信公众号关联三个月，或者直接付费给该品牌商，购买他们的微信公众号、小程序上的流量。

通过以上 4 个步骤就可以着手利用外部资源为小程序电商导流了。

讲到这里，小程序导流系统的六层就讲完了，下面总结一下。

小程序导流系统的六层分别是：第一层（撒网层）采用于广撒网的导流模式；第二层（入口层）采用建立入口的导流模式；第三层（体验层）采用线下体验场景的导流模式；第四（娱乐层）采用以小游戏为核心的导流模式；第五层（传播层）采用以微信好友、微信圈为核心的导流模式；第六层（整合层）采用企业内外部资源的导流模式。

希望大家熟读此六层，理论联系实践，并在运营实战中形成自己的导流方法论，为小程序获取可观且稳定的流量。

6.7 小神推——小程序粉丝互动平台

在小程序导流系统基础上，讲一款小程序粉丝互动工具，即为“小神推”。

6.7.1 什么是小神推

小神推是阿拉丁指数平台旗下的小程序营销工具，主要服务小程序的开发者，为小程序电商建立粉丝资产库，将访问的用户沉淀为粉丝资产并实现推送消息。

6.7.2 小神推的商业价值

小神推可自动分析用户使用的场景，根据用户使用小程序的行为，进行消息推送，并形成用户行为漏斗模型，弄清楚所有路径的转化数据。

目前小神推基于可视化埋点技术，无须程序打点，两分钟即可粘贴接入，满足运营人员的需求。

小神推的价值主要是让用户自动“订阅”小程序。当小程序用户长期未访问时，小神推可以激活用户，帮助开发者完成智能推送并主动营销。

6.7.3 小神推的应用场景

1. 普通推送

可以使用小神推主动向粉丝群发，将营销活动等消息以“服务通知”形式推送至微信好友消息列表，如图 6-62 所示。

2. 应用内推送

在用户访问小程序期间，小神推可以将消息展现给用户，可灵活设置推送条件，比如新/老客户、地域定向、时间周期、频次等。

3. 粉丝激活

小神推系统可以自动向即将流失的粉丝发送激活消息，提升用户活跃度，如图 6-63 所示。

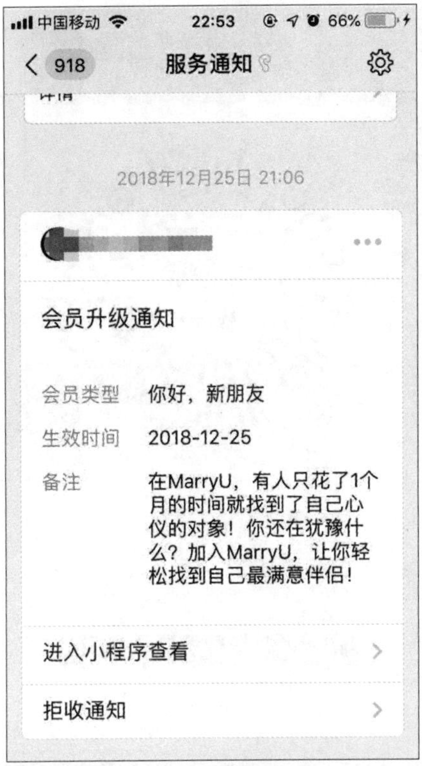

图 6-62 小程序服务通知

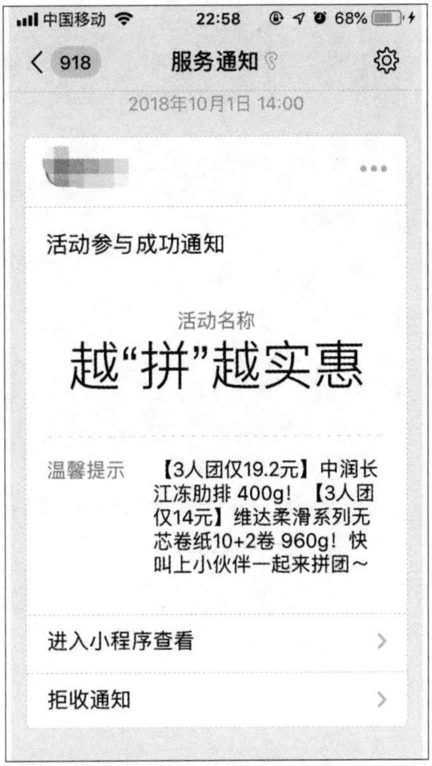

图 6-63 粉丝激活形式

6.8 小码——针对不同的人群推广小程序

很多公司为了大力推广小程序，实行公司全员推广和全渠道资源整合。那么在此过程中，如何确认每位员工、每个渠道为小程序带来的贡献值，就是小程序运营团队至关重要的工作。下面讲下如何利用“小码”解决这个问题。

6.8.1 什么是小码

小码是阿拉丁指数平台旗下的一款微信小程序参数二维码生成及管理工具，如图 6-64 所示。

图 6-64 小码

6.8.2 什么是微信小程序参数二维码?

微信小程序参数二维码是指针对小程序特定页面，设定相应参数，让用户扫描后进入相应的页面。它与微信小程序标准二维码有着明显的不同，用户扫描微信小程序标准二维码后会直接打开某一小程序。

6.8.3 小码运营场景

1. 地推人员考核

在使用多区域地推的方式来提高新增用户数时，如果无法统计每个地推人员的工作质量，就不能判断地推是否有效果、应不应该继续进行。

可以用“员工姓名”来定义渠道名称，例如生成“王小”和“李大”各自的小程序码并分别使用，在地推结束后即可从数据分析模块中查看两个小程序码分别带来多少新增用户。

2．全门店分析

比如，餐饮公司海中捞拥有多家分店，客户通过扫描餐桌上的小程序码来点餐和结账，但总部无法掌握每家分店的客户扫码情况，也就无法相应调整公司战略。

可以使用“门店名称”来定义渠道名称，例如生成“国贸分店”和“中关村分店”各自的小程序码，并设定相应门店的访问页面。客户扫描小程序码后可直接跳转至相应的门店页面，总部也可在数据分析模块中直接查看每个店面的新客数、老客数等数据。

3．提高商品购买率

传统的宣传单分发到用户手上，用户需要下载相应 APP 后再查找相应商品，导致购物转化率很低。

可以结合商品的宣传单，直接将商品的小程序码印在上面并设定相应的访问页面，用户扫码后直接访问商品详情页，大大降低了用户的操作成本，从而提高转化率。

4．线上渠道分析

商家向多个社区投放软文后，需要对软文投放质量进行数据分析，涉及社区质量和软文质量两个层面的评估。

可以使用“社区名称 _ 文章名称”的形式来给渠道命名，例如生成“豆瓣 _ 文章 A”“豆瓣 _ 文章 B”等各自的小程序码，从而评估软文投放效果。还可以对渠道进行分组操作，比如统一设置为“豆瓣”组，从而评估社区的用户质量。

6.9 小分享——将小程序的内容以图片形式一键分享到朋友圈

朋友圈作为微信重要的流量领地，也是推广小程序电商的核心场景，不过小程序不能像微商城那样直接分享到朋友圈，这就需要小程序运营者采用其他技术、工具解决。下面以“小分享”为例，讲下如何借助工具将小程序的内容以图片形式一键分享到朋友圈。

6.9.1 认识小分享

小分享是一款只需复制粘贴即可将小程序电商的内容以图片形式分享到朋友圈的工具。

6.9.2 小分享的价值

小分享可以解决小程序电商运营者的分享技术难题，可以为小程序电商运营者解决图片美化难题，可以助力小程序电商运营有效抓住朋友圈免费流量。

6.9.3 小分享的应用场景

小分享有两大核心应用场景，可以帮助小程序电商运营者提升运营效率。

1. 小程序阅读场景

小分享可以被用于阅读场景，提升用户阅读体验，如图 6-65 所示。

图 6-65　小程序阅读场景

2. 小程序电商场景

小分享可以被用于小程序电商场景，让分享者更轻松，如图 6-66 所示。

图 6-66　小程序电商场景

综上所述，对于小程序运营者而言，如果自身并不具备技术开发能力，那么小分享是一款不错的营销工具。

第 7 章 小程序电商回流体系建设

运营者拥有更大的格局才能让小程序具有更强的竞争力与生命力，也只有把“六大导流层”升级为用户消费、生活服务入口，才能让小程序电商更具有生命力。

本章将从小程序电商“入口定位”“社交化逻辑”两个维度讲解小程序电商的回流体系建设，这里的“回流体系”是指在上一章“小程序‘6+3’导流及营销模型”基础上对流量的沉淀并使粉丝留存。

7.1 小程序电商入口化定位

小程序电商如何在激烈的竞争中健康地生存下来，是小程序运营者的工作重点。

让小程序站稳脚跟，第一步就是让小程序成为用户心智中的某个品类的最靠谱的品牌或购物入口，比如在小程序生态中，很多上班族买花的话会第一时间想到“花点时间”小程序、晚上失眠的话又会第一时间想到“小睡眠”小程序，这些被第一时间想到的小程序，就在小程序入口化定位方面做得非常成功。

下面笔者具体讲下小程序电商入口的定义与定位技巧。

7.1.1 准确定义小程序电商入口

所谓“入口”就是在用户心智中占据决定优势记忆的快速信息反映。比如云南白药总是让用户在心智中产生“止血良药”的印象，如果用户出现牙龈出血的问题，通常会第一时间想到买云南白药牙膏，这就是入口的作用。

建立“小程序电商入口”就是让小程序电商平台能像云南白药那样在第一时间进入用户的心智中，深度影响用户，在用户脑中产生无法轻易褪去的烙印，这样一旦用户有某种需求或受到某种场景的刺激，就会立即进入商家的小程序电商平台上浏览、消费和充值。

7.1.2 准确定位小程序电商入口

如何让小程序电商在用户心智模式中以入口化的形态持续存在呢？笔者通过大量实战，总结方法如下。

1. 从品类中寻找定位

可以从大众化的品类中找出一个细分或全新的小品类，比如经营婴儿湿巾产品的商家可以在湿巾品类中细化出儿童手口湿巾、婴儿擦手巾，进而将自己的产品定位为“××婴儿擦手巾”，为用户塑造一个“婴儿擦手巾”小程序电商入口并加以宣传，这样只要用户看到婴儿手脏了就会想到商家的擦手巾，激发进入小程序电商平台上购买的动力。

2. 从需求中寻找定位

上面说的“从品类中寻找定位”是依靠独辟蹊径的小众蓝海思维塑造用户心智模式，此外另有一种定位方法是围绕用户需求展开。

要查阅历史用户对于商品的真实评价，特别是用户的差评会让商家找到小程序展示的卖点与用户需求之间的差距，摆脱误区，这是从需求中寻找定位的核心支撑点。

以用户需求为中心，可以通过改变活动形态或标题的方式，策划一场特别的广告轰炸式活动。比如，经营运动鞋的商家过去都是以跑步鞋、登山鞋的功能及价格促销为核心来设计小程序电商活动的，现在不如策划一场标题为“肌肉男的训练魔法”或者“肌肉男的三件法宝”活动，突出男性“肌肉”需求，这就间接且强势地引导用户与小程序产生深度交互，把“肌肉”与商家的小程序联系起来。

任何抉择都需要以事实为依据，通过这些措施就能找到商家小程序电商的入口定位。

3. 从体验中寻找定位

还有更新颖的小程序电商入口定位的方法，笔者称其为“体验型定位法”。

苹果手机的价格比一般手机的价格要高出不少，可是每次苹果推出新式手机时，还是有很多用户会选择购入，其关键原因是苹果手机的用户体验非常棒，这种舒适的体验淡化了用户对它的价格的敏感。

小程序电商也可以从用户体验的角度找到差异化定位突破口。

首先，商家要站在用户角度，换位思考，要理解用户愿意为什么样的体验买单。

其次，商家要学会系统性地列举抱怨清单。抱怨清单既是对用户问题的反思，又能考验商家对细节的观察。小程序的运营者要学会把过往用户抱怨的问题全部记录下来，反复思考，并查看解决方案以及用户是否满意。

把“换位思考”与“抱怨清单”结合起来，运营者就会发现过去的运营模式与用户“心”的距离有多远，从而在体验的维度上，找到小程序电商的入口差异化定位。

7.1.3 小程序电商差异化记忆

要想让小程序成为用户信赖的品牌购物第一入口，关键是要精准设计小程序差异化记忆策略，能让人“一见倾心”。让小程序电商形成强势的差异化记忆的方法如下。

1. 一个无法忘怀的名字

取一个让用户产生好奇心且无法忘怀的名字，需要做到以下几点。

（1）与小程序服务有紧密关联的名字

比如“小睡眠”小程序帮助用户缓解失眠，提升睡眠质量。

比如“西瓜足迹”小程序为用户记录过去走过的地方。

（2）有很好的故事情节或情怀的名字

一个由历史精彩故事或某种渊源而来的名字，能加深小程序的神秘色彩，从而使小程序有了“灵魂”。故事与情怀也会加强小程序在粉丝、用户心里的记忆。

比如，“盒囤”小程序，其创始人经历了种种人生不顺却依然积极地笑对人生，其名字含义是“用一个特殊的盒子装下最美好的回忆，让特殊的人来保管”。

（3）能让人产生美好的回忆的名字

对岁月的回忆是美好的事情。回忆是超越时空的“连接”，把现在与过去连接在一起，更是人心最薄弱之处。小程序的名字应尽可能让人捕捉到某种回忆，让粉丝、用户因情感触动而对小程序产生立即点击的欲望。

（4）能让人产生某种联想的名字

让粉丝、用户看到小程序名称后会产生丰富的联想，也会给他们心里留下更深的记忆。比如“女王新款”小程序，“女王”这个词汇能让人联想到成熟、强势、坚强、勇敢、有能力、具有领袖感的女王形象。

（5）不轻易模仿热门小程序的名字

一个好的名字要避免模仿，最好是通过自己的构思打磨出来的名字。有些受到大咖、资本支持的小程序，比其他从零开始的小程序成长得更快速，结果这些快速成长的小程序名字常常成为别人模仿的对象。这是非常不智的做法：第一，可能涉嫌抄袭；第二，过于接近的模仿，会让真正的粉丝、用户觉得很“low”。

模仿者最终的命运一般都不太好。很多模仿者其实是想借助他人的品牌力量让用户在搜索关键词的时候更容易搜索到自己，从而获得更多流量，但实际上，当用户进入小程序并发现这并不是他们真正想找的小程序后，自然就会离开了，对模仿者来说仍然没什么帮助。

综上所述，不要轻易模仿热门小程序的名字，踏踏实实按照设计好的运营模式与玩法来取名字，才是正确的做法。

2．一个难忘的超级符号

难忘的超级符号是最强的识别器，它能帮助粉丝、用户瞬间在大量的小程序中找到目标。这里所说的“超级符号”，并不是简单的LOGO，而是一种超级创意，能让亿万消费者对一个陌生的新品牌、小程序，只看一眼或听一声，就能够记住它、熟悉它、喜欢它、谈论它。

如何才能为小程序打造一个难忘的超级符号呢？

（1）视觉识别，创造一把视觉锤。

这个视觉锤的作用就像红绿灯一样，任何人只要看到红绿灯就知道要控制速度，遵守“红灯停，绿灯行”的规则。小程序也能使用这种视觉锤为粉丝、用户打造一种识别器，把小程序“钉”在他们的大脑里，形成超级记忆符号。通常可以利用颜色、文字、创意形成一个难忘的记忆符号，把这个符号放在宣传海报中，在线上、线下、其他渠道进行大量宣传。

（2）语音唤醒，浓缩一句识别语。

除了视觉符号之外，还要为小程序设计语言符号，用于唤醒用户的听觉记忆。这个语言符号可以从以下四个角度设计。

① 从商品角度，比如“roseonly 小程序，一生只爱一个人”。

② 从行业角度，比如“朱华杰微课堂，电商视觉标准第一人”。

③ 从场景角度，比如“爱咖啡小程序，离家最近的生活空间”。

④ 从服务角度，比如“星巴克用星说，定制您的咖啡专属心意”。

（3）动作指令，实时给出暗示。

小程序电商要以成交为核心，在视觉识别与语音唤醒后，接下来就要用暗示的方式引导用户自觉进行消费购物并分享给身边的朋友。

比如销售高跟鞋的小程序电商平台可以用“穿上高跟鞋，你能看到全世界”这句话，其与“头发长，见识短”这种贬低女性的文字形成鲜明对比：“穿上高跟鞋”的动作就意味着获得“看到全世界”的智慧与视野，让女士有购物的冲动。

在给出消费动作指令时，切忌过于强硬，否则适得其反。通常情况下，引导消费的语气越“硬”，越容易引起反感情绪，因此在引导过程中要仔细推敲后才可执行。

3. 一次极其愉悦的体验

体验是小程序电商最好的口碑之一。一次美好的购物体验，即使已经过去很久，依然能让人记忆犹新。

（1）拥有一目了然的页面逻辑。

不要轻易用复杂的页面逻辑挑战用户的耐心。应尽量减少华而不实的描述，让页面足够简洁、舒服。

一目了然的页面逻辑需要满足这些原则：①整个页面颜色控制在三种以内；②商品排序按照性价比高低进行；③一个页面仅仅展示一个重点；④用图文展示商品最佳亮点；⑤避免出现文字堆砌的现象。

（2）能够一秒击中用户诉求。

珍惜用户进入小程序电商平台的前三秒，最好把用户最需要、最感兴趣的商品放在最重要的位置。

（3）客服随叫随到。

由于小程序电商客服需要登录电脑后进行服务，不能像淘宝旺旺那样便捷，所以很影响用户体验。建议用以下两种方式进行解决。

① 启动在线客服“离开设置”功能。

如果客服无法保证 24 小时在线，可以在“微信公众号客服功能网页版”中设置小程序客服“离开设置”功能，当用户留言时可以由系统自动回复信息，引导用户等待客服在线后进一步沟通。

② 启动在线客服“接入设置”功能。

当客户比较多时，如果客户的留言几分钟都没有得以回复，客户就会毫不留情地离开。为了避免发生这样的情况，建议在“微信公众号客服功能网页版”中设置小程序客服“接入设置”功能，告诉用户前面还有几人在排队，请用户耐心等候。

（4）提供超出想象的消费奖励。

意外的惊喜往往能给用户带来极其愉快的心情与分享的动力，是提升用户体验的极佳方式。可以采用以下两种方式。

① 当用户完成订单支付后，对其定向发送一个红包。

② 在用户消费后的次月，向其赠送一个神秘礼物。比如用户在 2019 年 11 月 16 日消费，商家可在 2019 年 12 月 16 日给其发送一个限时领取的唯一礼物，打开后是“感恩＋豪礼＋优惠券”的令人惊喜的奖励。

按照一目了然的页面逻辑、一秒击中的用户诉求、随叫随到的客户服务、超出想象的消费奖励四个维度进行优化升级，就能给用户一个基本的享受型消费体验。更多的方法，需要运营者花费更多时间思考、优化，从而增进用户的差异化记忆。

7.2 小程序电商社交化的逻辑

7.2.1 为你而来——营造兴趣点

当今人们的需求已经从简单的生活性消费升级为追求性价比、极致体验、具有成就感的精神层面消费需求。比如高端玫瑰及珠宝品牌“roseonly”，专注于打造爱情信物，以“一生只爱一人”为理念，用奢侈玫瑰、高级手工玫瑰珠宝，献给相信真爱的情侣。

现代社会，离婚率节节攀升，传统的忠贞爱情遭受一定的质疑，此时 roseonly 以“一生只爱一人”的理念，在小程序的商品界面中反复强调忠贞爱情的美丽与可贵，再次燃起人们对爱情、婚姻的美好憧憬，如图 7-1 所示。

图 7-1 “roseonly”小程序

“一切都是刚刚好，为你而来”是引起用户对小程序产生兴趣点的第一步，也为用户提供了留在小程序上继续浏览的理由。

7.2.2 与你有关——打造关注点

小程序电商平台只有与用户之间产生极强的关联性，才能在用户心里形成“我一定要点击与分享”的动力。

7.2.3 善讲故事——培养参与感

运营者要让小程序电商有故事可讲，让用户愿意分享他们的故事。故事越真实，小程序电商平台的传播力就越强。

7.2.4 建立情感——同化价值观

尝试用小程序电商上的某个商品构建出一个与用户情感相连的触点。这个触点类似于《我不是药神》之类电影给观众带来的泪点，能瞬间融化用户内心的心结，让用户仿佛有种“只有它懂我，其他都是浮云”的体验。

7.2.5 点燃情绪——聚焦向心力

围绕某个热点精心策划一场小程序电商活动，点燃用户的情绪，形成引爆点。

其实用户的情绪很容易点燃，而且点燃的速度与爆发力常常超出我们的想象。比如，图 7-2 中这个小程序就是利用“世界杯”热点策划的社交化营销案例，点燃球迷们的情绪，形成“吐槽”流。“为 TA 助攻”或“我要吐槽”两个功能还形成了更大的围观热与信息流。

图 7-2 世界杯吐槽活动

把资源与精力集中在寻找引爆点上，只要找对了一个点，轻轻一触，这个营销活动必然能够活跃起来。

7.2.6 触发分享——引爆分享力

在引爆点的作用下，用户会产生分享欲，此时稍微加以指引，比如给用户一些可以代表其观点的图文或文字作为其分享的一个触点，就会促成用户“一触即发”的分享行动。

7.2.7 互动获利——强化社交链

运营者要引导用户在小程序电商平台上互动，比如点赞、点评、分享经验等。小程序运营团队可以把这些真实分享的内容进行搜集、整理、记录、截图，再加上一些包装，形成一篇篇具有较强可读性的文章，在文章中留下一个表单，请文章的匿名用户作者在文章底部留下信息（比如手机号、微信号、微信昵称等），最后用微信公众号对外群发。

根据用户作者提交的表单，可以用小程序技术后台向他们定向发送一定金额的代金券、优惠券、礼品、红包。用这种互动回馈的方式激励用户在小程序上互动，同时把这种有回报的好事通过微信好友、微信群向外扩散。在扩散过程中，这些用户可以把前期群发的文字、自己所得到的优惠券、红包等截图证明其真实性，打消其他人的顾虑，从而实现用户相互传播、相互渗透，形成良性循环。

7.2.8 关系升级——建立强关系

随着用户的参与越来越深入，用户与平台之间、用户与用户之间的关系也越来越密切。这种密切关系也需要进一步升级，升级的方式主要有以下两种。

1. 按照会员等级升级

提升用户的会员等级是有效强化用户关系的好方法。通过提升用户的小程序电商会员等级，同时提升用户的权益等级，让用户获得更大的消费动力与互动意识，尤其是当用户能依据等级升级规则不断消费的时候，说明该用户即为潜在的合作伙伴。

通常可以按照“累计消费金额”“按照历史贡献值划分”“按照会员金额”三种方式划分会员等级，会员等级越大所获得的权益越大，以此挖掘会员身上的可利用的资源，给他们授权，驱动其成为推广小程序电商平台的重要力量。

升级会员等级是深度挖掘会员价值的最佳策略，可以观察到会员的忠诚度、信任度、参与度、能力值，找到真正有价值的会员并与之建立强关系。

2. 按照社群思维升级

可以通过搭建小程序社群的形式，为小程序电商的粉丝和用户创造一个可以施展才华、实现梦想的通道。在这里，有才华、智慧的才子可以尽情抒发情怀，平时无聊的粉丝和用户可以在这里吮吸知识，通过知识的“供给”、价值观的“同化”，让这些粉丝和用户对小程序电商平台产生更强的依赖性。

社群思维也是强化粉丝、用户与小程序关系的重要方式，除了要做好社群“知识供给”与“价值同化”之外，还要尽量多提供几种社群互动功能，比如视频、语音、图文，让社群互动更有趣味性，让社群充满更多的创意与期待。

搭建好小程序社群模型之后，接下来要做的事情就是让小程序快速拥有第一批种子用户，建议大家使用以下四种方式。

（1）聚焦运营者身边的同行业的同事和朋友。运营者身边的同事与朋友之中，那些愿意分享、转发的人，正是社群未来种子用户。

（2）聚焦运营者现在或曾经的合作伙伴。运营者从业多年，积累了很多合作伙伴，正是小程序的受众用户，也可以成为重要种子用户。

（3）定向邀请机制。小程序运营者可以采用邀请的形式来获取种子用户。那些受到邀请的会员、粉丝，以及其他人员会觉得很欣慰，因为受邀成为首批社群参与者很可能在未来会成为社群的灵魂人物和意见领袖。

（4）发挥名人效应。如果运营者在业内已经有了一定知名度和人脉，那么获取种子用户就容易多了，而如果种子用户都是一些名人，这款小程序想不火都很难。

当社群里有了种子用户以后，接下来运营者就要用心打磨社群玩法，提供优质的内容和丰富的活动，强化社群与用户的关系，让社群、小程序电商成为用户活动的核心“场所”。

第 8 章 腾讯社交广告及小程序广告投放

小程序电商平台需要利用微信生态来投放广告，提升知名度，从而获取源源不断的点击、留存、转化。这一章将详细讲解如何利用微信朋友圈、微信公众号流量池进行精准、高效的广告投放。

8.1 微信生态广告优势

移动互联网的兴起，让我们对手机的依赖性越来越强，无论是在工作中还是生活中，我们都离不开手机和微信，这也恰好成为小程序电商推广的重要利器。

微信生态广告有如下优势。

（1）高效实现小程序电商的营销目标。可以利用微信朋友圈、微信公众号推广品牌活动，增加在线销量，获得潜在的优质粉丝关注。

（2）拥有海量用户且覆盖了移动互联网核心用户。微信的月活跃用户达 10 亿人；微信生态广告日均整体流量高达 160 亿 PV；微信用户的移动端使用时长占比达到 58%；微信公众平台图文消息阅读量 PV 高达 30 亿以上。

（3）拥有完整的闭环生态。微信平台生态可提供公众号关注、活动卡券发放、LBS 营销、小程序等闭环解决方案。

（4）能够精准触达用户。精准的定向营销，能够有效触达每一个目标用户，挖掘每个潜在客户的价值。

（5）拥有系统化投放工具。腾讯微信社交广告平台提供完善、可视化的效果评估数据，有助于广告主跟踪分析投放情况。

（6）拥有强大的数据分析和定向投放能力。

① 基础定向：可以按照地域、性别、年龄、婚恋情况、学历等条件定向投放。

② 兴趣定向：根据用户行为路径大数据分析定义的兴趣标签投放。

③ LBS 定向：除了支持全国 300 多个城市、2800 多个区县定向投放以外，还支持 4400 多个商圈定向投放和 POI 点辐射定向投放。

④ 再营销定向：对真正对你感兴趣的用户持续影响。

⑤ 根据数据自定义定向：可以精准自定义投放人群，比如当前关注商家公众号的粉丝和最近一个月内取消关注商家公众号的粉丝、当前已安装商家应用的用户（当前仅支持 Android 系统）、最近 1 年中领取微信广告卡券的用户、最近 1 年中对商家广告感兴趣的用户等。

8.2 微信朋友圈广告

8.2.1 什么是微信朋友圈广告

微信朋友圈广告是以原创内容形式在朋友圈中展示的原生广告。微信朋友圈广告为广告主提供了一个国内独有的互联网社交推广营销平台，用户可以通过点赞、评论等方式进行互动，并依托社交关系链传播，为品牌推广带来加成效应。该广告方式按曝光次数计费。

8.2.2 微信朋友圈广告形态

1. 常规图文广告

微信朋友圈常见的广告形态是如图 8-1 所示的常规图文广告。

① 广告主头像及昵称。显示广告主公众号的头像及名称，用户点击可直接跳转广告主公众号介绍页。下文其他几种广告形式同类项皆同。

② 外层文案。建议文案简洁、友好、易理解，不超过 40 个字、不超过 4 行。

③ 外层图片。通过图片形式阐释广告创意，是触达用户的重要部分。支持配置多张图片。

④ 文字链。引导用户点击访问链接的“详情页”，该“详情页”可以详细描述创意，对

感兴趣的用户进一步传递信息。

⑤ 门店标识。引导用户点击访问“门店详情页”。“门店详情页”可以详细介绍门店信息、提供地图导航、实现一键拨号等。

⑥ 用户社交互动。常规图文广告支持用户对广告创意进行点赞和评论。下文其他几种广告形式同类项皆同。

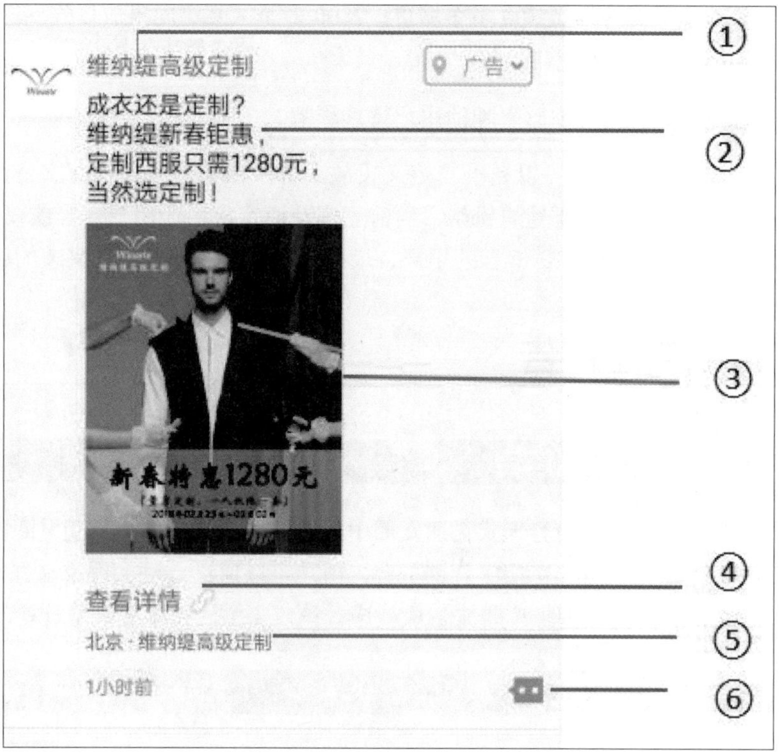

图 8-1 微信朋友圈常规广告

2. 常规视频广告

这种类型广告如图 8-2 所示。

常规视频广告是由广告主头像、昵称、外层文案、外层小视频、文字链、门店标识组成，主要内容规则与“常规图文广告”一致，只是将图片替换为视频形式，同时也支持用户对广告创意进行点赞和评论。

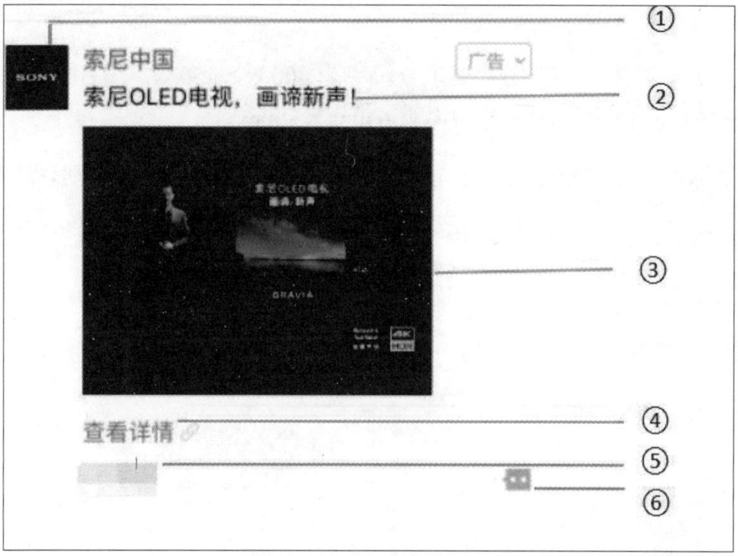

图 8-2 朋友圈视频广告

3. 基础卡片广告

这种类型广告如图 8-3 所示。

图 8-3 微信朋友圈基础卡片广告

①广告主头像及昵称。

②外层图片或小视频。外层图片要求分辨率为 800px×450px，图片大小＜300KB；外层小视频时长要求在 6～15 秒之间，分辨率为 640px×360px。

③外层文案标题。标题需要控制在 10 个字以内。下文其他几种广告形式同类项皆同。

④外层文案内容。内容要求少于 30 个字。下文其他几种广告形式同类项皆同。

⑤用户社交互动。

4. 选择式卡片广告

这种类型广告如图 8-4 所示。

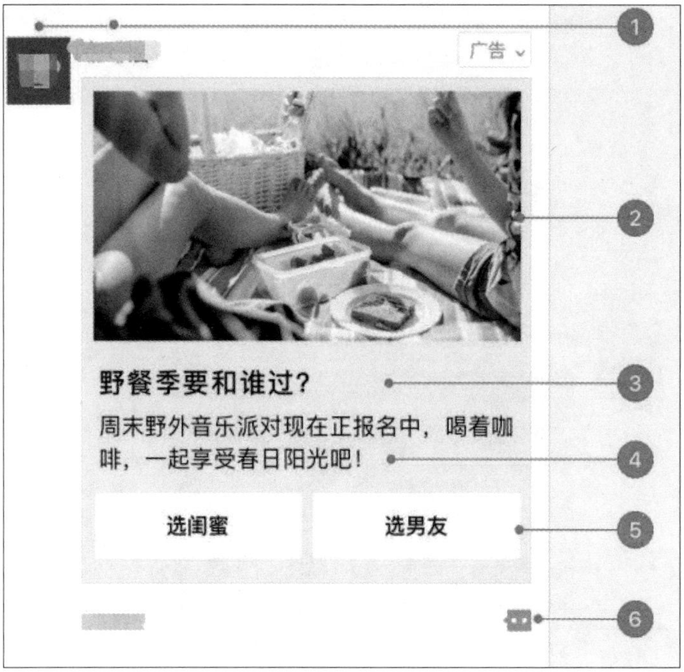

图 8-4 选择式卡片广告

①广告主头像及昵称。

②外层图片或小视频。外层图片要求分辨率为 800px×450px，图片大小＜300KB；外层小视频时长要求在 6～15 秒之间，分辨率为 640px×360px。用户点击后跳转到系统自动生成的简易原生页。

③ 外层文案标题。

④ 外层文案内容。

⑤ 选择按钮。通过选择按钮，可跳转不同原生页。

⑥ 用户社交互动。

5. 投票式卡片广告

这种类型广告如图 8-5 所示。

图 8-5 投票式的卡片广告

① 广告主头像及昵称。

② 外层图片 / 小视频。其与“选择式卡片广告”类型的同类项一样。

③ 外层文案标题。

④ 外层文案内容。

⑤ 选择按钮。用户点击后不会跳转。要求文案少于 4 个汉字，不允许出现标点符号。

⑥ 用户社交互动。

6. 广告主互动

这种类型广告如图 8-6 所示。

图 8-6 微信朋友圈互动广告

① 用户功能入口。点击后可输入评论。

② 广告主回复。可以设置“允许用户及好友可见”和“允许用户及好友回复”。用户回复有消息提醒，好友回复无消息提醒，且对于每条用户评论，广告主仅可回复一次。

8.3 微信公众号广告

8.3.1 什么是微信公众号广告

微信公众号广告是基于微信公众号生态体系，以文章的一部分的形式出现在公众号文章中的广告形式。微信公众号广告提供公众号关注、移动应用下载、卡券分发、品牌活动广告、小程序推广等多种官方推广形式，支持多维度组合定向投放。

8.3.2 文章底部广告

文章底部广告，如图 8-7 所示。

图 8-7 文章底部广告

1. 广告特点

（1）支持 16:9 图片及 16:9 视频两种形式。

（2）支持不同售卖方式，可以按需设置广告跳转效果。

2. 广告投放规范

（1）图文投放形式。素材分辨率要求 114px×114px；图片格式支持 bmp、png、jpeg、jpg 格式；外层文案标题不超过 14 个字，详情不超过 28 个字。

（2）图片卡片投放形式。素材分辨率要求 582px×166px；图片支持 bmp、png、jpeg、jpg 格式。

（3）大图投放形式。素材分辨率要求 960px×540px；图片格式支持 bmp、png、jpeg、jpg 格式，大小不超过 80KB。

3．适用推广页

可适用于自定义链接、小程序（仅支持非游戏类目）、公众号文章等情况。

8.3.3 公众号文中广告

公众号文中广告，如图 8-8 所示。

图 8-8 公众号文中广告

1．广告特点

出现在公众号文章正文中，与公众号文章的上下文具有相关性，一方面有效增加广告曝光机会，另一方面也能提高广告转化效率。

2．适用场景

适合进行电商、品牌、APP 下载的推广，能够强化粉丝的转化和沉淀。

3．广告投放要求

（1）要求 16:9 的图片比例。

（2）素材分辨率要求 960px×540px。

（3）图片支持 bmp、png、jpeg、jpg 格式，大小不超过 80KB。

4．适用推广页类型

可适用于小程序（不支持游戏类目）、自定义链接。

8.3.4 微信互选广告

1．什么是微信互选广告

微信互选广告是广告主和流量主通过微信广告平台双向互选，自由达成合作的一种投放模式，广告创意呈现在公众号文章内。

2．广告投放特点

（1）数据真实且全面，交易流程安全且高效。

（2）具有广告推荐、内容定制两种合作模式，帮助品牌主与公众号粉丝群体深度沟通。

3．广告合作模式

（1）广告推荐模式，高效提升品牌影响力。

广告推荐模式是在文章末尾植入广告宣传语及广告卡片。广告宣传语作为本次推广想要传递的核心信息，将作为文章内容的一部分放置在广告卡片上方。文章内容经过预览后无须审稿确认即可发布。

广告推荐模式按照合作文章进行收费。流量主会设置承诺曝光：完成承诺曝光，即按照约定价格进行收费，多余的曝光为赠送曝光；未完成承诺的曝光，则按比例进行收费。

（2）内容定制模式，深度塑造品牌形象。

内容定制模式是流量主的文章主题、内容均为广告主定制化撰写，文章末尾亦放置广告卡片。内容定制双方可就内容合作的具体需求进行沟通和协商，内容经广告主审稿确认后方可发布。

内容定制模式按文章进行收费。

4. 广告投放形式

可以分为图片、视频（4:3）、视频（16:9）三种形式。

5. 支持推广页类

可适用于自定义链接、公众号文章 、小程序落地页。

8.3.5 公众号文章视频贴片广告

1. 广告特点

公众号文章视频贴片广告内嵌在公众号文章内时长大于 5 分钟的视频（需在 Wi-Fi 环境下）前，能够很好地吸引用户注意力，增加用户广告停留时长。

2. 素材要求

（1）图片要求 690px×388px，大小不超过 80KB，支持 bmp、png、jpeg、pg 格式。

（2）视频要求时长为 6 秒或 15 秒。

8.4 微信小程序广告

8.4.1 什么是微信小程序广告

微信小程序广告是基于微信公众平台大生态，利用专业数据处理算法实现成本可控、效益可观、精准触达的广告投放系统。

微信小程序广告的广告位在小程序页面内，由小程序流量主决定实际播放位置，流量场景丰富多样。

微信小程序广告分为两种类型：小程序 Banner 广告、小游戏激励式广告。

8.4.2 小程序 Banner 广告

1. 广告特点

（1）支持多种广告样式与推广目标。

（2）可以在小程序流量场景中高效投放。

（3）可以自定义广告展现场景，提升广告的场景融合度。

2．适用场景

小程序 Banner 广告的展现场景由小程序流量主自行定义，可根据各自小程序的特点，灵活设置展现页面与位置。

常见展现场景为：①“文章页”的文章末尾；②“详情页”的页面底部；③“信息流”的顶部或“信息流”之间。

3．广告形式及素材要求

（1）图片形式广告：②素材尺寸要求 582px×166px；②支持 bmp、png、jpeg、jpg 等格式；③大小不能超过 100KB；④适用于推广品牌活动、“我的商品”和“我的应用”。

（2）关注卡片形式广告：①素材尺寸要求 640px×316px；②支持 png、jpeg、jpg 等格式，大小不能超过 100KB；③适用于推广“我的公众号”。

8.4.3 小游戏激励式广告

1．广告特点

（1）支持视频素材（横屏或竖屏）投放。

（2）结合不同小游戏特点，与游戏情节及玩法深度结合，能够通过激励，合理引导用户查看视频广告。

2．投放场景

（1）小游戏激励式广告展现场景由小游戏流量主自行定义，可以根据各个小游戏的特点，深度结合游戏情节，用户在查看广告后可获得相应激励奖励。

（2）小游戏激励式广告的常见展现场景有：游戏回合结束、金币奖励、道具体验。

3．广告形式及素材要求

（1）16:9 横屏视频广告形式要求时长为 6 秒～ 15 秒，支持 MP4 格式，适用于推广品牌活动、推广“我的应用”。

（2）9:16 竖屏视频广告形式要求素材分辨率为 750px×1334px，时长为 6 秒～ 15 秒，支持 MP4 格式，大小不超过 3.5MB，适用于推广品牌活动、推广“我的应用”。

8.5 小程序广告投放流程

8.5.1 账户准备

在腾讯生态下投放广告，需要首先准备账户。

首先，开通 1 个微信公众号账户，需要是经过腾讯认证且开通广告主的微信公众号。

其次，需要拥有 1 个小程序，让该小程序与微信公众号关联。

最后，将原始 ID 交给服务商绑定，在充值后，就可以开始创建小程序广告。

8.5.2 创建广告

1. 创建投放计划

（1）选择推广目标。

依据商家的营销目标，选择合适的推广目标，从而针对不同目标提供投放解决方案。

（2）选择广告位。

根据对应推广目标，选择展现广告的位置。通常选择微信生态中的 6 种不同的广告位，分别为微信朋友圈广告、微信公众号文章底部广告、公众号文章视频贴片广告、微信互选广告、公众号文中广告和微信小程序广告。

（3）选择购买方式。

根据商家实际情况，选择合适的购买方式。

（4）命名投放计划。

可以自定义广告投放计划名称，或者使用系统默认的名称，如图 8-9 所示。

图 8-9 投放计划命名

2. 设置广告

（1）选择广告的定向投放人群。

可以按照地域、性别、年龄、兴趣等标签选择定向投放广告的人群，如图 8-10 所示。

图 8-10　选择广告定向投放人群

（2）设置广告投放时间。

广告投放时间的选择与广告计划设置的购买方式有关，选择“按曝光排期购买”“按曝光竞价购买”“按点击竞价购买”三种方式的任一种，各有不同的广告投放时间控制策略。

（3）设置广告预算出价。

除了上面提到的“按曝光排期购买”“按曝光竞价购买”“按点击竞价购买”三种方式以外，微信还支持“按单篇文章购买”，一共四种购买方式，各自所对应的单价（截至 2018 年 11 月）如下。

① 按曝光排期购买：微信朋友圈广告，单次广告投放预算 5 万元起；微信公众号文章底部广告，单次广告投放预算 1000 元起；公众号文章视频贴片广告，单次广告投放预算 1000 元起，按千次曝光定价，由投放地域和广告创意外层媒体类型共同决定。

② 按曝光竞价购买：微信朋友圈广告，每日广告预算 1000 元起，按千次曝光出价，最低出价由地域决定；公众号文章视频贴片广告，每日广告预算 200 元起，按千次曝光出价；小游戏激励式广告，每日广告预算为 1000 元起，按千次曝光出价，最低出价由地域决定。

③ 按点击竞价购买：微信公众号文章底部广告，每日广告预算 50 元起，按每次点击出价，最低出价 0.5 元；公众号文中广告，每日广告预算 50 元起，按每次点击出价，最低出价 0.5 元；

微信小程序广告，每日广告预算 50 元起，按每次点击出价，最低出价 0.5 元。

以上价格会随着腾讯官方新规不断变化，以腾讯官方最终定价为准。

④ 按单篇文章购买：微信互选广告是按照文章收费，文章价格由流量主自主决定，所以没有具体的价格。

（4）命名广告。

广告名称可以自定义或使用系统默认名称。

3．设置创意

选择广告样式，并填写广告样式对应所需的内容。

4．预览并提交审核

设置完成，进行广告预览。预览无误后，提交广告计划进入审核。审核通过后，即可按相应投放设置上线广告。

8.6 小程序广告投放的注意事项

1．创意修改及删除

小程序广告处于“审核中”的时候不能修改创意以及删除广告，只能等待广告有审核结果后才能修改创意，等广告投放结束后才能删除广告。

2．小程序广告数据追踪

小程序广告具备后端数据跟踪能力，比如可追查到落地页的 PV、UV、下单量、购买量等数据。

3．小程序广告测算

建议日测试预算在 2000 元以上，测试周期至少 5 天，这样才能更好地提升测试准确性。

4．素材制作问题

广告主需要具备扎实的素材制作能力，保持每日在线的素材有 2 条以上，且可根据测试的需求随时调整素材内容。

第 9 章 小程序转化系统——快速高效变现

流量转化非常重要，本章将从小程序的三种流量转化模式、四大流量转化技巧、流量转化的五大禁忌共三个维度讲下小程序电商流量转化技巧、关键点、注意事项等细节。

9.1 小程序的三种流量转化模式

每个小程序电商都有自己的“使命”，所以其流量转化模式应依据企业战略布局、自身资源、团队运营实力决定。

很多企业很看重小程序这一风口，曾高薪聘请小程序电商团队的管理者，也从公司抽调不少年轻人加入，然而过了很长时间，他们的小程序仍不见起色，始终处于源源不断烧钱的窘境，纠结于究竟是坚持还是放弃。他们找到笔者来帮忙，笔者经过仔细分析，发现他们运营小程序时，没有把企业自身优势发挥到极致，也没有找到适合企业的独特的流量转化模式。

下面笔者讲下三种核心流量的转化模式。

9.1.1 直接转化模式——直接销售商品

直接转化模式就是沿用传统的电商思维，利用商品差价作为赢利点，以企业资源获取流量，用极致的体验打造信任关系，再以商品的性价比促进成交。该模式下，流量转化的关键是用户需求的挖掘和商品的高性价比。

直接转化模式看似简单，其实最难，因为如今无论是线上还是线下，商品的同质化极其严重，无论是商品质量还是价格都难以产生让粉丝、用户认可的差异化，此时如何找到用户痛点，就成为直接转化模式的首要任务。

下面以用户痛点为核心，讲解直接转化模式的要点。

1. 商品包装上重视品牌化设计

在产能过剩的时代，用户不再是为了满足基本物质需求而选择商品，选择有品牌、有品质、有趣味性的商品才是新的购物标准。

“80后”“90后”成为消费主力后，对商品品牌要求更高。小程序电商的主流用户群体也正是这批“80后”“90后”，他们不会轻易购买没有品牌的商品，因此作为小程序运营者，要与供应商或品牌设计部门群策群力，做好商品的品牌化包装。如果用户拿到商品后，在商品包装上没有感觉到“高大上”，就不太可能复购，更不会向朋友分享小程序。

2. 商品价值上进行故事包装

面对移动互联网的技术创新与消费升级，“80后”“90后”更青睐于商家使用故事性的手法来体现商品价值。在小程序电商流量转化过程中，仅仅依靠品牌的力量还不足以引起用户的关注，需要通过他们喜欢的故事形式引发有趣的思想碰擦或心灵震撼。比如，“蛙食蛙饮”小程序，其以“不吃不喝系列的饮品与食物目测要填饱广大佛系青年的胃”作为故事性包装，并将商品命名为“青蛙抹茶”“鲜果蛙茶”等有趣的名字，很快收获大量用户的“尝鲜”。（“佛系青年”是指那些在快节奏的都市生活中，追求平和、淡然的生活方式的青年人。）

3. 从商品差异化角度寻找痛点

虽然这是产能过剩的时代，但在某个生活场景中总会有“女人的衣服永远少一件，男人的领带永远少一条”这样的缺乏感，用户可能逛了大量的小程序，却无法找到真正“懂我、满足我”的商品。在用户视觉疲劳与“痛点成为盲点”的情况下，需要让差异化商品在用户心里形成“紫牛”，直击用户痛点。比如“老爷会”小程序，以“改变中国男人的绅装品牌”这一差异化思路成为绅装爱好者的小程序电商入口。（“紫牛”是指极其出众的产品或服务。）

4. 从情感同化角度找到触点

“情感”可以用极小的力量快速缩短小程序与用户的心灵距离。“情感”可以从用户的情感需要出发，唤起用户的情感需求，引导用户心灵上的共鸣，寓情感于营销之中，让有情的营销在无情的竞争中获胜。

在情感消费时代，消费者购买商品时所看重的已不仅是商品数量的多少、质量好坏以及价钱的高低，还有感情上的满足——这是一种心理上的认同。

小程序的数量急速增长，商品则很难实现差异化，结果必然引发小程序电商的同质化，如果商家能够从情感角度让用户在小程序上感受人性最纯真的情感诉求——它可能是一种爱，可能是无法慰藉的思乡，可能是釜底抽薪的反思，可能是对妈妈的歉意，自然会促成用户对小程序的信任、忠诚，进一步转化为订单与现金流。

情感营销不仅重视小程序和用户之间的买卖关系的建立，更强调相互之间的情感交流，因而致力于营造一个温馨、和谐、充满情感的营销环境，对于企业树立良好形象、建立强用户关系、实现长远目标是非常重要的。

5. 从服务细节上打造独特体验

在这个时代，以新中产人群为代表的消费者开始回归理性，注重个人体验，会为更多的体验与服务付费。消费者关注未来，愿意通过购买理想的产品和服务从而成为理想的自己。

物质越丰富，精神需求就越强烈，对体验的追求也就更加强烈。

小程序电商的运营者要以服务的方式，从细节上让用户感觉"使用小程序浏览是一种享受"，这种享受会形成小程序电商独特的用户体验，将在用户心里形成无形的记忆点，让小程序逐渐成为用户的习惯性消费入口。

6. 从生活场景中寻找互动支柱

生活性消费依然是小程序电商的主要场景，因此可以先营造生活场景，再引导用户在小程序上进行互动，逐渐让用户感知到商品的高性价比以及商家的优质服务。

当小程序电商触达用户后，"互动"开始充当了连接器的角色，它把品牌化设计、商品性价比、故事包装、用户痛点、独特体验、生活场景有效地连接起来，为用户购物决策带来无可抗拒的力量。

互动的形式主要有以下三种。

（1）将基于生活场景的用户痛点放大，勾起用户改变的欲望，进而产生互动。

（2）展示基于商品带来的品质生活，激发用户的想象，进而产生互动。

（3）提供基于服务能力的独特体验，刺激用户尝试，进而产生互动。

丰富的商品造就了用户谨慎的消费意识，对于非知名大品牌，高频互动是强化用户对小程序电商平台认可、信任、尝试的最佳方式。

7．从营销上塑造最佳成交主张

前面六个步骤都是从人性、情感角度获得用户的信任，接下来这最后一步就是促进流量转化，主要从以下三个维度来策划。

（1）给出诱人的优惠价格，比如“原价 599 元，首次体验价为 99 元”。甚至可用无法想象的优惠价，比如“首单九块九，马上就拿走”，不过这种方式需要先拿出合适的活动商品或一定量的资金来支持。

（2）以娱乐营销激励成交，比如“红包补贴”，用户可领红包 100 元，购物满 135 元时可用。

（3）用零风险承诺促成成交，比如“所有水果均新鲜，不新鲜则免单”，可以瞬间让用户下定决心消费。

综上所述，直接转化模式相对简单，只需要按照这七个步骤精细操作，转化率会取得较大提升。

9.1.2 广告转化模式——以广告来变现

广告转化模式也是小程序电商的变现模式，它可以与直接转化模式相互配合使用，也可以成为唯一的变现模式。

广告转化模式是通过电商玩法获取精准流量，为用户呈现一个在线商城，但可以不依赖电商赢利的广告变现模式。这种变现模式适合于平台型小程序电商，可以利用当下大多数企业产能过剩的库存压力，用小程序电商的形式，以成本价或比成本价还低的方式帮助企业消化库存。

这种广告转化模式成败的关键有两点：①是否能整合到优质的品牌商品；②是否能以各种途径拉到广告。

1．设计小程序电商广告位

小程序电商平台的广告位一般可以出现在以下四个位置。

（1）小程序首页，常见的广告位有轮播图、活动区、品牌墙等。

（2）商品类目页，常见的广告位有类目页热销、精品推荐等。

（3）首页营销区，常见的广告位有优惠券、免费领礼品等。

（4）个人中心区，常见的广告位有用户个人中心的“抢红包”等。

通过以上四个位置的广告位为品牌商进行品牌宣传、导流，当用户点击广告图后可以直接进入品牌商策划的活动页，也可以进入商品购买页面。

一般来说，品牌商最好把想重点推广的商品在小程序电商平台上上架，这样用户在点击广告图后会直接进入小程序的商品页，转化率会更高。

2. 小程序电商广告赢利模式

准备好广告位只是开始，因为广告位仅仅是品牌商投放广告的流量入口，接下来要仔细推敲平台的赢利模式，准确并合理地制定收费形式。

小程序广告收费形式主要有以下几种。

（1）广告位收费模式，比如按月、季度、半年等方式出售广告位。

（2）按照交易额实施扣点收费，比如按照销售额的 8% 收费，通常扣点比例在 5% ～ 20% 之间。

（3）按照优惠券、红包核销率与产生的消费额收费，比如广告位带来 100 张优惠券的领取，产生 60 张核销，就可以按照这 60 张核销的优惠券的金额进行收费。

3. 广告转化模式的四条原则

（1）广告精准原则：要依据小程序的用户画像选择与之匹配的品牌商。

（2）广告合作原则：要根据品牌知名度设计合理的广告投放形式与合作模式。

（3）广告投放原则：要精心设计广告图片与活动形式来达到最佳广告产出比。

（4）广告口碑原则：要时刻监控广告数据，一旦发现商品被用户投诉，立即与广告商商议补救方案，甚至暂停合作，要保证小程序的口碑。

9.1.3 产业转化模式——整合产业变现

除了直接转化（基础模式）与广告转化（升级模式），还有一种终极转化模式，即产业转化模式，采用整合产业的形式实现流量变现。

1. 内部品类整合变现模式

商家可以基于内部资源与产业融合，快速提升小程序电商流量转化的能力。

移动互联网的技术、场景、个性化升级与迭代速度越来越快，不经意间，它们已经让我们的生活消费、休闲娱乐变得碎片化，我们需要新的工具、模式将这些碎片重新整合，让每位消费者提升消费效率。

小程序电商可以通过品类整合，让每位用户以最便捷、最高效、最准确、最放心的方式选购心仪的商品，同时让小程序电商经营者的利益最大化。

（1）以用户需求为中心，进行品类横向整合。

小程序运营者要以用户需求为中心，逆向增加品类与单品的运营方式，从而实现品类横向整合，同时还能提升单笔交易额。

首先，以阿米巴模式成立小程序电商项目组。

阿米巴本是一种单细胞动物。日本“经营之圣”稻盛和夫独创了一种叫做“阿米巴”的经营模式，将公司分成许多个被称为“阿米巴”的小组，每个小组都是一个独立的利润中心。

本文的“阿米巴模式”是指，把小程序电商作为阿米巴单元，以各个阿米巴单元的负责人为核心，让其自行制订计划，并依靠单元内部全体成员的智慧和努力来完成小程序电商销售任务。

阿米巴模式的核心优势是让企业多个品类、品牌的生产及销售部门形成各自的利益共同体，增强内部协作的效率。

其次，按照品类进行整合，将原来的一个品牌一个小程序调整为一个小程序电商融合多个品牌、多个品类，变成综合小程序电商模式。

企业的多个品牌不宜一次性全部上架，建议依据品牌数量，选择一周或一个月上架一个品牌，每个品牌上架的商品不多于20款。为了更好提升流量转化率，可以把这个品牌以“利诱+疯传”的活动形式展示在小程序电商最醒目的位置，比如首页banner图、促销活动区。

这里的“利诱”是以超出预期的价格或某种利益的方式激发用户的购买欲望，从而产生消费。

此外还要让用户把这种惊喜分享到自己的圈子里，让小程序形成“疯传”效果。让用户疯传，可以试试反常规的活动标题，比如“听说全世界只有1000人坚持用它”“只有盲人才能看见的‘效果’”等。

最后，根据用户消费需求设计组合套餐。

从用户消费需求角度设计不同的商品套餐，比如“玩具+图书+智力培训课”“卸妆油+面膜+润肤水”等。用这种方式，为用户提供一种最佳的消费通道。

（2）以商品销售为中心，进行品类纵向整合。

品类纵向整合与横向整合有所不同，其主要是以小程序销售任务为中心展开的综合变现模式。

第一步，选择品类基点，比如“打火机”。

选择具体某个商品为基点，同时要深度思考用户使用该商品的使用场景，反复推敲，提升品类基点选择的准确性。

第二步，沿着商品上下游设计整合模式。

仍然以打火机为例。打火机有两大完全不同的使用场景，分别是吸烟者与家庭使用，两者需要用两种完全不用的方式设计整合模式。

① 基于吸烟者的整合模式：吸烟者对打火机的外观要求更多一些，可以从打火机外壳材质的选择、外观的设计等维度为用户设计一款与其身份匹配的打火机，还可以以“材质选择”“刻字服务”“光泽 / 亮度”等维度，将原来仅有的成品销售模式升级为“成品 + 定制”整合模式。

② 基于家庭使用的整合模式：家庭使用打火机的场景一般是点蚊香、生火等，由于家庭成员中有孩子、老人，对打火机的耐用性与安全性要求就更多一些。可以围绕“耐用性”“安全性”这两大要求为用户提供“材质选择”“安全系数”“使用寿命”等维度的选择形式，按照使用场景来突出卖点，比如“木材生火用”“点蚊香用”“儿童安全用”“老人放心用”。

第三步，按照设计好的整合模式，为用户设计多种选购模式。

按照设计好的整合模型，为产品设计成本结构与成本核算体系，然后策划一套基于“以商品销售为中心，进行品类纵向整合”的场景定价、定制定价、单品成品定价、套餐定价等。

2. 外部产业变现模式

从阿拉丁指数可以看出，已经上线的、表现突出的小程序电商各有独特的变现模式，比如大家非常熟悉的蘑菇街的“直播 + 裂变红包”，拼多多的“拼团”等，它们都无一例外地充分发挥自身的核心优势，整合外部产业资源加速变现。

小程序电商运营者可以通过整合外部产业资源来提升小程序电商的变现能力，主要有以下三种方式。

（1）整合具有品牌价值的外部资源。寻找品牌商为小程序做公信力、诚信度背书。

（2）整合具有商品竞争力的外部资源。整合外部产业资源，为小程序提供更有差异化竞争力的商品。

（3）整合具有核心渠道的外部资源。与外部渠道资源深度合作，为小程序拓展更广阔的体验、宣传渠道。

只有快人一步才能更好地整合这些资源。小程序电商的运营者要依据具体情况，从品牌影响力、商品竞争力、渠道爆发力三个维度，找到这些资源的变现价值，为小程序提升变现能力。

本节讲了小程序直接变现、广告变现、产业变现三种变现模式。这三种变现模式既可以单独使用，也可以混合使用，具体使用方式需要由运营者根据团队能力、资源价值等因素来判断。

9.2 小程序的四大流量转化技巧

本节讲下小程序电商运营的四大流量转化技巧。

9.2.1 视觉助力转化

人不仅是情感动物，也是视觉动物。在看不见、摸不着的小程序电商中，视觉是将用户浏览转化为订单的重要助力工具。

1. 视觉助力形式

（1）首页焦点图的重点展示

一般小程序电商首页 banner 图经常是 3 ～ 5 张，可以针对主推商品或特定活动设计一张让用户瞬间感觉有别于其他几张的 banner 图，能够吸引用户点击。

注意，虽然这张特别的 banner 图与其他图之间有明显不同，但在整体上却依然要保持一定的视觉统一，避免由于强行差异化造成适得其反的后果。

（2）突出商品详情页的亮点

一旦用户从首页进入商品详情页，意味着离实现订单转化越来越近了。应该利用详情页的视觉描述能力为用户提供亮点，在 2 秒内呈现，让用户被亮点“击中”后进入下单付款环节。

这里有两个小细节需要注意：① banner 图中的广告语要与详情页的描述相符；②详情页中对商品亮点的描述，不要超过三句话（每句话一个亮点），比如以台灯为例，可以用“根据环境自动调整亮度”“可以 360 度旋转”“IT 男的夜间‘伴侣’”三句话来描述亮点。

（3）个人中心的活动入口页展示

现在大多数小程序技术后台可以调整界面中按钮的图标及颜色，因此可以将“我的优惠券”“红包购”“两人拼团”等活动型入口用特别的图标和颜色标识，提醒用户，引导用户进入活动页。在优惠券、红包有效期的刺激下，用户的购物动力会显著提升。

2. 视觉助力原则

（1）亮点原则：一张活动图聚焦一个亮点，一个页面突出的亮点不要超过三个。

（2）颜色原则：一张图出现的颜色不超过三种，过多种颜色会造成用户视觉混乱。

（3）过渡原则：每张图片及页面的视觉都承担着或多或少的过渡任务。首页 banner 图的视觉引导用户进入详情页；详情页的视觉引导用户进入购物页面。在引导过程中，不同的页面所表达的同一亮点最好保持字体与底色一致。

9.2.2 技术助力转化

如今用户对商品的性价比、消费体验、营销创新有了更高的追求，要在小程序电商上顺利满足用户需求，也需要借助技术的力量，完成从流量到订单的转化。

技术助力转化的两个维度如下。

1. 接口无缝打通

小程序电商不是一个单一的运营平台或工具，而是企业的流量闭环融合器，把京东、天猫等电商平台用直接或间接的形式进行技术打通，形成新的连接，重新打磨成交模式。这种新的成交模式，是具有“京东、天猫等传统成交＋小程序电商再成交”特点的矩阵式模型，能够利用小程序电商对京东、天猫等传统电商沉淀的已成交或已收藏商品的流量和用户进行再转化。

因此需要打通三个基础接口：①电商接口，打通京东、天猫、淘宝等店铺接口；②财务接口，打通用友、金蝶等接口；③快递接口，打通顺丰、圆通、中通等接口。

2. 技术型营销

同质化竞争加强了商家对于技术型营销创新的需求。大多数很火的营销玩法会在三个月左右之后逐渐失去“张力”及营销力，需要技术团队不断创新技术型营销玩法，拉大与同行业小程序电商运营的差距，提升差异化竞争力。

建议不太具备技术能力的小程序运营团队与某个第三方小程序技术服务商深度合作，专门定制某些独特的营销玩法。

在技术型营销创新的过程中，要注意四点：①不能脱离小程序电商的成交使命；②不能让用户感觉太复杂、麻烦；③不能让营销操作过于依赖技术；④不能为追求“高大上”而忽视实用性。

9.2.3 数据助力转化

数据化运营是小程序电商运营者的必修课。数据可以帮助商家掌握用户需求与消费轨迹，提升流量转化率。

以下三个数据可以帮助小程序电商运营者提升转化率。

1. 支付数据

小程序电商上的用户大多数会使用微信支付，用微信支付完成订单后就会在小程序电商后台留下详细的支付记录，可以通过后台的支付数据设计类似"首购日奖励"这样的活动。

这里所说的"首购日奖励"是指按照用户首次购买的日期发放与日期同等数字的优惠券、红包奖励，比如有位用户在 2018 年 12 月 8 日在小程序上买了一双鞋，那么未来每个月的 8 号就可以送给其一张 8 元的优惠券，以激励用户消费。需要注意的是，这种优惠活动要考虑是否能与小程序上其他的优惠方式叠加使用，且要用海报或提醒的形式明确告诉用户，以免造成误解。

2. 充值数据

比支付数据更有价值的是充值数据，它可以更好地把普通消费者转化为会员，甚至合作伙伴。

对于正在犹豫是否购买商品的用户，"充值"是十分有效的转化利器，而每一位已经进行过至少一次充值的用户，都是十分珍贵的资源。下面针对没有充值过与已经充值至少一次的两类用户，讲下如何利用充值数据提升转化率。

（1）没有充值过的用户

如果商品不是知名大品牌，那么让用户犹豫不决的往往就是信任与价格，尤其是在短时间内，如果商家没有使用大量的广告轰炸或请大咖背书，就很难建立起用户对商品的信任，这个时候，价格就变成了商家最后的武器。

虽然价格是最后的武器，但商家仍然不能直接对商品标注较低的价格，因为这样做反而会让用户对商品的质量产生担忧。

因此，如果是小品牌，就要使用"高价格和大优惠"的思路来解决问题，采用的具体方法就是"充值"。比如，为用户提供与即将消费金额等值或超出 5% 左右的充值选项，同时说明将按照用户充值金额另外赠送 10% 的金额，这样做就能较好地提升转化。

（2）已经充值至少一次的用户

对于已经充过值的用户，可以根据账户余额来定向设计充值活动，比如“自生长的‘余额’”活动，通过策划一场让100个用户一觉醒来发现“余额”自动增加的活动，塑造神秘感与惊喜，可以在后台为用户按照一定的比例进行充值，例如一位用户的账户余额是8元，可以再为其充值8元，让其账户余额变为16元。需要注意的是：①做活动之前要计算好利润率，不要出现不必要的赔钱现象；②要设计好定价最低的商品的价格，以达到激励成交的目的。

3．核销数据

核销数据是指首页展示或定向发送的优惠券、卡券被实际领取和消费使用的数据。

商家发放优惠券后就会产生核销数据，其也是提升转化率的利器。小程序电商平台通过发放优惠券来吸引流量很简单，而将流量转化为订单则很难，下面就以此为重点讲下通过核销数据提升转化率的玩法。

优惠券与卡券是基础的营销工具，通过小程序电商后台可以清晰地看到每位用户的卡券、优惠券的领取数量、到期日期、使用门槛、使用情况，通过这些数据及信息可以分析用户的消费能力与消费喜好。

通常用户领取了优惠券或卡券说明他们的购物意向度较高，倘若没有产生最终消费，一般有两个原因：要么是对商品质量信心不足导致不愿意尝试消费，要么是因为优惠券、卡券消费的使用门槛较高而失去尝试的兴趣。

如果是用户对商品质量信心不足要通过媒体包装的形式进行提升，如果是用户认为领取的优惠券的使用门槛太高，可以及时重新发送金额和使用门槛都相应降低一个级别的优惠券，再次勾起用户兴趣，激励用户消费。

9.2.4 社群助力转化

前文曾讲过社群助力小程序电商营销的玩法，这里则讲下社群的另一种商业价值，即搭建一个公开的信任体系，让用户之间的信任助力小程序电商提升流量转化率。

如何解决用户与小程序平台之间的信任问题呢？

用户与用户之间的信任远远大于用户对商家的信任，社群可以为用户构建一个公开的信任体系，让用户建立对商品、品牌的信任，而不需要依赖于百度搜索。

搭建一个充满信任的社群的流程如下。

（1）在小程序平台的页面中新增一个社群入口，并为该社群设计基于商品知识百科的导航，比如常见问答、使用说明等，再由公司专业的人员梳理一套专业的知识库逐步对社群进行内容补充。

（2）根据客服近期搜集到的用户答疑，设计一个标准的问题清单和对应答案，让公司全体员工在社群上完成这些问题的提出与解答，当客户通过在线客服的形式咨询时，可以通过客服引导用户去社群自行寻找需要解决的疑问。

（3）在小程序电商平台中嵌入社群，当用户在小程序页面上浏览时，可以通过设置社群入口提醒的形式引导用户进入社群，这样社群就能建立起用户信任，形成高转化。

综上所述，高转化社群需要满足以下两个基本条件。

（1）能够解决商品疑难问题。商品疑难问题可以通过对社群专业知识的不断补充与增加问答的交互量来解决。

（2）能够解决品牌信任问题。品牌信任问题可以通过完美融合在线客服与社区来提升服务体验，塑造品牌感知。

9.3 小程序流量转化的五大禁忌

经过对三百多个小程序的运营研究，笔者发现那些长期亏损、没有太大起色、用户黏性越来越低、转化率较低的小程序均有很多共同点，现在将其提炼为“五大禁忌”，希望各位小程序电商的运营者避免犯同样的错误。

1. 无休止的促销活动

促销有两面性，虽然能够提升转化率，也会让用户产生促销依赖性。建议大型促销的频率为每个季度 1 ～ 2 次，小型促销的频率为每月 1 次，比如在会员日进行特价促销。促销如果过于频繁，会让消费者养成没有促销活动就不消费的心理。

2. 不间断地群发海报

我们经常在半夜里或大清早上接到微信好友群发的活动信息，体验相当糟糕。在小程序电商运营过程中，要避免这样做。微信活跃好友是小程序电商活动的主要目标对象，但是大家的忍耐力是有限的，经常群发活动海报会让用户心生反感，进而失去参与活动的动力。

建议群发活动按照以下三条原则控制频率。

（1）每月群发活动不超过两次。

（2）同样的群发内容不要超过三次。

（3）一次群发不可超过两条信息，且如果一次发两条信息，这两条信息应互为补充。

3．没有利润的快转化

小程序电商运营过程中难免会出现暂时的急躁，希望能够飞速发展，将来能一下子融资几个亿，结果走向了无利润的补贴运营模式。因为很多人认为，只有烧钱补贴用户才能快速占领市场，从而获得资本的青睐。

注意，如果你有资本圈子的资源，且已经有投资商对你的小程序电商平台感兴趣，那么可以做个烧钱的补贴运营尝试；如果你暂时没有相应的资本资源，笔者建议你还是放弃烧钱，而应该踏踏实实地往前走。

没有利润，就无法优化用户体验，就无法更好地提升流量转化率。

衷心希望小程序的运营者们坚持以用户为中心，做好贴心服务，同时确保获得利润，从而健康运营，让小程序保持业绩良性增长，收获越来越多的用户认可。

4．依靠单一平台转化

小程序电商已经成为流量转化的核心平台，而转化率决定了小程序的生存力。小程序虽然给予运营者很大的赋能空间，但它不是万能的，需要依靠外部工具（比如微信公众号、富媒体平台、第三方插件等）帮助实现流量转化。

运营小程序超过三个月的运营者应该很有感触：小程序不像微信公众号那样能将消息高频发送给用户，如果小程序不使用其他工具帮助，那么积累在小程序电商平台中的用户很难转化为订单。笔者建议商家使用一些外部工具，先激活用户，再利用小程序的营销玩法进行转化。

5．随意上线赞助商品

在小程序电商生态中随处可见限时、限量的类似“一分钱拿好货”这样的活动，活动背后的商品大多数都是赞助商提供的。

作为小程序运营者，可以考虑利用赞助商品来激励用户限时消费，这确实是一种不错的流量转化方式。但与此同时，一定要严格筛选赞助商，确保商品质量、配送服务等均有完善的保障。因为一旦将不合格的赞助商品上线，就要面临商品质量问题被投诉、配送不及时造成的用户谩骂等各种风险。

后　记

至此，《小程序电商运营宝典：平台电商、社交电商全新变现之道》全书告终。如果你在搭建或运营小程序的过程中遇到什么问题，可以将其发送至笔者的邮箱（2273116460@qq.com），笔者会为你答疑解惑。

祝你的小程序电商项目大获全胜！

我们下一本《精通小程序运营》（企业转型）再见！

电子工业出版社
PUBLISHING HOUSE OF ELECTRONICS INDUSTRY
http://www.phei.com.cn

电商图书
旗舰品牌

电商教材
豪华套餐

新零售时代电商实战

《电商运营实操》
ISBN 978-7-121-34012-3

《网店美工实操》
ISBN 978-7-121-34550-0

《网店客服实操》
ISBN 978-7-121-34817-4

《网店推广实操》
即将出版

淘宝大学
电商精英系列教程
全新升级

《网店推广》
ISBN 978-7-121-29669-7

《数据化营销》
ISBN 978-7-121-29147-0

《网店美工》
ISBN 978-7-121-29146-3

《网店客服》
ISBN 978-7-121-29148-7

《电商运营》
ISBN 978-7-121-29149-4

联系电子工业出版社发行部 010-88254063